KB095262

창조하는 삶 & 반응하는 삶

창조하는 삶 & 반응하는 삶

ⓒ 이기원, 2024

초판 1쇄 발행 2024년 8월 5일

지은이   이기원
펴낸이   이기봉
편집   좋은땅 편집팀
펴낸곳   도서출판 좋은땅
주소   서울특별시 마포구 양화로12길 26 지월드빌딩 (서교동 395-7)
전화   02)374-8616~7
팩스   02)374-8614
이메일   gworldbook@naver.com
홈페이지   www.g-world.co.kr

ISBN   979-11-388-3403-2 (03190)

창조하는 삶
& 반응하는 삶

내부의 의식성장이 외부의 현실을 창조한다
(As within, So without)

이기원 지음

좋은땅

현대를 살아가는 우리들에게 가장 필요한 것은 무엇일까?

사람마다 필요한 것들이 여러 가지 있겠지만 결국에는 '의식 성장'과 '경제적 풍요로움'이라는 두 가지 카테고리에 다 속해 있을 것이다. 왜냐하면 우리의 삶을 이루고 있는 것은 크게 보면 정신적인 부분과 물질적인 부분으로 이루어져 있기 때문이다.

우리들이 살면서 가장 중요한 것은 인생의 '행복'과 '성공'일 것이다. 의식 성장은 인생의 행복과 밀접하게 연관되어 있고, 경제적 풍요로움은 인생의 성공과 연관되어 있다. 그렇기 때문에 인생의 행복과 성공을 위해서는 의식 성장과 경제적 풍요로움에 대해 명확히 이해할 필요가 있다.

우선 의식 성장에 대해 알아보면 좋을 거 같다.

'의식 성장'이란 의식의 초점을 변화시켜 우리 삶의 주인으로 거듭 태어나 삶의 질을 변화시키는 행위를 의미한다.

실제로 당신은 삶의 주인으로 주체적으로 자신의 삶을 살고 있다고 생각하는가?

　처음에는 당연히 자기 삶의 주인으로 살고 있다고 생각하겠지만, 좀 더 깊이 있게 살펴보면 과연 내가 내 삶의 주인으로 주체적으로 살고 있는가 하는 의문이 들 것이다.

　솔직히 얘기하면 우리들 대부분은 자신만의 삶을 주체적으로 사는 게 아니고, 자신이 속한 무리에 떠밀리듯이 주어진 삶에 살아지고 있다고 볼 수도 있다. 정신없이 바쁜 우리의 일상 속에서 한 발자국 물러서서 우리의 삶이 어떻게 흘러가는지 곰곰이 생각해 보면 좋을 거 같다.

　'사는 대로 생각하는지, 생각하는 대로 사는지'
　사는 대로 생각하는지: 종속적인 삶, 반응하는 삶
　생각하는 대로 사는지: 주체적인 삶, 창조하는 삶

　어떻게 하면 의식 성장을 통해 내 삶의 주인으로 거듭 태어나 주체적으로 살 수 있는가는 너무도 중요한 문제이고 평생 동안 매달려서라도 풀어야 할 평생의 숙제와 같은 것이다.

　의식 성장에 대해 자세히 이 책에서 다룰 것이므로 관심 있게 공부하여 자기 삶의 주인으로 거듭 태어나는 데 조금이라도 도움이 되었으면 좋겠다.

　다음으로 중요한 것이 모두가 인정하듯이 '경제적 풍요로움'일 것이다.

누구도 이의가 없을 정도로 현대 자본주의 사회에서 경제적 풍요로움이 기반이 되지 않는다면 삶의 질을 올바로 꽃피울 수 없을 것이다.

존 소포릭의 《부자의 언어》라는 책에 보면 경제적 풍요로움과 의식 성장에 관한 좋은 내용이 있어 참고하면 좋을 거 같다.

> "부를 추구하는 것은 엄청난 끈기와 차분함, 집중과 자기 수련을 요하는
> 일이다. 나의 하루하루가 모여 '부라는 것을 맺을 것이라는 것을 믿고 매
> 일의 시간을 의미 있게 보내야 한다.
> 마치 부를 추구하는 과정이 하나의 영적 여정과 같다."
>
> 존 소포릭, 《부자의 언어》, (주)윌북, 30p

여기서 우리들에게 너무도 중요한 화두가 생겼다.

우선 의식 성장이란 무엇이며 어떻게 하면 의식 성장을 이룰 수 있는지 자세히 알아보는 게 중요할 거 같다. 그리고 현대 자본주의 사회에서 너무도 중요한 경제적 풍요로움의 실체와 어떻게 하면 경제적 풍요로움을 누릴 수 있는지 자세히 알아보는 것도 너무도 중요할 것이다. 마지막으로 일반적인 기존의 관념으로 보면 상극일 것 같은 의식 성장과 경제적 풍요로움이 어떠한 관계를 갖고 있는지 자세히 살펴보면 우리들이 살아가는 데 많은 도움이 될 거라고 생각한다.

이 책의 제목처럼 '창조하는 삶'과 '반응하는 삶'이 의식 성장과 어떠한

관련이 있는지 알아보는 게 우리에게 매우 중요한 의미가 있다. 결국 의식 성장을 통해 내 삶의 주인으로 거듭 태어나 내가 원하는 삶을 이루어 나가는 삶이 '창조하는 삶'이라고 할 수 있다. 반면에 의식적으로 성장하지 못하여 주체성이 결여된 상태로 종속적으로 주어진 상황에 반응하는 삶이 말 그대로 '반응하는 삶'이라고 할 수 있다.

의식이 성장하지 못해 반응하는 삶을 사는 사람은 경제적으로 궁핍한 삶을 살며 주어진 환경과 상황에서 체념하고 그 한계성 내에서 주체성이 결여된 상태로 단순히 반응하며 산다. 반면에 의식 성장을 통해 창조하는 삶을 사는 부유하고 성장하는 사람은 현재의 주어진 상황보다는 내가 주체가 되어 내가 원하는 삶에 초점을 맞추고 집중하고 내가 상상하는 것을 현실화하는 사람들이다.

우리들 대부분이 사는 방식은 표면적으로 반응하는 삶을 사는 방식이다. 이러한 방식은 대중적이고 넓은 길이지만 갈등하고 소모적인 삶이며 불행하고 가난해지는 길이다. 반면에 소수의 사람들이 사는 방식은 심층적으로 창조하는 삶을 사는 방식이다. 이러한 방식은 소수의 사람들만이 가는 좁은 길이지만 통합적이고 생산적이며 행복하고 부유해지는 길이다.

이 책을 통해 나를 비롯해 현재의 여러분들이 불행하고 가난한 넓은 길을 버리고 행복하고 부유한 좁은 길을 가기를 진심으로 바란다.

물론 표면적인 사고를 하는 넓은 길은 깊이 생각하지 않고 빠른 사고를 하는 누구나 가는 쉬운 길이지만 소모적이고 가난해지는 길이다. 반면에 심층적인 사고를 하는 좁은 길은 한 번 더 깊게 생각해야 하고 느린 사고를 하는 소수의 사람들만이 가는 어려운 길이지만 행복감과 충만감으로 가득한 부유한 길이다.

이렇게 표면의식적으로 단순히 반응하는 사고를 극복하기 위해서는 심층적으로 생각을 하여 무의식적으로 반응하는 것을 자제해야 한다. 그리고 주체적으로 자신의 삶을 깊이 숙고하여 자신만의 삶을 창조해 가는 삶의 태도를 가져야 한다.

기존의 표면적인 의식의 나를 내려놓고 내면의 '또 다른 나'를 찾아가는 과정이 이 책에서 계속 강조하는 일관적인 흐름이고 뼈대이다.

나도 많이 부족하고 삶의 진리를 찾기 위해 길을 가고 있지만 이 길을 포기하지 않고 꾸준히 가게 되면 누구나 바라는 의식 성장과 경제적 풍요로움이 가득한 삶을 살 수 있다고 확신하고 있다.

이 책을 읽고 있는 사람만이라도 의식 성장과 경제적 풍요로움이 가득한 이 길을 가기를 원한다.

1부와 2부는 창조하는 삶과 의식 성장에 대한 개념과 용어에 대한 설명이라 처음에는 좀 지루할 수 있다. 3부는 의식 성장과 실제적인 투자 방법의 상관관계에 관한 내용이라 현실적으로 많은 도움이 될 거 같다. 가능

창조하는 삶 & 반응하는 삶

하면 순서대로 보기를 권하지만 각 장은 독립된 파트라 순서와 상관없이 읽어도 괜찮다고 생각한다.

　너무도 부족하지만 이 책을 쓰는데 항상 묵묵히 내 곁에 있으며 같은 길을 가고 있는 가족들에게 너무도 감사한 마음을 전하고 싶다. 특히, 어떤 상황에서도 항상 옆에서 지지해 주고 응원해 주는 아내에게 쑥스러워서 평소에 잘 말하지 못했던 말을 하고 싶다.
　'항상 고맙고 진심으로 사랑해.'

-기원-

목차

의식 성장과
경제적 풍요로움에 대한 개념

내면에 잠들어 있는 '또 다른 자아'

이 책을 읽기 전에 우리들 스스로 자신에 대해 얼마나 이해하고 알고 있는지 진지하게 생각해 보면 좋을 것 같다.

왜냐하면 이 책은 지금까지 '나'라고 생각했던 내가 진짜 나인가 하는 의문에서 시작했고 결국은 지금까지 나라고 인식했던 내가 아닌 '또 다른 자아'가 있다는 것을 인식하고, '또 다른 자아'를 이해하는 것이 현재 내 삶에 어떤 의미가 있는지를 알기 위해 쓰여졌다. 그리고 행복하고 성공적인 삶을 사는 데 '또 다른 자아'를 이해하고 적용하는 것이 무엇보다 중요하다는 것을 이해했으면 하는 마음이 가장 크다.

성공 철학의 대가인 나폴레온 힐의 《결국 당신은 이길 것이다》라는 책에 보면 이런 구절이 있다.

"지금의 어려움은 너를 시험하는 시간이다. 너를 가난하게 만들고 굴욕감을 맛보게 했던 것은 네가 네 자신의 '또 다른 자아'를 찾을 수 있도록 하기 위함이다."

나폴레온 힐, 《결국 당신은 이길 것이다》, 흐름출판, 49p

창조하는 삶 & 반응하는 삶

이 구절은 실제로 나폴레온 힐이 현실의 어려움을 겪으며 현실에서 기존의 나라는 존재의 무상함과 이전에는 전혀 인식하지 못했던 내재되어 있는 참된 실재인 '또 다른 자아'를 찾는 것이 우리의 올바른 삶을 살기 위해 꼭 필요한 과정이고 우리가 태어난 진정한 이유임을 알려 준다.

물론 아직까지 이 말이 무슨 말인지 이해가 안 될 수도 있다. 왜냐하면 대부분의 사람들이 그동안 살아오면서 당연히 '나'라고 생각했던 내가 진짜 내가 아니고 내면에 '또 다른 나'가 있다는 것을 전혀 인식하지 못하고 살아왔기 때문이다. 그러나 이 책을 다 읽고 나서 다시 보면 충분히 공감하고 이해가 될 거라고 생각하고 '또 다른 나'를 인식하고 알게 된 것이 어쩌면 인생에서 가장 중요한 것이 될 수도 있을 것이다.

앞으로 이 책에서 계속해서 나오는 용어이기도 하지만 나폴레온 힐이 얘기한 '또 다른 자아'는 참된 자아, 내면의 지고의식, 내면의 신성, 전체의식, 무한지성, 영점장 등과 동일한 개념의 용어들임을 미리 알려 둔다.

이 책을 읽고 있는 우리들 대부분이 정도의 차이는 있지만 누구나 다 현재 정신적으로 힘든 상황이거나 경제적으로 곤란한 상황에 처해 있을 가능성이 무척이나 크다고 생각한다.

물론 아니라고 생각하는 사람도 있겠지만 완전히 자신의 삶에 만족하는 사람은 매우 드물 것이고, 게다가 현재 자신이 살고 있는 삶에 대해 완전히 이해하고 삶의 의미를 실현하며 사는 이는 더욱더 드물 것이다.

대부분의 사람들은 자신의 삶을 어떻게 살아야 하는지조차 제대로 알지 못하고, 삶의 진정한 의미에 대해 관심도 없고 제대로 인식조차 하지 못한 채 하루하루를 무의미하게 반복적으로 살아간다.

　도대체 우리들은 행복하고 성공적인 삶을 살기 위해서 어떻게 해야 하는지 무척이나 궁금하고 정말 그것에 대한 답을 알고 싶을 것이다.
　여기서 올바른 삶의 의미에 대한 깊은 울림을 주는 성공 철학의 대가인 나폴레온 힐의 지혜로움이 우리에게 많은 도움이 될 것이라고 확신한다.

　나폴레온 힐이 이야기한 것처럼 살면서 겪는 여러 경험과 고통의 시간들이 '또 다른 자아'를 찾기 위한 하나의 과정이고 시험이라고 생각하는 자세가 우리들이 살면서 꼭 갖추어야 할 삶의 올바른 자세이고 태도이다.

　또한 이렇게 우리 삶에 나타나는 여러 현상들에 현혹되지 않고 근본적인 원인을 찾아내는 심층적 사고를 하는 것이 삶의 지혜를 찾는 올바른 여정이라고 생각한다.

원인에 집중하는 삶 & 결과에 집중하는 삶

대부분의 사람들이 삶의 어려움을 겪는 과정 속에서 현실의 어려움이라는 벽에 둘러싸여 어떻게 해야 할지 몰라 죽고 싶을 정도로 힘들어한다. 결국은 올바른 해법을 찾지 못한 채 괴로워하고 심지어 일부는 삶을 포기하기도 한다.

반면에 성공적인 삶을 사는 또 다른 이들은 전자와 똑같은 현실적인 어려움 속에 처해 있어도 나를 둘러싸고 있는 현재의 어려움이라는 현상에 현혹되지 않고, 오히려 현재의 어려움을 하나의 해결해 가는 삶의 과정으로 인지하고 삶의 진정한 의미를 이해하기 위해 노력한다.

여기서 우리가 인지해야 하는 것은 삶을 대하는 자세와 태도에 있다. 전자의 경우는 현실적으로 힘든 상황을 결과론적으로 받아들여 현실적인 상황에 종속되는 삶의 자세를 가지고 있고, 후자의 경우는 똑같이 현실적으로 힘든 상황을 하나의 과정으로 인지하고 현실적인 상황에 종속되지 않고 주도적으로 해결해 나아가는 주체적인 삶의 태도를 가지고 있다.

즉, 결과론적인 삶의 태도를 지니고 있는 이는 나라는 주체보다는 주

어진 상황에 의식이 집중되는 종속적인 삶을 사는 것이고, 인과론적인 삶의 태도를 지니고 있는 이는 주어진 상황보다는 나라는 주체에 의식이 집중되어 내가 원하는 삶을 만들어 나가는 주체적인 삶을 산다.

그리고 우리가 생각해 봐야 할 중요한 자연의 원리 중 하나인 '인과율의 법칙'이라는 것이 있다. 삶을 살아가는 데 절대적으로 중요한 원칙이고 이 원칙에 대한 이해 정도에 따라 삶의 방향이 완전히 달라질 수 있다.

인과율의 법칙이란 현상적으로 나타난 결과에는 항상 그것에 해당하는 원인이 반드시 존재한다는 것이다.

대부분의 사람들은 당장 눈앞에 보이는 결과에 집중하지만, 지혜로운 소수의 사람들은 눈앞에 보이지는 않지만 결과를 만들어 내는 원인에 집중한다.

이러한 삶을 대하는 태도와 자세에 따라 앞으로의 삶의 방향이 완전히 달라질 수 있다.

현재 나를 둘러싸고 있는 현실에 종속되어 이전과 똑같이 살 것인지, 아니면 현재의 환경이라는 현상에 현혹되지 않고 내가 바라는 삶에 의식의 초점을 맞추어 내가 원하는 삶을 창조해 가는 삶을 살 것인지 항상 선택하며 살아가야 한다.

마치 사자 굴에 갇힌 다니엘이 생각이 나는 구절이다. 사자 굴에 갇힌

창조하는 삶 & 반응하는 삶

다니엘은 사자들에게 등을 돌리고 오로지 신을 향해 기도를 한다. 여기서 사자들은 나를 둘러싸고 있는 현실적인 여러 문제들로 생각할 수 있다. 대부분의 사람들이 사자 굴에 갇히면 온통 자기를 잡아먹을 수 있는 사자들에게 정신을 빼앗기듯이 자기를 둘러싸고 있는 현상적인 것들에 의식을 빼앗긴다. 즉, 사자로 비유되는 현실에서의 현상들이 주체가 되고 자기는 현상들에 종속되는 객체가 된다.

반면에 다니엘과 같은 소수의 지혜로운 사람은 사자 굴에 갇혀도 사자에 등을 돌리고 신을 향해 기도하듯이 나를 둘러싸고 있는 현상들에 현혹되지 않고 내면에 잠들어 있는 신성인 '또 다른 나'를 깨워 내가 주체가 되어 나를 둘러싸고 있는 현상들을 해결해 간다. 즉, 내가 주체가 되는 것이고 현상들이 객체가 되는 것이다.

현재의 삶은 다른 누군가에 의한 것이 아니라 나의 선택에 따라 만들어진 현상이다.

이전과 같은 삶을 살 것인지, 아니면 이후에는 내가 원하는 삶을 살 것인지 항상 선택하며 우리는 살아가야 한다. 선택의 책임은 항상 다른 누구도 아닌 나 자신에게 있다는 간단한 원리를 항상 명심하고 살기 바란다. 어떻게 보면 단순하고 간단한 원리인데 항상 내가 아닌 다른 무엇에 책임을 돌리고 탓하며 자신을 보호하며 대부분 살아간다.

예를 들면, 나무에서 열매라는 결과가 있으면 그것의 원인이 되는 나무의 뿌리가 존재한다는 것을 명심해야 한다. 그런데 대부분의 사람들은 눈에 보이는 결과물인 열매만 생각하지 그 이면의 눈에 보이지 않는 원인인 뿌리의 존재를 생각하지 않는다. 우리들은 나타난 현상인 결과를 바꾸기 위해 결과인 열매를 잡고 안간힘을 쓰지만 결국 결과를 바꾸기 위해서는 원인에 해당하는 뿌리를 살펴보고 뿌리를 바꾸어야 한다는 것을 이해하는 것이 원하는 삶을 사는데 중요한 원리임을 알아야 한다.

물론 앞으로 이 인과율의 법칙은 더 상세히 설명하겠지만 **결론적으로 전자에 해당하는 '실패하는 사람들'은 결과에 치우친 삶의 자세를 가지고 있고, 후자에 해당하는 '성공하는 사람들'은 결과에 치우지지 않고 결과를 만들어 내는 원인에 집중하는 삶의 자세를 가지고 있다고 할 수 있다.**

원인에 집중하는 사람들은 일반적인 대부분의 사람들과 달리 똑같이 힘든 상황에 처해 있어도 현재의 괴로운 상황에만 현혹되어 괴로움이라는 현상에 빠져 있지 않고, 현재의 힘든 상황과 현상을 이겨 내기 위해 내가 할 수 있는 것이 무엇인지 찾으려고 노력한다.

이렇게 눈앞에 보이는 현상적인 어려움에만 힘들어하는 것이 1차원적인 사고방식(표층적인 사고방식)이다. 반면에 소수의 성공한 사람들은 1차원적인 사고에만 머물지 않고 현상적인 어려움을 이겨 내기 위해 현상을 일으키는 원인에 해당하는 본질적인 것에 의식을 집중하는 2차원적인 사고를 하기도 한다. 이러한 2차원적인 사고를 심층적인 사고라고 한다. 이렇게 심층적인 사고를 하게 되면 우리 내면에 내재되어 있어 평소에는 인식하지 못했던 또 다른 자아인 참된 자아를 인식하게 된다.

이렇게 내면의 고차원적인 참된 자아를 나폴레온 힐은 '무한지성', '또 다른 나' 라고 언급하며 이를 인식하고 깨닫는 것이 성공적이고 행복한 삶을 영위하기 위해 무엇보다 중요하다고 강조했다. 이러한 내면에 잠들어 있는 '또 다른 나'를 미국의 유명한 멘토인 토니 로빈슨은 그의 책《네 안에 잠든 거인을 깨워라》에서도 다루고 있으니 참고하면 좋을 거 같다.

이와 같이 현상적으로 나타난 삶의 어려움을 이겨 내고, 이겨 내는 과정 중에 심층적 사고를 통해 내면에 잠들어 있는 참된 자아를 깨달아야 한다. 참된 자아를 통해 삶의 진정한 의미와 성공에 필요한 통찰력을 얻고자 노력하는 것이 올바른 삶의 자세이고 태도이다.

바로 이러한 차이점이 삶의 진정한 성공과 실패를 나누는 키포인트가 된다.

즉, 현재의 힘든 상황과 현상은 동일하지만 전자처럼 삶의 표면적인 현상에 현혹되어 힘들어하고 좌절하며 표면적으로 단순히 반응하는 1차원적인 삶을 살 것인지, 후자처럼 동일한 힘든 상황과 현상에 단순히 반응하지 않고 내면에 잠들어 있는 참된 자아의 힘을 일깨워 힘든 상황에 휘둘리지 않고 주체적으로 자기만의 삶을 일구어 나가는 창조적인 삶을 살 것인지는 자유의지를 가진 현재의 내가 선택할 수 있다.

어떤 삶을 살지는 본인의 자유의지에 달려있다.

그러나 이왕이면 현상에 휘둘려 삶에 대해 단순히 반응하는 종속적인 삶을 사는 것보다는, 삶의 주인으로서 자신이 원하는 삶을 주체적으로 창조하는 삶을 사는 것이 우리의 삶을 풍요롭고 행복하게 살게 하는 데 무엇보다 중요하다고 생각한다.

이 책을 읽고 있는 사람들만이라도 자신의 삶을 주체적으로 창조하는 삶을 살기를 진심으로 바란다.

창조하는 삶 & 반응하는 삶

성공하는 좁은 길 & 실패하는 넓은 길

의식을 변화시켜 자기 삶의 주인으로서 삶을 주체적으로 살기 위해서는 우선 삶의 본질에 대해 깊이 있게 성찰하는 것이 무엇보다 중요하다.

자신의 삶에 대해 본질적으로 깊이 있게 성찰하지 못하면 단순히 표면적으로 반응하는 1차원적인 삶을 살게 되고 자신의 삶을 주체적으로 만들어 나가지 못하게 된다.

여기서 표면적으로 반응하는 삶을 1차원적인 삶(빠른 사고의 삶)이라고 하고, 심층적으로 성찰하는 삶을 2차원적인 삶(느린 사고의 삶)이라고 한다.

우리의 뇌는 아직 진화 속도가 느려 몸은 현대 문명사회에 있지만 뇌는 원시시대에 머물러 있어 원시시대에 형성된 생존 본능이 현재에도 여전히 주된 반응으로 작용하고 있다.

이와 같이 원시시대의 생존 본능에 유리한 삶의 형태는 1차원적인 삶(표면적으로 반응하는 삶, 빠른 사고의 삶)이다. 왜냐하면 눈앞에 맹수가 나타나면 무조건 도망가는 빠른 사고를 해야 생존 확률이 높아지기 때문이다.

만약 눈앞에 맹수가 나타났을 때 느린 사고를 하고 있으면 생존 확률이 떨어진다.

브라운 스톤의《부의 인문학》이라는 책에 보면 인간의 진화가 원시시대에 아직 머물러 있기 때문에 여러 오류가 있다는 좋은 내용이 있어 아래에 인용했다.

'인간은 합리적으로 생각한다고 생각하지만 인간도 동물이다. 그렇기 때문에 인간도 동물처럼 생존하기 위해 진화해 왔다.
인간은 약 800만 년 동안을 살아왔지만 799만 년을 구석기인으로 지내왔고 문명사회가 나타난 것은 1만 년도 채 안 된다. 거기다 현대의 자본주의 시장경제가 나타난 것은 200년도 채 안 된다.
결국 인류의 역사 대부분을 구석기인으로 지내 왔기 때문에 인간의 두뇌는 구석기인으로 살기에 적합하게 진화되어 왔다. 그렇기 때문에 우리는 현대의 자본주의 시장경제에 잘 맞지 않는 두뇌와 본능을 가지고 있다. 몸은 현대 문명사회에 존재하고 있는데 두뇌와 본능은 원시시대에 맞게 진화되어 있다.
우리가 투자에 실패하는 이유도 우리의 본능과 두뇌가 현대의 자본주의에 맞지 않고 수렵·채취하는 구석기 원시시대에 맞추어져 있기 때문이다.'

브라운 스톤,《부의 인문학》, 오픈마인드, 396p

대부분의 사람들은 본능에 충실하기 때문에 투자에 실패할 수밖에 없고, 소수의 사람들만이 본능을 극복해 역행하기 때문에 성공하게 되는 것이다.

창조하는 삶 & 반응하는 삶

우리들은 아직까지 생존 본능이 가장 우세하기 때문에 대부분의 사람들은 표면적으로 반응하는 1차적인 빠른 사고를 하고 있다. 그리고 표면 의식적인 삶의 특징은 즉각적으로 반응하고 종속적인 삶의 태도를 가지고 있기 때문에 책임을 회피하는 삶을 살게 된다.

어떻게 보면 이렇게 단순히 현상에 반응하는 삶을 살게 된 것은 유전적으로 대를 이어서 각인되어 왔기 때문에 개인의 문제라고만 할 수 없다. 하지만 주어진 상황에 종속되어 반응하는 삶을 살 것인지, 아니면 주어진 상황에 종속되지 않고 노력하고 인내하여 자신만의 삶을 주체적으로 창조하는 삶을 살 것인지는 본인의 현재 자유의지에 달려 있다.

자, 여기서 중요한 삶의 갈림길에 있다고 볼 수 있다. 그리고 내가 이 책을 쓴 중요한 이유가 설명이 되는 부분이기도 하다.

대부분의 사람들이 사는 방식은 표면적으로 반응하는 삶을 사는 방식이다. 이러한 방식은 대중적이고 넓은 길이지만 갈등하고 소모적인 삶이며 불행하고 궁핍해지는 길이다.

반면에 소수의 사람들이 사는 방식은 심층적으로 창조하는 삶을 사는 방식이다. 이러한 방식은 소수의 사람들만이 가는 좁은 길이지만 통합적이고 생산적이며 행복하고 부유해지는 길이다.

내가 이 책을 쓰기로 결심한 것은 현재의 여러분들이 불행하고 궁핍한 넓은 길을 버리고 행복하고 부유한 좁은 길을 가기를 진심으로 바라기 때문이다.

표면적인 사고를 하는 넓은 길은 깊이 생각하지 않고 빠른 사고를 하는 누구나 가는 쉬운 길이지만 소모적이고 가난해지는 길이다.

반면에 심층적인 사고를 하는 좁은 길은 한 번 더 깊게 생각해야 하고 느린 사고를 하는 소수의 사람들만이 가는 어려운 길이지만 행복감과 충만감으로 가득한 부유한 길이다.

어느 날 기자들이 슈바이처 박사에게 현재의 사람들에게 가장 큰 문제가 무엇인지 물어보았다. 그러자 슈바이처 박사가 대답하기를 현대인의 가장 큰 문제는 제대로 생각하지 않는 것이라고 대답했는데 여기서의 생각이 바로 심층적이고 주체적인 사고의 생각을 의미하는 것이다.

심층적으로 생각하지 않는다는 것은 주체적으로 깊이 있게 생각하지 않고 종속적으로 단순히 반응하는 생각을 한다는 것을 의미한다.

여기서 잠깐 책을 읽는 것을 멈추고 눈을 감고 '나'와 '생각'에 대해 깊이 있게 생각해 보기를 권한다.

그만큼 '나'와 '생각'이 갖는 의미가 너무나도 중요하기 때문이다. 사람들은 대부분 자신들이 생각한다고 주장하지만 이러한 주장 또한 아무런 생각 없이 그냥 당연히 그러할 것이라 여기는 것뿐이다.

인정하기 싫겠지만 여러 연구와 실험에서도 밝혀졌다. 우리는 생각한다고 하지만 실제로는 주체적으로 내가 생각하는 것이 아니라 유전적으

로 무의식에 내재된 프로그램대로 반응하는 것일 뿐이라는 것을 알아야
한다.

여기서 우리가 깊이 생각해 봐야 할 중요한 것이 있다. 왜 대부분의 사
람들은 현재의 상태에서 벗어나지 못하고 만족하지 못하는 지금의 삶을
살고 있을까?

결국은 깊이 있게 주체적으로 생각하지 못하고 무의식에 새겨진 기억
에 단순히 반응하며 살기 때문에 이전과 똑같은 삶을 살 수밖에 없는 것
이다.

대부분은 이러한 사실을 받아들이지 않겠지만 '나'와 '생각'에 대해 주의
깊게 살펴보고 여태까지 아무 생각 없이 무의식적인 반응을 했다는 것을
인정하는 사람과 인정하지 않은 사람은 앞으로 펼쳐지는 삶의 형태가 하
늘과 땅만큼 크게 달라져 있을 것이다.

이렇게 심층적으로 자신만의 삶을 성찰하고 주체적으로 자신의 삶을
올바르게 살게 되면 행복하고 풍요로운 자신만의 삶을 창조하며 살게 될
것이다.

삶의 선택 & 인과율의 법칙

　현재의 삶에 만족하며 사는 사람은 많지 않을 것이다. 그러한 삶을 살고 있는 것 때문에 자신을 자책하며 후회할 필요는 없다. 중요한 것은 지나온 과거의 삶이 아니라 미래의 원인이 되는 현재의 삶의 자세와 태도이다.

　삶은 순간순간의 연속적인 과정이며 삶의 순간순간에 어떠한 생각과 행동을 하는지가 앞으로의 삶에 절대적으로 중요하다. 왜냐하면 현재의 선택에 따라 인과율의 법칙이 작용하여 앞으로의 삶의 형태로 새롭게 나타나기 때문이다.

　대부분 사람들의 의식 상태는 표면의식적인 사고를 하기 때문에 결과로 나타난 현재의 삶에 자책과 후회로 시간을 보내지만, 심층적인 사고를 하는 소수의 사람들은 결과에 불과한 현재의 현상인 불행한 삶에 집중하지 않는다. 대신에 자신이 원하는 미래를 위해 원인이 되는 오늘에 집중하고 미래의 원하는 삶을 창조하기 위해 오늘 내가 할 수 있는 것에 집중한다. 왜냐하면 인과율에 따라 결과(현재의 불행한 삶)를 바꾸기 위해서는 결과에 집착하지 말고 결과가 일어난 원인에 집중해야 앞으로의 삶을 바꿀 수 있기 때문이다.

현재는 과거의 결과이고 또한 현재는 미래의 원인이 된다.

이러한 원인과 결과에 대해 아인슈타인은 다음과 같이 말했다.

'이전과 똑같이 생각하고 행동하면서 다른 미래를 바라는 것만큼 이상한 것은 없다.'

대부분 사람들의 의식 상태는 나타난 현상인 결과만을 인식할 수 있는 표면의식적 사고를 하고 있기 때문에 결과론적인 사고를 할 수 밖에 없고, 이러한 결과론적인 삶의 특징은 긍정과 희망보다는 부정과 의심이 주를 이루게 된다.

과거에 했던 잘못을 후회하고 자책하는 것은 나타난 결과만을 보는 것이기 때문에 문제 해결에 아무 도움이 되지 않는다. 대신에 자신이 정말로 원하는 삶에 집중하고 원하는 삶이 실현되기 위해 현재 내가 할 수 있는 것에 집중해야 한다.

현재의 삶이 만족스럽지 않아 과거의 잘못을 자책하는 것은 부정적인 삶의 태도이고, 미래의 원하는 삶을 위해 현재 내가 할 수 있는 것에 집중하는 것은 긍정적인 삶의 태도이다.
지금 이 순간 내가 원하는 삶에 맞는 생각을 하고 그 생각에 맞는 새로운 행동을 하게 되면 자연히 새로운 생각과 행동에 맞는 결과인 원하는 삶이 나타나게 된다.

이것이 인과율의 원리이고 끌어당김 법칙의 요체이다. 이러한 인과율의 원리에 대한 전체적인 이해와 확고한 믿음이 성공적인 삶에 가장 중요하다.

끌어당김의 법칙은 어느 정도 성공학에 관심이 있는 사람이라면 들어봤을 것이다. 그러나 대부분 끌어당김의 법칙에 대해 피상적으로 알고 있기 때문에 끌어당김의 법칙이 현실에 나타나지 않는 것이다.

그 원리를 제대로 이해하는 것이 중요한데 이것에 대한 설명이 너무 길어지기 때문에 자세한 얘기는 뒤에서 다시 다루도록 하겠다. 중요한 것은 끌어당김의 법칙이 단순히 원하는 것을 생각만 해서는 법칙이 이루어지지 않는다.

원하는 것에 대한 '상상'과 원하는 것이 이루어짐에 대한 강한 '믿음'과 원하는 것에 대한 지금의 '행동'이 하나로 조화 있게 연결되어야 한다.

자신의 삶에 대해 주체적으로 살게 되면 그에 합당한 책임지는 삶의 자세가 필요하다. 그러나 사람들은 누구나 본능적으로 책임지는 삶을 살기보다는 회피하는 삶을 살고 싶어 한다. 그래서 자신에 대해 있는 그대로 진지하게 생각하기보다는 주어진 상황이나 다른 사람들에게 핑계를 대고 비난을 하는 등의 회피하는 삶의 태도를 지니고 살아간다.

항상 인생에는 두 가지의 선택지가 있고 그 순간에 어떤 선택을 하느냐에 따라 인생의 방향이 달라지고 삶의 결과가 달라진다.

창조하는 삶 & 반응하는 삶

주체적인 삶 & 종속적인 삶

우리의 삶은 크게 보면 항상 두 가지의 삶으로 나누어진다.

주변 상황과 환경에 종속되어 책임을 회피하는 피조물로서의 삶이 있고, 반면에 주변 상황에 종속되지 않고 주체적으로 자신의 삶을 계획하고 자신만의 삶을 창조하는 삶이 있다. 대부분의 사람들은 본능적으로 창조하는 삶보다는 피조물로서의 삶이 더욱 편하고 익숙하기 때문에 당연히 자신도 모르게 그러한 종속적인 삶을 살고 있다.

그래서 이 책을 읽는 동안에 자신의 삶에 대해 진지한 성찰을 하며 내가 어떠한 삶을 살고 있는지 관찰하며 이 책을 읽기를 바란다. 왜냐하면 단순히 아무 생각 없이 책을 읽는 것은 표면적인 의식의 차원에서 이루어지기에 아는 수준을 넘어서기 힘들고 잠깐 인식한다고 해도 다시 원래의 의식 수준으로 돌아가게 된다.

그래서 책을 읽으며 자신의 삶에 대해 진지하게 성찰하며 읽는 것이 매우 중요하다. 더 나아가 책을 읽으며 자기 자신에 대해 진지하게 숙고하며 진정한 자기 자신을 찾아가는 일련의 과정이 너무나 중요한 삶의 형태가 된다.

기존의 표면적인 의식의 나를 내려놓고 내면의 '또 다른 나'를 찾아가는 과정이 이 책에서 계속 강조하는 일관적인 흐름이고 뼈대이다.

이렇게 책을 읽으며 읽고 있는 자기 자신을 바라보고 숙고하다 보면 피상적인 내가 점점 사라지고 내면의 깊은 곳에서 전체를 아우르는 통합적인 '또 다른 자아'를 느끼며, 처음에는 경외감이 나를 감싸고 다음에는 겸허함이 나타나고 마지막으로 깊은 감사함이 온 우주를 감싸며 개체성의 나를 넘어 전체성의 참된 나로 거듭 태어나게 된다.

이러한 과정이 지식으로써의 아는 것을 넘어 진정으로 깨닫게 되어 참된 지혜로 거듭 태어나는 올바른 방향이다.
아는 것과 깨닫는 것은 완전히 다른 것이다.
아는 것은 지식에 속하고, 깨닫는 것은 지혜에 속하는 개념이다.

물론 아는 것도 중요하지만 실제로 자신에 대한 깊은 이해를 하고 그러한 성찰을 바탕으로 내면에 잠들어 있는 참된 자아를 깨닫는 것이 누구나 바라는 성공적인 인생과 직결된다.

물론 내면의 참된 자아를 얼마나 이해하고 깨닫느냐는 개인적인 역량에 따라 다르지만 왜곡됨이 없이 최대한 전체적으로 참된 자아를 깨닫기를 진심으로 원한다.

현재까지 당연히 나라고 생각하고 있던 표면의식적인 개체성의 나를 버리고 인식도 되지 않는 심층의식적인 전체성의 '또 다른 나'를 찾아가는 것이 생각보다 훨씬 어렵다는 것을 알고 있다.

마치 어두운 망망대해에 나침반도 없이 벼랑 끝으로 가고 있는 느낌이 들 정도로 막막하고 두렵고 공포스럽기 그지없다. 그러나 밝은 빛은 가장 어두운 시간을 지나고 나서야 비로소 비추기 시작하듯이 정말 마지막이라는 생각이 있을 정도의 시련을 겪고 나서야 진정한 평화로움이 온몸을 감싸안을 것이다.

물론 이 글을 쓰고 있는 나도 '참된 자아'를 찾아가는 하나의 과정에 있다. 다만 20대부터 지금의 나의 의식 말고 '또 다른 자아'가 있지 않을까 하는 의문을 계속해서 품어 왔고 나름대로 명상 등을 통해 끊임없이 내면의 참된 자아를 찾기 위해 노력해 왔다. 현재에는 투자의 대가들과 성공 철학 대가들의 수많은 책들을 읽으며 어느 정도 위에서 언급한 나폴레온 힐의 '또 다른 자아'에 대해 나름대로 확신을 가지게 되었고, 내면의 참된 자아를 인식하고 깨닫는 것이 우리의 삶을 살아가는 데 무엇보다 가장 중요하다는 것을 알았다.

그러므로 이를 인생의 행복과 성공을 위해 최우선적으로 알아야 한다고 생각하기에 이 책을 쓰기로 결심했다. 그리고 앞으로도 이러한 삶의 원칙을 많은 사람들이 알았으면 좋겠다는 것이 나의 솔직한 심정이다.

1차적인 빠른 사고 & 2차적인 느린 사고

나는 우리의 삶에서 의식을 넓히고 의식의 상태를 변화시키는 것이 무엇보다 중요하다고 생각한다. 그리고 영적으로 의식이 넓어지고 깊어질수록 그에 걸맞게 물질적 측면에서도 풍성한 결과를 얻을 수 있다고 생각한다.

우리의 삶의 형태가 다양하고 여러 형태의 삶이 존재하는 것 같지만 본질적으로 크게 보면 우리들이 사는 삶에는 두 가지 유형의 삶이 있는 것 같다.

나무로 인생을 비유하면 나무에서 뿌리에 해당하고 삶의 본질에 해당하는 창조하는 삶과 나무에서 열매에 해당하고 삶의 표면에 해당하는 반응하는 삶이 있다.

우주의 불변하는 작동 원리인 인과율의 관점에서 보면 뿌리에 해당하는 원인에 초점을 맞춘 삶과 열매에 해당하는 표면적인 결과에 초점을 맞춘 삶이 있다.

즉, 나무에서 뿌리에 해당하는 삶의 근원이자 원인에 집중하는 삶을 살게 되면 삶의 주인으로서 주체적으로 삶을 만들어 나갈 수 있고, 반면에 나무에서 열매에 해당하는 결과에 집중하는 삶을 살게 되면 피조물로서

창조하는 삶 & 반응하는 삶

책임을 회피하는 단순히 반응하는 삶을 살게 된다.

대부분의 사람들은 의식의 상태가 개체의 한정된 의식 상태에 근거한 삶을 살기 때문에 표면적이고 분리된 상태에서 모든 것이 결정이 되는 피조물로 삶을 산다.

우리는 보통 살고 있다고 생각하지만 잘 생각해 보면 단순히 수동적인 피조물로 반응하는 삶을 살고 있다는 것을 알 수 있다. 단순히 반응하는 삶을 살고 있다는 말에 거부감을 가지고 있는 사람들도 있을 것이다. 그러나 좀 더 깊이 있게 자신의 삶에 대해 파고들면 자신의 의지로 선택을 하는 인생을 살고 있다고 생각하지만 실제적으로는 무의식적으로 형성된 사고 체계에서 벗어나지 못하고 그 사고 체계에 맞추어진 반응만 하는 삶을 살고 있다는 것을 알아야 한다.

과학적으로도 밝혀진 바에 따르면 대부분의 사람들은 7세 이전에 형성되어진 무의식에서 벗어나지 못하는 삶을 살고 있다고 한다. 그리고 무의식적으로 형성되어진 뿌리 깊은 감정과 기억들의 패러다임에 따라 형태만 다를 뿐 결국 기존에 형성된 무의식에 기반을 두어 단순히 반응하는 삶을 반복하며 무의미하게 인생을 낭비하며 살고 있다고 한다.

여기서 잠깐 책을 읽는 것을 멈추고 나의 지나온 삶을 객관적으로 깊이 있게 생각해 봐야 한다. 내가 나의 의지로 선택을 하고 결단을 내리며 나의 인생을 주체적으로 살아왔다고 생각해 왔지만, 실제로는 무의식 속에 형성된 패러다임에서 벗어나지 못하고 그 패러다임이라는 테두리에 맞추어진 삶을 살아왔다는 것을 인지하길 바란다.

물론 이것을 인정하기 쉽지는 않을 것이다. 왜냐하면 처음에 반발하는 생각은 표면적인 기존의 나에 의해 발생하기 때문에 어쩌면 당연한 반응이다.

그러나 이러한 반발적인 반응에 대응하지 말고 기존의 개체적인 나의 의식을 내려놓고 한 발 물러나서 깊이 있게 받아들이면 기존의 반응들이 점점 가라앉으며 내면의 심층적인 새로운 '또 다른 나'가 활동하며 전혀 새로운 관점과 의식이 솟아오르며 가려진 진실을 보여 줄 것이다.

'인간지사 새옹지마'라는 고사성어가 있다.

내가 가장 좋아하는 말이고 항상 가슴에 새기고 있는 고사성어이다. 아마 많이 들어 봤을 수도 있지만 이 말의 정확한 뜻과 이 말이 갖고 있는 깊은 의미에 대해 같이 생각을 해 보면 좋을 거 같다. 우선 이 고사성어에 대해 간략히 소개해 보겠다.

'북방에 한 늙은이가 살았는데 하루는 그가 기르는 말이 도망쳤다. 마을 사람들이 위로하자 '이것이 또 무슨 복이 되는지 알겠소?' 하고 조금도 낙심하지 않았다. 얼마 후 도망갔던 말이 좋은 말을 끌고 돌아오자 마을 사람들이 이를 축하했다. 그러자 그 늙은이는 '그것이 또 무슨 화가 되는지 알겠소?' 하고 조금도 기뻐하지 않았다.

말 타기를 좋아하는 아들이 말을 타다 다리가 부러졌다. 마을 사람들이 이를 위로하자 늙은이는 '이것이 또 무슨 복이 되는지 알겠소?' 하고 조금

창조하는 삶 & 반응하는 삶

도 낙심하지 않았다. 얼마 후 전쟁이 나서 마을 장정들이 전쟁터에 불려가 대부분 전사하였는데 늙은이의 아들만이 다리 부상으로 무사할 수 있었다.'

대부분의 사람들은 표면적인 의식 작용을 하며 살기 때문에 현상적으로 나타나는 것에 일희일비하는 삶을 산다. 왜냐하면 우리들의 일반적인 의식 작용은 표면의식적으로 반응하는 의식체계이기 때문에 현상적으로 나타나는 것만 인지할 수 있고, 이면에 현상이 나타나게 하는 원인에 해당하는 자연의 원리는 인지하지 못한다.

난 '인간지사 새옹지마'라는 격언을 항상 가슴에 새기며 결과에 불과한 표면적인 현상에 현혹되지 않고, 이면에서 작동하고 있는 원인에 해당하는 우주의 원리를 이해하기 위해 의식의 상태를 심층의식에 집중하려고 노력한다. 이렇게 심층의식에 의식이 집중되면 자연히 현상적 결과들에 현혹되지 않고 원리에 따라 결과가 나타나는 것을 이해하고 있기 때문에 마음이 평온하고 에너지가 분산되지 않게 되어 자신이 원하는 것을 애쓰지 않고 편안하게 이루게 된다.

그러나 대부분의 사람들의 의식체계가 분리된 입자성의 의식 상태에 있기 때문에 갈등과 분열이 수반되는 삶을 살 수밖에 없고, 개체 의식의 한정된 의식 상태에서의 한계로 인해 일어나는 여러 갈등들이 현재 자신의 삶을 더욱 힘들게 하는 원인이 된다.

이렇게 힘든 상황 속에서 위에서 언급한 '인간지사 새옹지마'의 교훈을 생각하며 지금의 힘든 상황에 현혹되지 않는 삶의 자세를 갖는 것이 무엇보다 중요하다.

의식을 자신이 원하는 것에 집중하여 점차적으로 의식이 깊어지며 원리가 구현되는 삶을 사는 것이 성장하고 창조하는 삶이다.

지금 겪고 있는 삶의 힘듦과 갈등에 휩싸여 괴로워하지 말고 현재 자신의 삶에 대해 더 깊이 있게 생각하는 2차원적인 사고를 해야 한다. 그러한 심층적인 사고를 하게 되면 점점 자신에게 잠재되어 있는 내면의 무한한 가능성의 의식 상태로 성장하게 되어 창조하는 삶을 살게 된다.

누구나 지금 자신이 잘 살고 있는 것인지 궁금해하며 어떻게 삶을 살아야 하는지에 대한 의문을 가진 채 살아가고 있을 것이다. 그때 주의 깊게 살펴봐야 할 것은 나의 의식이 성장하고 있는지 정체되어 있는지이며, 이를 명확하게 구별할 수 있어야 한다.

성장과 쇠퇴를 나누는 기준은 나의 의식 상태가 개체성의 표면의식에 있는지, 전체성의 심층의식에 있는지를 살펴보면 명확하게 알 수 있다.

창조하는 삶 & 반응하는 삶

물질적 추구의 과정 & 의식 성장의 여정

우리는 매 순간 선택을 하면서 인생을 살고 있다. 선택의 순간순간이 또 다른 원인이 되어 그 선택에 따른 결과가 나오는 것이 인과율의 법칙이 적용되는 삶의 방식이고 우주의 법칙이 작동되는 기본 원리이다.

순간순간의 선택에서 현재 자신의 의식 상태에 따라 표면적인 한계성의 표면의식으로 선택을 할 것인지, 내면의 한계 없는 무한한 가능성의 잠재의식으로 선택할 것인지에 따라 전혀 다른 인생이 펼쳐진다.

대부분의 사람들은 표면의식에 근거한 한계성이 명확한 갈등의 삶을 살면서 인생은 괴로움이 연속되는 고해의 바다라고 생각한다.

여기서도 크게 두 부류의 사람으로 나누어질 수 있다. 고해의 바다에 허우적거리며 한탄과 후회를 하며 인생을 낭비하는 사람들은 의식의 상태가 표면적인 의식 상태에 있기 때문에 눈앞에 펼쳐지는 현상적인 괴로움과 고통만을 인식하게 된다.

반면에 눈앞에 똑같은 고통과 괴로움에 처해 있어도 의식의 상태가 심층의식에 있다면 대응하는 방식이 달라진다. 결과로 나타난 현실적인 괴로움은 나타났다가도 상황에 따라 없어지는 하나의 현상뿐임을 정확히 인지하고 있어야 한다. 따라서 실체인 원인에 의식을 집중해 내가 주체가 되어 행동한다면 내가 원하는 삶을 창조하는 실체의 삶을 살게 된다.

여기서 우리가 깊게 생각해 봐야 할 중요한 면이 있다.

전자의 경우는 현상적인 고통과 괴로움이 주체가 되는 것이고 나는 괴로움이라는 현상에 휩쓸리는 객체로서의 나약한 존재가 된다.
반면에 후자의 경우는 현상적인 고통과 괴로움이 객체가 되는 것이고 내면의 참나가 주체가 되어 나의 삶을 내가 창조해 나가는 신적인 존재가 된다.

지금의 이 주제는 우리의 삶의 형태를 결정하는 가장 중요한 문제이다. 당신은 과연 자기 삶의 객체로서 살고 있는지 아니면 주체로서 살고 있는지 진지하게 생각해 봐야 한다.

그렇지만 아쉽게도 대부분의 사람들은 거의 다 자기 삶에서 객체로서 살고 있을 것이다. 중요한 것은 자기가 여태까지 자기 삶의 주인으로 살지 못하고 객체로 종속적인 삶을 살아왔다는 것을 통렬히 인정하는 것이다. 통렬한 자신에 대한 인식과 성찰의 과정을 거치고 나서야 기존의 자기를 버릴 수 있게 된다.
이렇게 나를 내려놓고 나서야 비로소 내면에 잠들어 있는 참된 자아로 거듭 태어날 수 있게 되고, 참된 자아로서 존재하게 되어야 우주의 원리와 조화되는 삶을 살 수 있게 된다.

창조하는 삶 & 반응하는 삶

그러나 우리가 이러한 고통의 삶을 사는 것도 잘 생각해 보면 한계성이 명확한 표면의식에 의한 삶을 살기 때문에 항상 갈등과 괴로움에 휘둘리는 삶을 살게 되는 것이다. 이러한 표면의식에 근거한 삶은 내 삶의 주인으로서 자신의 삶을 주체적으로 창조해 가는 것이 아니라, 객체로서 현상에 휘둘리는 종속적으로 반응하는 삶을 살고 있는 것이다. 이와 같이 종속적이고 반응하는 삶에는 자유로움과 무한한 가능성이 전혀 없이 무겁고 어두운 미로와 같은 어지럽고 분산된 삶이 펼쳐지게 된다.

그에 반해 한계성이 없는 내면의 잠재의식은 전체의식에 속하며 갈등과 분리가 없기에 소모되는 에너지도 없고 무한한 가능성의 창조적인 삶을 살게 된다. 이러한 창조적인 삶을 살게 되면 자신의 삶을 독립적으로 살 수 있고 자신이 원하는 삶을 선택해 자신만의 삶을 만들어 갈 수 있다.

나는 이전에 영성적인 삶에 관심을 항상 가지고 의식 성장을 위한 삶을 살고 싶었다. 그래서 돈으로 대표되는 물질적 풍요로움은 의식 성장에 방해가 되는 걸림돌에 불과하고 무시해야 한다고 무의식적으로 생각했던 거 같다. 그러나 지금 와서 생각해 보면 이러한 관점도 개체의식에 의한 관점에서 보았기 때문에 생겨난 오류라는 것을 알았다. 그리고 좀 더 깊이 생각해 보면 이러한 표면의식 상태에 있었기 때문에 '돈'으로 대표되는 물질적 풍요에 대해 무의식적으로 부정하게 생각하고 있었다는 것을 자각하게 되었다.

입자성의 분리된 개체의식의 관점에서는 물질적 풍요로움과 의식 성장은 양립할 수 없는 완전히 다른 것이기에 물질적 풍요로움을 추구하면 의식 성장이 멀어지는, 따라서 서로 양립할 수 없는 반대의 성질을 가진 것으로 생각했다. 그러나 뿌리가 없는 열매가 없듯이 의식 성장이 없는 물질적 풍요로움은 존재하지 못한다는 것을 이제는 명확히 알 수 있게 되었다.

중요한 것은 분리된 입자성의 표면의식 상태에서는 의식 성장과 물질적 풍요로움이 분리된 별개의 것으로 인식되기 때문에 마치 양방향에서 줄을 잡아당기는 것과 같이 집중되지 못하고 분산되기 때문에 의식 성장도 물질적 풍요도 어느 것 하나 제대로 성장하지 못하고 제자리에 정체되어 결국 쇠퇴하게 된다.

반면에 통합된 파동성의 심층의식 상태에서는 의식 성장과 물질적 풍요로움이 통합된 하나의 것으로 인식되어 조화를 이루고 있기 때문에 가역성의 법칙이 성립할 수 있게 된다. **가역성의 법칙이란 일정 요건하에서 에너지와 물질이 서로 전환이 되듯이 의식 성장과 물질적 풍요로움도 의식의 상태에 따라서 하나로서 연결될 수 있다.**

일시적으로 의식 성장 없이 물질적 풍요로움이 있을 수도 있지만 결국 뿌리가 없기에 열매는 떨어지는 것이 자연의 원리이듯이 의식 성장 없이 물질적 풍요로움이 제대로 존재할 수 없다. 그리고 의식 성장 없이 물질적 풍요가 일시적으로 있을 수 있지만 마치 마약에 중독되는 것과 다를 바 없다. 영원하고 충만감이 가득한 행복이 없이 탐욕만이 가득한 끊임없이 목마른 삶을 살게 되고 인과율의 원리에 따라 다시 가난한 삶을 살게

창조하는 삶 & 반응하는 삶

되는 것은 당연한 현상이다.

우리들은 표면의식의 상태에 있기 때문에 우리의 오감으로 인식되는 외부의 현상만을 중요하게 생각한다. 따라서 부를 추구하는 것을 물질적 추구의 과정으로만 생각하지만 의식이 성장하며 외부의 현상은 내부의 의식 상태가 표출된 하나의 현상일 뿐이라는 것을 아는 것이 우리의 삶에 있어 매우 중요하다. 한마디로《부자의 언어》라는 책에서 얘기한 '부유한 인생은 물질적 추구의 과정인 동시에 영적 여정이기도 하다.'

깊은 울림을 주는 문구라 가슴에 간직하며 계속해서 곱씹어 보며 살기를 바란다.

결심한 것이 지속되지 못하는 이유

우리는 살면서 두 가지 형태의 삶을 살 수 있다. 그리고 어떤 삶을 살지 우리 스스로 선택할 수 있는 자유의지도 있다. 우리가 선택한 삶을 올바르게 살기 위해서는 삶의 원리가 어떻게 이루어지는지 우선적으로 이해해야 하고, 그리고 이 과정에서 우리의 의식 상태가 어떻게 작용하는지에 대한 전반적인 과정을 심층적으로 이해해야 한다.

삶을 살면서 우리는 선택을 하고 결심을 한다. 이때 우리가 알아야 할 것은 처음의 선택은 우리의 일반적인 표면의식에서 이루어지는 행위이다. 그러나 문제는 과학적으로도 밝혀졌듯이 표면의식은 대략적으로 6초마다 새롭게 또 다른 생각을 한다.

즉, 이전에 한 생각은 뒤로 밀리고 새로운 생각이 앞을 차지한다.

대부분의 사람들에게 '작심삼일'이 계속해서 반복되는 근본적인 이유이다. 그리고 더 큰 문제는 선택을 했을 때 실제로 실행이라는 행위가 이루어지는 곳은 표면의식이 아닌 잠재의식이다.

잠재의식은 표면의식의 2만 배 정도의 능력을 가지고 있다고 한다. 그러나 큰 능력에 비해 선택할 수 있는 자유의지는 없다.

예를 들면 전기 콘센트에 어떤 제품을 꽂아도 전기는 공급되고 기기는

창조하는 삶 & 반응하는 삶

작동되는 것과 같다. 여기서 표면의식은 콘센트에 제품을 꽂는 것을 의미하고, 심층의식(잠재의식)은 전기 콘센트에 전기를 공급하는 것을 의미한다. 우리들은 전기 콘센트를 꽂을지 말지에 대한 자유의지가 있다. 어떤 선택을 하든지 자유의지에 의한 선택에 책임도 우리에게 있다는 것을 이해해야 한다.

여기서 우리가 반드시 알아야 할 중요한 전기와 잠재의식의 큰 차이점이 있다. 전기는 콘센트에 꽂는 순간 바로 전기가 공급이 되지만 잠재의식은 바로 실행이 되지는 않는다는 것이다.

자기 성장에 관해 어느 정도 관심이 있는 사람이라면 대부분 알고 있는 《시크릿》이라는 책이 있다. **《시크릿》에서 얘기하는 끌어당김의 원칙은 다들 알고 있지만 어떻게 보면 끌어당김의 원칙보다 더 중요한 원칙이 있는데 바로 잉태의 법칙이 있다.**

이 잉태의 법칙을 모르기 때문에 대부분의 사람들이 《시크릿》을 알고 있고 끌어당김의 원칙을 나름대로 실천하더라도 실패하게 되는 것이다. 다들 간과하고 있는 이 법칙을 모르기에 대부분의 사람들이 끌어당김의 법칙이 효과가 없다고 얘기한다. 그러나 단언하건대 잉태의 법칙을 제대로 이해한다면 끌어당김의 법칙을 누구나 다 실천할 수 있다.

잉태의 법칙이란 선택을 하면 바로 동시에 잠재의식이 작동이 되고 현실화되는 데에는 일정한 시간이 필요하다는 것이다. 사실 우주의 모든 것이 잉태의 법칙이 적용된다. 예를 들면, 사람이 태어나는 데 10개월 정도의 잉태의 시간이 필요하고 필름을 현상할 때도 일정 시간이 필요하다.

그런데 문제는 잉태의 시간이 작동되어 실현되는 동안 무엇보다 중요한 것은 처음 선택을 할 때의 그 의식이 실현될 때까지 꾸준히 유지되어야 하는데 유지되지 못하고 계속해서 변한다는 것이다. 바로 이러한 이유 때문에 끌어당김의 법칙이 실현되지 못하는 것이다.

잉태의 법칙이 적용되려면 선택을 했던 의식이 잉태되는 시간 동안 계속해서 유지를 해야 한다. 선택된 의식이 무의식에 전달되고 무의식이 실행되어 현실화되는 데 일정 정도의 시간이 필요하다. 그런데 문제는 우리의 표면의식이 계속해서 본능적으로 변하기에 무의식이 갈피를 잡지 못하고 결국 제자리에서 뱅글뱅글 돌듯이 실행되지 못하고 정체되는 것이다.

인간의 표면의식 상태에서는 오만가지 생각이 일어나는데 문제는 처음에 결심한 것이 새로운 생각에 밀려 어느새 뒤로 밀려나서 잊혀진다는 게 문제이다.

여기서도 실패하는 사람은 인간의 본능대로 살기 때문에 결심한 것이 뒤로 밀려나면서 결심이 지속되지 못하는 삶을 살게 되는 것이고, 성공하는 사람은 오만가지 생각이 일어나는 인간의 본능을 이겨 내기 위해 끊임없이 노력하고 결단을 내려 자신이 정말로 원하는 것을 결국 현실로 구현시킨다.

《돈의 속성》의 저자인 김승호 회장의 다음과 같은 얘기를 보면 오만가지 생각을 어떻게 극복해 자신이 원하는 것을 이루게 되었는지를 잘 보여준다.

창조하는 삶 & 반응하는 삶

'무엇이든 간절하게 원하는 일이 있을 때마다 그 소망을 100일 동안 100번씩 쓰기 시작했고 그 과정에서 불가능할 것 같아 보이는 여러 목표를 이뤄 냈다. 더불어 100일을 쓰는 동안 자신이 정말로 원한다고 생각했지만 내면 저 깊은 곳에서 동의가 되지 않는 소망들을 과감히 인생에서 제거시키며 자신이 분명히 원하는 일에 삶과 시간, 마음을 다 하는 곧은길로 나아갔다.'

여기서 100일 동안 100번씩 쓰는 것에 얘기하면 어떤 사람들은 꼭 100번을 써야 하는지에 관해 물어본다. 중요한 것은 100번이라는 횟수가 중요한 것이 아니라 인간은 본능적으로 오만가지 생각이 일어나기 때문에 자신이 원하는 목표를 항상 앞에 놓이게끔 상기시키는 원리를 이해하고 실행하는 것이 중요한 것이다.

마치 광고에서 상위에 노출되게 하는 것같이 자신이 원하는 목표를 항상 생각의 앞에 놓이게 하기 위해 계속해서 원하는 목표를 상기하게 되면 어느새 목표를 이루는 것에 대한 믿음이 확신이 된다. 그리고 원하는 목표가 이루어진다는 굳건한 확신이 있게 되면 원하는 목표가 잠재의식에 새겨지게 되고 무한한 가능성의 잠재의식이 실행되어 원하는 목표를 현실에 구현시키는 창조하는 삶을 살게 된다.

물론 앞으로 얘기하겠지만 잉태되는 데 걸리는 시간은 선택하는 이의 믿음의 정도에 따라 달라진다. 내가 원하는 것이 이루어짐에 대한 믿음의 정도에 따라 잉태되는 시간이 달라지는 것이다. 여기서 시간의 개념이 나오는데 우리는 표면의식의 상태에 있기에 시간도 뉴턴식 입자성의 시간 개념에 사로잡혀 있다.

즉, 시간이 절대 불변하는 언제 어디서든 동일한 시간이라는 개념을 가지고 있다. 그러나 물리학도 진화되면서 현대의 양자물리학의 관점에서 보면 실제로 시간이 절대불변이 아니라 상황이나 여건에 따라 달라진다는 것이다. 즉, 우리가 원하는 것이 이루어질 것에 대한 믿음의 정도에 따라 시간이 달라질 수 도 있는 것이다.

그리고 잉태의 법칙에서 빼놓을 수 없는 것이 공명, 진동의 원리이다. 공명의 원리에서 보강과 간섭 효과가 있다. 같은 진동을 가진 것은 보강 효과로 더 큰 진폭 에너지를 이루게 되지만 다른 진동수를 가진 것은 간섭 효과로 상쇄되어 진폭 에너지가 없어지게 된다.

즉, 현실화되는 일정 시간 동안 의식을 일정하게 유지해야 공명 효과 중 보강 효과로 인해 에너지가 극대화되어 원하는 것이 이루어지게 된다.

여기서 우리가 기억해야 할 것은 우리의 본능대로 살게 되면 '작심삼일'이 일상이 되는 삶을 살게 될 거이고, 우리의 본능을 역행하는 삶을 살게 되면 잠재의식이 활동하며 끌어당김의 법칙과 잉태의 법칙이 작동되어 원하는 삶을 살게 될 것이다.

창조하는 삶 & 반응하는 삶

끌어당김의 법칙 & 진동의 원리

끌어당김의 원칙에서 가장 중요하다고 생각하지만 대부분은 잘 모르는 부분이 있는데 그것이 진동의 원리이다.

우주에 존재하는 모든 것은 다 진동하고 있다. 원하는 것에 맞는 진동 에너지를 갖게 되면 원하는 것을 이룰 수 있다.

즉, 원하는 것을 얻기 위해 원하는 것과 같은 진동수를 가지면 되는 것이다. 나의 진동은 낮은데 원하는 것이 진동수가 높으면 당연히 끌어당김의 법칙이 이루어지지 않는다. 나의 현재의 진동수와 원하는 것의 진동수를 맞추는 것이 무엇보다 중요하고 끌어당김의 법칙에서 가장 중요한 전제이다. 나의 진동수를 원하는 진동수에 맞게 진동 에너지를 높이는 노력이 필요하다. 어떻게 보면 신비한 것 같은 끌어당김의 법칙도 알고 보면 원리에 맞는 너무나도 당연한 것이다.

원하는 것이 있으면 원하는 것을 얻을 수 있는 사람이 먼저 되면 된다. 원하는 것을 가질 능력을 갖추고 있으면 원하는 것을 당연히 얻을 수 있게 된다. 그런데 대부분의 사람들은 원하기만 하지 원하는 것을 얻을 사람이 되려고 노력하지는 않는다.

그래서 기도를 할 때도 대부분의 사람들은 간청하는 기도를 하게 되는

데 진정한 기도란 간청하는 기도가 아니라 감사하는 기도이다.

감사하는 기도를 하게 되면 원하는 것을 이미 갖춘 상태를 전제 하기 때문에 감사할 수 있는 것이고 바로 이것이 진동수를 원하는 것에 맞춘 상태를 의미한다. 즉, 원하는 대상의 진동수와 원하고 있는 나의 진동수가 하나로 조화되는 상태에 있음을 진정으로 감사할 수 있어야 비로소 원하는 것을 창조할 수 있는 것이다.

그럼 어떻게 하면 진동수를 높일 수 있을까 하는 의문이 들 것이다.

그것에 대해 앞으로 본문에서 자세히 다룰 것이다. 여기서 명심해야 할 것은 원하는 나의 상태를 원하는 대상에 맞추었을 때 자연스럽게 원하는 것을 얻는 감사의 기도를 하게 된다는 것이다.

노아 세인트 존의 《어포메이션》이라는 책이 있다. 어포메이션 기법이라고도 하는데 성취된 미래에서 현재로 질문을 하는 것이다. 우리들의 의식 상태는 대부분 현재에서 미래로 향하는데 어포메이션에서는 거꾸로 미래에서 현재로 질문을 하는 것이다. 즉, 어떻게 하면 원하는 것을 이룰 수 있을까 하고 질문을 하는 것이 아니라 이미 원하는 것을 이룬 미래의 상태에서 어떻게 원하는 것을 이룰 수 있었을까 하고 거꾸로 질문을 하는 것이다.

즉, 입자성의 분리된 표면의식 상태에서는 진동수가 낮은 현재에서 진동수가 높은 미래로 원하는 것을 간청하는 의식 상태이기 때문에 원하는

창조하는 삶 & 반응하는 삶

것을 얻기 힘들다.

반면에 파동성의 통합된 심층의식 상태에서는 진동수가 높은 미래와 현재의 상태가 합일되는 감사의 상태에 있기 때문에 원하는 것이 자연스럽게 이루어진다.

의식에서 선택이 이루어지고 나서 잉태의 시간을 거치는 동안 초점을 일정하게 맞추고 이 과정을 끈기 있게 반복하면 결국 어느 순간 임계치가 넘어서게 되고 우리가 선택한 것이 현실화된다.

여기서 선택하고 현실화되는데 필요한 여러 요소가 있다.

절제와 인내, 끈기, 일관성, 초점을 맞추는 것, 겸손함, 고마움 등 여러 요소들이 필요한데 이러한 여러 요소들은 4부에서 자세하게 다룰 예정이다.

결국 창조하는 삶을 살기 위해서는 의식 차원에서 명확히 원하는 목표를 선택하고 잉태의 법칙이 실현되어 현실화되는 일정 시간 동안 절제와 인내를 통해 의식을 원하는 목표에 초점을 맞추어 계속해서 유지하고 잠재의식 차원에서 실행되어 현실화되는 일련의 과정을 따르는 삶이다.

이와 같이 창조하는 삶을 살기 위해서는 분리된 개체의식에 근거한 표면의식의 삶에서 벗어나 전체의식에 근거한 내면의 잠재의식에 초점을 맞추어 선택과 실행이 일관되게 작동하는 유기적인 시스템이 작동하는 삶을 유지해야 한다.

2부

의식 성장과 경제적 풍요로움에 대한 본격적인 이해

분리된 개체성 & 통합된 전체성

올바른 삶을 살기 위해서는 반응하는 삶이 아닌 창조하는 삶을 살아야 한다는 것이 이 책에 흐르는 기본 방향이다. 그리고 창조하는 삶을 살기 위해서 가장 중요한 것이 우리의 의식의 상태가 변해야 한다.

제임스 아서레이의 《조화로운 부》라는 책에 보면 우리의 의식 상태를 물리학적인 관점에서 잘 설명해 놓은 부분이 있다

'뉴턴 물리학은 유형 세계의 물리학이지만 양자 물리학은 무형 세계의 물리학이다. 그리고 뉴턴 물리학을 물리적 세계의 물리학이라고 부른다면, 양자 물리학은 영적 세계의 물리학이라고 할 수 있다.

현대 과학에서부터 영적 가르침에 이르기까지 모든 물리적, 유형적인 것들은 비물리적이고 무형적인 영적 영역에서 나온다는 것에 동의한다.

뉴턴 물리학의 세계는 우리 주변에서 볼 수 있는 3차원 세계의 직접적인 원인과 결과, 선형적 사고, 기계론적 접근을 포함한다.

반면에 양자의 영역은 비선형적이며 물리적으로 측정되기보다는 직관으로 감지되는 미묘한 에너지로 작동되고 오감으로는 탐지할 수 없는 차원이다.'

창조하는 삶 & 반응하는 삶

의식 성장과 경제적 풍요로움을 조화시키기 위해서는 우리의 현재 의식 상태인 뉴턴식 사고, 선형적 사고에서 양자물리학적 사고, 비선형적 사고로 의식의 전환이 필요하다.

뉴턴식 사고를 하게 되면 오감으로 인식되는 현상적 결과를 중시하는 결과론적 사고를 하게 되어 한계성이 명확한 삶을 살게 되고, 반면에 양자역학적 사고를 하게 되면 직관으로 감지되는 이면의 원인에 집중하는 사고를 하게 되어 무한한 가능성의 삶을 살게 된다.

올바른 성장을 하기 위해서는 자신의 의식의 초점을 변화시켜 원인에 해당하는 비물질적인 면에 의식을 집중해야 한다. 이와 같이 의식 성장과 경제적 풍요로움이 조화되는 삶을 살기 위해서는 물질적으로 감지되는 입자성의 뉴턴식 사고에서 직관으로 인지되는 이면에 존재하는 파동성의 양자역학적 사고로 진화해야 한다.

인식이 되지 않는 비물질적 영역에 대해 링컨 대통령은 다음과 같이 얘기했다.

'보고 만지는 것을 믿는 것은 믿는 게 아니다. 보이지 않는 것을 믿는 것이 승리며 축복이다.'

이 책의 제목대로 의식 성장이 일어나고 경제적 풍요로움이 가득한 삶을 살기 위해서는 보이는 차원에서 벗어나 보이지 않는 차원으로 들어가야 한다.

보이는 차원의 의식 상태는 입자성의 표면의식(개체의식) 상태이고, 보이지 않는 차원의 의식 상태는 파동성의 심층의식(전체의식) 상태를 의미한다.

그리고 3부인 실전편에 자세히 나오는 내용인데 올바른 투자를 하기 위해서는 복리의 마법이라는 기하급수적인 원리에 대한 이해가 있어야 하는데 스노우볼 효과라고 불리는 복리의 마법을 이해하기 위해서는 양자역학적 사고인 비선형적 사고가 필요하다.

투자에서 성공하기 위해서는 양자역학적인 비선형적 사고를 해야 하는데 아쉽게도 대부분의 사람들의 의식 상태는 뉴턴식 사고인 선형적 사고를 하고 있기 때문에 투자에서 실패하는 것이다. 그러므로 투자에 성공하기 위해서는 뉴턴식 선형적 사고에서 벗어나 양자역학적 비선형적 사고를 해야 복리의 마법이 펼쳐지는 올바른 투자를 할 수 있게 된다. 더 자세한 내용은 3부인 실전편을 보면 올바른 투자에 대해 이해할 수 있을 것이다.

세상의 모든 것은 두 가지 방향의 성질이 있다. 이것은 오랫동안 관찰된 하나의 법칙인데 동양에서는 음양의 법칙으로 설명하고, 서양에서는 작용 반작용의 법칙으로 설명한다. 의식의 상태에서 얘기하면 입자성의 개체의식과 파동성의 전체의식으로 구분되어질 수 있다.

좀 더 깊이 있게 얘기하면 개체의식은 표면의식에 해당되는 것이고, 전체의식은 내면의 잠재의식에 해당된다.

개체의식의 상태에서는 입자성의 의식 상태로 존재하기에 분리되어진 의식 상태로 존재하고 대부분의 사람들이 여기에 해당하는 의식의 상태로 존재한다. 입자성의 개체의식 상태에서는 분리되어진 의식 상태로 존재하기에 갈등과 분열이 항상 존재할 수밖에 없고, 진동수와 에너지 주파수의 수준이 낮고 에너지가 소모되는 의식의 상태이기 때문에 올바른 성장이 이루어지는 삶을 살지 못하게 된다.

왜냐하면 올바른 삶을 살기 위해서는 에너지가 성장에 활용되어져야 하는데 분리되어진 상태에서는 그러지 못하고 대부분의 에너지가 한정되어 있고 소모되기 때문에 올바른 성장을 하지 못하고 정체되거나 소멸되어지게 된다.

반면에 의식의 상태가 잘 조화되어 깊어져서 전체의식의 상태에 있게 되면 에너지의 선순환이 이루어지며 모든 것이 법칙에 맞게 올바른 방향으로 성장하게 된다.

이렇게 잘 조화되는 상태에 대해 레스터 레븐슨의 《세도나 마음혁명》라는 책에 보면 이 상태에 대해 아름답고 정밀하게 묘사되어 있다.

'당신이 잘 조율되어 있을 때 생각을 일으키면 이 우주의 모든 원자들이
당신의 생각을 발현시키기 위해 움직인다.
조화 속에 있다는 것은 정말 즐겁고 유쾌한 상태이다. 모든 것이 당신을

도와주러 오기 때문이 아니라 법칙과 함께 하고 있음의 느낌 때문이고 이 상태가 신과 함께하고 있다는 것을 의미한다. 그것은 정말 엄청난 느낌이다. 당신이 잘 조율되어 있으면, 당신이 조화 속에 있을 때면 당신은 모든 곳에서 신을 보게 된다. 당신은 신이 움직이는 그 법칙의 현장에 있고 그의 작동은 바로 궁극의 법칙 그것이다.'

레스터 레븐슨, 《세도나 마음혁명》, (주)한국출판콘텐츠, 46p

여기서 잘 조율되어 있는 상태란 분리된 개체의식의 상태가 아니라 의식이 전체의식의 상태로 있어 모든 것이 잘 조화되고 법칙이 함께할 때 그냥 존재 자체로서 완전한 상태일 경우이다. 이때는 법칙대로 움직이게 된다.

레스터 레븐슨의 표현으로 'God in operation'을 《세도나 마음혁명》에서는 법칙으로 해석했다. 여기서 법칙이란 신과 함께하는 것을 의미하며 예수님이 얘기한 '나와 하나님은 하나이다.'라는 것과 일맥상통한다. 결국 개체성의 내가 하는 것이 아니라 내면의 신성인 전체성의 나에 의해서 모든 것이 이루어 지는 것을 의미한다고 개인적으로 생각한다.

반면에 개체의식 상태에서는 법칙대로 작용하지 않기 때문에 하려는 방향과 반대되는 음의 성질이 동시에 같이 작용하게 된다. 따라서 일이 법칙대로 진행되지 않게 되고 에너지도 소모되게 된다.

결국 부표처럼 에너지가 소모되어 갈등과 분열의 양상이 전개된다.

창조하는 삶 & 반응하는 삶

분리된 개체의식 상태를 현대 과학적 용어로 입자성으로 설명이 가능하고, 통합된 전체의식 상태를 파동성으로 설명할 수 있다.

아인스타인의 $E=mc^2$ 이라는 물리학의 법칙이 있다. 에너지(파동성)은 물체(입자성)에 빛의 속도의 제곱을 곱한 것과 같다는 공식이다.

여기서 E=에너지(파동성)은 진동수가 높은 고차원의 에너지 상태이며 이러한 진동수가 높은 에너지 상태는 의식의 상태가 높은 전체의식에 기반한 잠재의식의 상태를 말하며, m=물체(입자성)은 진동수가 낮은 저에너지 상태를 의미하며 의식의 상태가 낮은 개체의식에 기반한 표면의식을 뜻한다.

대부분 보통의 사람들은 표면의식에 근거한 저에너지 상태의 의식 상태에 머물러 있다. 이 상태에서는 오감으로 인식되는 것만을 인식할 수 있기에 나타난 결과에 반응하는 삶을 살게 된다.

개체성의 분리의식 상태에서는 표면에 나타난 결과만을 인식할 수 있기 때문에 단순히 반응하는 삶을 살 수밖에 없고 당연히 주체적으로 창조하는 삶을 살지 못하고 독립적인 삶을 살지도 못한다.

오로지 표면에 나타난 결과에만 종속적으로 반응하고 의존하는 삶을 살게 된다. 그리고 자신의 삶을 주체적으로 창조하는 삶의 원리를 모르기에 단순히 현상적으로 나타난 운에 기대는 삶을 살게 되고 조급하고 짧은 시야를 갖는 반응하는 삶을 살게 된다.

올바른 삶을 산다는 것은 분리된 개체의식에 기인한 의존적인 삶을 벗어나 오감으로 인식되지는 않지만 삶의 근본적인 원리에 해당하는 전체의식에 기반을 둔 통합적이고 독립적인 삶을 산다는 것을 의미한다.

반응하는 삶이란 개체의식에 기반을 둔 표면의식을 말하는 것이며 이러한 삶은 의존적이고 에너지가 소모되는 분열과 갈등의 삶을 의미한다.
반면 창조적인 삶이란 전체의식에 기반을 둔 내면의식을 말하는 것이며 이러한 삶은 독립적이고 에너지가 활기차고 상승하는 통합적인 삶을 의미한다.

나는 이 책에서 창조적인 삶과 반응하는 삶에 대해 여러 각도에서 얘기할 것이며 창조적인 삶을 살기 위한 여러 요소들에 대해서도 자세히 이야기할 것이다.

'효과시간'이라는 개념이 있는데 이 개념을 한번 잘 생각할 필요가 있다. 누구에게나 공평하게 주어진 시간을 얼마나 집중적으로 사용하느냐에 따라 시간의 효용성이 달라진다는 개념이다.

집중되는 정도에 따라 객관적으로 똑같은 시간을 들여 똑같은 일을 해도 결과물은 완전히 달라진다. 여기서 집중이라는 개념이 나오는데 창조적인 삶을 살기 위해 꼭 필요한 개념이다.
창조하고자 하는 것을 현실화하기 위해서는 오감으로 인식되는 현상들에 현혹되는 표면의식을 버리고, 미래의 창조물을 현실화하는 데 필요한 내면의 심층의식에 얼마나 몰입되어 집중하느냐가 우리들의 효과시간이라고 할 수 있다.

우리는 항상 매 순간 어떠한 삶을 살지 선택할 수 있는 자유의지가 있다.

자기 자신의 삶에 주인으로 독립된 삶을 살 것인지, 아니면 타인이 만들어 놓은 것들에 종속되는 노예의 삶을 살 것인지 자유롭게 선택할 수 있다.

다만 내가 이 책을 쓰는 가장 큰 이유는 독립적이고 창조적인 삶이란 무엇이며 그러한 삶을 살기 위해 어떻게 해야 하는지 알려 주고자 하는 의도가 가장 크다. 그리고 현재의 내 의식의 상태가 어떠한지 스스로 돌아보고 알아차려 올바른 성장을 위한 삶을 살기 위해 현재 이 순간을 얼마나 효과적으로 사용하는지 매 순간 숙고할 필요가 있다.

극기복례(克己復禮) & 참나로 거듭 태어남

우리가 원하는 것을 이루기 위해서는 어떠한 자세와 태도를 가지고 있어야 할까?

누구나 살면서 가장 궁금해하고 알고 싶어 할 의문일 것이다.

올바른 삶을 살기 위해서는 현재 나의 의식의 상태가 기존의 나라는 개체성에 근거를 두고 있는지, 아니면 기존의 나라는 인식의 틀을 깨고 내면의 무한한 힘을 가지고 있는 '참된 나'에 근거를 두고 있는지에 따라 내가 진정으로 원하는 것을 얻을 수 있는지 없는지를 결정하게 한다.

아직까지 이러한 의식의 상태를 진지하게 생각해 보지 않았을 것이다. 그러나 자신의 인생을 내가 진정으로 원하는 상태로 있게 하기 위해서는 나의 의식의 상태를 있는 그대로 성찰하는 삶의 자세가 꼭 필요하다.

나의 의식 상태가 분리된 개체성의 표면의식에 있는지, 통합된 전체성의 심층의식에 있는지 명확히 알고 이해할 필요가 있다. 대부분의 사람들의 의식 상태인 표면적인 개체성에 중심을 두고 있다면 목표에 대한 방향성이 우선 명확하지 않을 것이고 지속적으로 목표를 유지하지 못할 것이다. 그리고 목표를 이룰 것이라는 믿음보다는 불신과 의심 등이 더욱 크게 자리를 잡고 있을 것이고 결국 여러 이유를 대면서 포기하게 될 것이다.

창조하는 삶 & 반응하는 삶

인간은 표면의식 상태에서는 긍정보다는 부정이 주를 이루고 의심과 불신 등이 기본적으로 자리를 잡고 있다. 이것은 개인의 문제라기보다는 유전적으로 각인된 인간의 생존 본능과 관계가 깊다.

다음에 더 자세히 얘기하겠지만 간단히 얘기하면 인류의 대부분은 아직 원시시대의 삶에 맞게 세팅되어 있다. 이러한 원시시대에서 인간은 주변 환경과 동물들에 비해 약한 존재이기 때문에 생존의 위협이 무엇보다 컸다. 따라서 생존을 위해서는 모험을 멀리하고 위축되어 있어야 했고 따라서 매 순간 의심하고 불안해하며 살게 됐다.

이와 같이 인간의 결함이 있는 생존 본능 때문에 우리들은 긍정성보다는 부정성이, 사려 깊고 장기적인 사고보다는 즉흥적이고 단기적인 사고를 그리고 주체적인 삶보다는 군중적인 삶을 살게 되었다. 이러한 결함 있는 생존 본능이 우리의 일상적인 표면의식의 대부분을 차지하고 있기 때문에 대부분의 사람들이 성공적인 삶보다는 실패하는 삶을 살게 되는 것이다.

대부분의 사람들이 실패하는 삶을 살고 있다는 것은 우리들이 상식적으로도 잘 알고 있는 내용이고, '파레토 법칙'이라는 소득 분포에 관한 통계적 법칙에서도 증명이 되었다.

'파레토 법칙'이란 성공하는 사람들은 소수의 20% 정도에 속하고, 반면에 실패하는 사람들은 다수의 80% 정도로 소득이 분포되어 있다는 것이다. 한 가지 흥미로운 것은 다시 원점에서 시작해도 똑같이 2:8의 비율로 나눠진다는 것이다.

한번쯤 진지하게 자신이 현재의 삶을 어떻게 보내고 있는지 살펴보는 것도 좋을 것 같다. 대부분 자신의 삶을 주체적으로 계획하고 실현하기 위해 노력하기보다는 주어진 환경에 따라 일하고, TV 보고 유튜브 보다 어느새 잠잘 시간이라는 것을 인지하고 뒤늦게 자고 아침에 늦게 마지못해 일어나 똑같은 일상을 반복하며 무의미하게 시간을 낭비하며 산다.

즉, 자신만의 삶을 주체적으로 사는 게 아니고 자신이 속한 무리에 떠밀리듯이 주어진 삶에 살아지고 있다는 것이 정확할 것이다.

이와 반대로 기존의 자기라는 인식을 깨고 전체의식 상태의 참된 나에 의식을 집중하고 중심을 두고 있다면 표면적으로 나타난 현상에 종속되지 않고 현상이 나타난 원인에 해당하는 우주의 작동하는 원리를 깊이 있게 이해하게 된다. 따라서 단기적이고 즉흥적으로 반응하지 않고 현상이 일어난 원인에 집중하고 원리대로 일이 이루어지는 과정을 깊이 있게 통찰하게 되면서 개체성의 자기 욕심을 만족시키기 위해 조급하게 애쓰지 않고 원리대로 일이 진행되는 것을 이해하고 믿게 된다.

이렇게 원리에 따르는 삶을 살게 되면 결과적으로 나타난 현상에 현혹되지 않고 원리에 따라 일이 진행되는 과정을 인내하며 기다릴 수 있고, 원리에 따라 일이 나타나는 결과를 겸허히 수용하게 된다.

창조하는 삶 & 반응하는 삶

결과를 중시하는 표면적인 의식을 가지고 있게 되면 일이 진행되는 원리를 알지 못하기 때문에 조급해하고 운에 기대게 되고 나타난 결과에 일희일비하는 삶의 태도를 가지고 살게 된다.

반면에 원인을 중시하는 심층적인 의식을 가지고 있게 되면 일이 진행되는 원리를 이해하고 알고 있기 때문에 조급해하지 않고 원리에 따라 자연스럽게 나타난 결과에 일희일비하지 않고 겸허히 수용하는 담담한 삶의 태도를 가지고 살게 된다.

당신에게는 두 가지의 삶이 기다리고 있다.

대중이 가는 넓은 길은 삶에 통제되는 노예와 같은 종속적인 삶이고, 소수의 사람들만이 가는 좁은 길은 삶을 통제하는 주체적이고 주인으로서의 삶이다.

당신은 어떠한 삶을 살고 싶은가?

옛말에 '진인사 대천명(盡人事待天命)'이라는 말이 있다.

내가 할 수 있는 일을 다 하고 결국 자연의 원리에 맞게 일이 이루어지는 것을 기다린다는 것을 의미한다. 여기서 인(人)은 표면의식 상태에 있는 개체로서의 나를 의미하고, 천(天)은 심층의식 상태에서의 우주의 원리인 참나를 의미한다.

해석하면 시작은 자유의지를 가지고 있는 표면의식에서의 내가 행위를 시작하는 것이고, 실행되고 일이 원리대로 이루어지는 것은 심층의식에서의 참된 나에 의해서 우주의 원리에 맞게 완성되어지는 것이다. 물론 이러한 해석은 내 개인적인 해석이고 견해임을 밝혀 둔다.

위에서 설명한 시작과 실행에 대해서는 4장의 10대 덕목 중에 '행위(작은 시작)'이라는 곳에서 더 자세히 설명할 것이니 필요하면 그 부분을 참고하길 바란다.

여기서 우리는 시작의 중요함에 대해 깊이 생각해 봐야 한다. 처음 시작은 표면의식의 상태에 있는 개체성의 상태에 있는 내가 하는 것이지만, 결국 시작을 하고 나면 개체성의 내가 아닌 전체성의 참된 내가 실행을 하게 되어 개체성의 나로서는 알 수 없는 여러 힘들과 요인들이 어우러지며 일이 이루어지게 된다.

시작하기 전에는 절대로 알 수 없는 일이 이루어지게 하는 여러 요인들이 있기에 원하는 삶이 있다면 우선 시작을 해야 한다. 이러한 알 수 없는 여러 신비한 요인들이 작용하기 때문에 성공한 사람들이 대부분 자신의 성공을 운이 좋았다고 하는 것이다.

실제로 성공한 사람들을 인터뷰하면 모두가 다 자신의 성공은 운이 좋았다고 얘기하고 있다. 그것이 겸손이나 알려 주기 싫어서 하는 말이 아니라 실제로 시작을 하고 나서야 비로소 이전의 자신이 알 수 없는 여러 요인들에 의해서 자신의 일이 이루어진다는 것을 성공을 바라는 이들은

창조하는 삶 & 반응하는 삶

꼭 명심하고 알아야 한다.

우리가 시작하기 힘든 것은 시작이 이루어지는 곳과 실행이 되고 완성되는 곳이 다르다는 것을 이해하지 못하기 때문이다.

이러한 원리를 이해하면 성공하는 삶을 살기가 이전보다는 훨씬 쉬워질 것이다. 자신이 할 수 있는 모든 일을 하고 일이 실행되고 이루어지게하는 원리의 힘을 믿는 것이 중요하다. 그리고 참을성 있게 인내하며 원리에 맞게 일이 이루어지도록 행하고 있으면 누구나 바라는 행복하고 풍요로운 삶을 살게 될 것이다.

《세이노의 가르침》이라는 책에 보면 시작의 중요함에 대해 다음과 같이 표현했다.

'승자는 일단 달리기 시작하면서 계산을 하지만 패자는 달리기도 전에 계산부터 먼저 하느라 바쁘다.'

세이노, 《세이노의 가르침》, 데이원, 56p

대부분의 사람들이 시작도 못 하고 포기하는 것은 표면의식에서는 시작을 할 수 있는 자유의지는 있지만 실행하고 완성하는 것은 심층의식에 있다는 것을 모르기 때문이다. 표면의식의 상태에서 시작과 실행 그리고 완성까지 다 하려고 하니까 엄두도 안 나고 시작도 못 하게 되는 것이다.

우리들은 현재 표면의식의 상태에 있기 때문에 시작만 할 수 있다는 것을 인정하고 우선 시작을 하는 게 중요하다. 그리고 겸허히 표면의식적인 나를 내려놓고 심층의식에 의해 시작한 일이 진행되고 완성되는 것을 인내심 있게 기다리면 되는 것이다. 마지막으로 내면의 신성에 의해 일이 완성되는 것에 감사하는 태도를 지니고 결과를 받아들이면 된다.

표면적인 개체성의 자기를 버리는 고통을 통해 지혜가 점차적으로 발달하면서 내면의 신성이 빛을 내기 시작한다. 이 내면의 신성의 빛은 기존의 개체성의 자기를 부인하는 자기희생의 길을 통과해야 비로소 빛을 발하기 시작하며 모든 성인들은 이 과정을 통해 신성한 지혜를 얻었다.

개체성의 자기로서의 길은 깊은 어둠 속 무지의 길이요.
전체성의 참된 나의 길은 밝은 빛이 있는 지혜와 통찰의 길이다.

결국 진리의 길은 개체성의 자아를 포기하고 내면의 신성한 참된 자아로 거듭 태어나는 것이다.

이것을 조셉 베너의 《내 안의 너》라는 책에서는 '고요히 있으라. 그리고 네가 신임을 알라.'고 했다.

여기서 '고요히 있으라.'는 개체성의 소음 속에 있는 거짓된 자아 즉, 에고를 포기하고 내려놓으라는 의미이다. 이렇게 나를 내려놓고 내면의 신성에 주의를 집중하고 이렇게 이 과정을 계속 인내심 있게 반복하면 결국

창조하는 삶 & 반응하는 삶

내면의 신성이 빛을 발하며 전체의식으로서의 참된 나가 발현되며 자연의 원리를 통찰하는 지혜를 가지게 된다.

이런 지혜의 문이 열리면 우주가 작동하는 원리를 전체적으로 이해하게 되고 결과를 운에 기대는 것이 아니라 적당한 때에 결실을 맺게 하는 위대한 법칙이 모든 것을 지배하고 있다는 것을 알게 된다.

이렇게 참된 나로 거듭 태어나게 되면 원리에 맞게 노력하고 인내하며 겸허히 기다리게 된다. 결국 원리에 맞게 결실이 맺어지게 된다.

온전한 믿음이란 바로 이런 원리를 온전히 이해하는 것이다. 온전한 믿음이 형성되기 위해서는 우선 개체성의 자아를 버리는 자기희생이 무엇보다 중요하다.

자기를 부정하는 자기희생이 내면의 신성이 빛을 발하는데 무엇보다 중요하다.

현대의 양자물리학에서도 개체성의 입자성을 쪼개고 쪼개다 보면 입자성이 사라지는 파동성의 양자장을 만나게 된다는 것을 입증했다.

결국 물질이라는 입자성을 버리게 되면 근원적인 에너지를 품고 있는 양자장을 만나게 된다. 이 양자장에 직접적으로 생각을 집중하면 그 생각대로 양자장이 움직이며 생각을 실현하는 새로운 입자성을 만들게 된다.

바로 이러한 과정이 창조성의 특성을 과학적으로 밝혀낸 것이다.

결국 창조하는 삶이란 분리된 표면적인 개체성을 버리고 내면의 근원의식에 집중하여 근원의식이 나의 바람을 실현시켜 주는 방향으로 일련의 과정이 진행되는 삶을 의미한다.

누구나 이런 의문을 가지고 있을 것이다. 내가 왜 태어났고 어떻게 살아야 할까?

누구나 알고 싶어 하지만 인류의 몇몇 극소수의 스승들만이 알고 있을 뿐 대부분의 사람들은 전혀 알지 못한다. 이러한 삶의 본질적인 의미에 대해 다 같이 고민하고 성찰하여 주체적으로 자기만의 삶을 창조했으면 한다.

내가 생각하는 삶의 본질적인 의미는 다음과 같다.

자기를 포기하는 고통을 끝까지 인내하고 결국 완전한 자기부정이 이루어졌을 때 비로소 내면의 신성이 환하게 솟아올라 참된 나로 거듭 태어나기 위해 우리는 태어났다고 생각한다.

우리가 태어난 근본적인 이유와 어떻게 살아야 하는지에 대한 나름대로의 길을 찾았고 이 길을 여러 사람들이 같이 걸었으면 좋겠다는 소망을 가지게 되어 이 책을 쓰게 됐다.

부디 이 책을 읽는 여러 사람들이 자신의 올바른 길에 대한 답을 찾는데 조금이나마 도움이 되었으면 좋겠다.

창조하는 삶 & 반응하는 삶

결국 우리가 태어나고 또 태어나는 이유는 영혼의 순례 여행을 통해 참된 나로 거듭 태어나기 위함이다.

우리가 올바른 길로 가고 있는지를 알기 위해서는 거짓된 자기를 부정하고 희생하고 있는 길을 가고 있는지, 아니면 거짓된 자기를 높이는 자만심의 길을 가고 있는지를 보면 알 수 있다.

대부분의 사람들은 자기를 높이기 위해 노력하지만 성인들이 이야기한 좁은 길을 가기 위해서는 자기를 부정하는 자기희생의 길을 가야 한다.

1차원적인 삶에서 2차원적인 삶으로 진화

우리들은 살아가면서 여러 형태의 정신적, 육체적, 환경적으로 어려움을 겪는다. 그리고 정도의 차이는 있지만 살아가는 동안 계속해서 여러 문제를 겪게 되고 현재의 내 의식의 수준에 맞게 해결해 가는 과정을 겪는다.

이러한 어려움과 해결의 과정을 반복적으로 겪으며 성장해 가는 것이 인생의 여정이다.

누구나 이런 과정을 겪으며 살아가는데 여기서도 두 부류의 사람들로 나누어진다. 고난과 역경은 누구나 살면서 다 똑같이 겪게 된다. 삶의 어려움에 직면했을 때 어려움을 회피하려는 사람이 있는데 이런 책임 회피를 하는 사람은 결국 앞으로 성장하지 못하고 정체 또는 쇠퇴의 길을 가게 되어 전혀 진화하지 못하게 된다.

반면에 다른 케이스는 똑같이 어려움에 직면했을 때 어려움을 극복하기 위해 노력하고 해결해 가는 과정에서 자신의 역량과 의식을 점점 키워 결국 무한한 능력의 참된 나로 거듭 태어나며 진화해 가고 성장해 간다.

그럼 여기서 우리가 생각해 봐야 할 것이 있다. 우리들이 어려움에 직면했을 때 대부분의 삶의 형태는 지속적으로 스트레스를 받고 그 스트레스를 회피하기 위해 오락을 즐기는 이러한 반복적 행위를 끊임없이 계속하며 인생을 낭비하며 산다. 어떻게 보면 대부분의 사람들은 스트레스 받는 것을 당연하게 생각하는 것 같다. 그리고 스트레스 받는 것을 벗어나기 위해 다른 형태의 오락을 찾고 즐긴다. 여기서 이렇게 스트레스 받고 스트레스를 해소하는 이러한 삶의 방식에 대해 한 번 더 깊이 생각해 볼 필요가 있다.

이렇게 또 한 번 다른 관점으로 깊이 있게 생각하는 것을 심층적 사고 or 2차원적 사고라고 한다.

그런데 대부분의 사람들은 표층적 사고(1차원적 사고)를 하고 있기 때문에 외부의 자극이나 스트레스를 받으면 어릴 때부터 무의식적으로 형성되어 있는 패러다임에 기반하여 단순하게 반응을 하며 회피하는 삶을 산다.

현대의 자기계발 분야의 대가인 '밥 프록터'에 의하면 대부분은 어릴 때부터 형성되어 완전히 굳어진 의식 체계(이것을 '패러다임'이라고 칭하겠다.)에서 크게 벗어나지 못하는 사고 체계를 가지고 평생을 살아간다고 한다. 이 책에서 강조하는 반응하는 삶을 제대로 이해하고 계속해서 반복되는 반응하는 삶을 벗어나기 위해서는 굳어진 의식 체계인 패러다임을 온전히 이해해야 가능하다.

이러한 패러다임을 이해하고 심층적 사고를 통해 무의식적으로 반응하는 의식을 인지하고, 원하는 목표를 의식의 앞으로 올리는 과정을 반복하다 보면 어느새 무의식적인 패러다임을 우리가 원하는 방향으로 바꿀 수 있게 된다. 이렇게 심층적 사고를 하게 되면 단순히 무의식적으로 형성되어 있는 패러다임에 반응하는 1차원적인 삶에서 2차원적 삶으로 진화되게 된다.

그리고 우리가 제대로 생각이라는 것을 하지 않고 단순히 반응하는 삶을 살고 있었다는 자각을 하게 되었다는 것을 인식했다는 것이 중요하다.

우리는 살면서 이러한 자각을 가끔씩 하기도 한다. 위대한 삶을 산 위인들의 책이나 강연을 듣거나 어려움에 처해서 고통을 겪고 있을 때 심층적 사고를 하기도 하지만 문제는 이러한 심층적 사고가 일시적이고 오래 지속되지 않는다는 게 우리의 가장 큰 문제이다.

방안의 온도가 일시적으로 변할 수도 있지만 결국은 다시 설정되어 있는 온도로 돌아가는 것과 같다.

예를 들면 방 안의 온도가 25도로 설정되어 있다면 외부의 찬 공기로 인해 일시적으로 방안의 온도가 내려갈 수도 있지만, 결국 이미 설정되어 있는 25도라는 온도에 맞추어서 방 안의 온도도 25도로 다시 돌아오게 된다. 이와 같이 이미 설정되어 있는 온도를 '밥 프룩터'는 우리의 패러다임이라고 정의하고 있다.

결국 이 패러다임을 인식하고 변화시키는 것이 우리의 삶을 변화시키는 데 가장 중요한 요인이다.

앞에서도 언급했지만 슈바이처 박사에게 현대인들의 가장 큰 문제가

창조하는 삶 & 반응하는 삶

무엇이냐고 질문했을 때 그의 대답은 대부분의 사람들은 정말 생각을 하지 않는 게 큰 문제인 거 같다고 대답했다. 생각을 제대로 하지 않는 것이 현대인들에게 가장 큰 문제라고 했는데 여기서 생각은 심층적 사고를 이야기하는 것이다.

심층적 사고를 하지 않고 단순히 반응하는 삶을 살게 되면 올바른 성장을 하는 주체적인 자기 삶을 살지 못하게 된다. 심층적 사고를 꾸준히 하게 되면 결국은 나폴레온 힐이 얘기한 궁극적인 참자아인 '또 다른 자아'를 알게 될 수 있다. 심층적 사고를 해야 하는 가장 큰 이유이기도 하지만 결국은 행복하고 성공적인 삶을 살기 위해서는 '또 다른 자아'를 인식하고 이해하는 것이 무엇보다 중요하다.

이제 앞으로 자주 나오게 될 용어에 대해 잠시 얘기하자면 기존에 형성된 패러다임을 개체의식이라고 할 수 있다. 현대물리학에 의하면 물질로 나타낼 수 있는 입자성의 개체는 필연적으로 분리되고 분열되어 있고 한계성이 명확한 구조체이며 이러한 개체성의 의식을 개체의식이라고 한다. 개체의식 상태에서는 기본적으로 분열과 갈등이 내재되어 있어 에너지의 소모가 필연적으로 일어나게 되고 성장과 발전보다는 정체와 쇠퇴가 일어나게 된다. 대부분 사람들의 의식 상태는 갈등과 소모성의 특성을 가진 개체의식의 패러다임으로 형성되어 그 패러다임에 기반을 둔 사고 체계를 가지고 그 범위 내에서 단순히 반응하는 삶을 산다.

이와는 반대로 전체의식이라는 개념이 있다. 기존에 형성되어 있는 패러다임에서 벗어나 '또 다른 자아'에 해당하는 무한한 가능성의 의식 상태로써 파동성의 에너지의 형태로 존재하며 신념에 기반하고 있으며 양자 물리학적인 관점에서 보면 영점장이 이에 해당한다.

대부분의 성공한 사람들은 기존에 형성되어 있는 패러다임에서 벗어나 전체의식에 해당하는 '또 다른 자아'와 소통하며 무한한 가능성의 에너지와 화합되어 원하는 것을 이루어 나간다.

앞에서 언급했듯이 아인슈타인은 사람들이 이전과 똑같이 생각하고 행동하면서 다른 결과를 원하는 것만큼 이상한 것도 없다고 했다. 생각해 보면 너무도 이상한 것인데 대부분의 사람들이 이런 이상한 것을 바라고 있다. 이러한 이상한 일이 일어나는 것도 살펴보면 앞에서 얘기한 사람들의 의식이 표면의식의 상태이기 때문에 눈에 보이지 않는 원인보다는 당장 눈에 보이는 결과만을 인지할 수 있기 때문에 일어나는 당연한 현상이다.

결과를 바꾸기를 원하면 결과에 집착할 게 아니라 원인을 바꾸어야 하는 것은 너무도 당연하다.

반응하는 삶을 산다는 것은 기존에 형성된 패러다임대로 똑같이 반응을 한다는 것을 의미한다. 같은 반응을 하며 사는데 다른 삶을 원한다는 것이 정말 이상하다고 생각해야 한다.

이러한 자각을 인지하고 심층적 사고를 하여 단순히 반응하는 삶을 개선해 자신의 삶을 새롭게 만들어 나가는 창조하는 삶을 살아야 한다.

우리들은 살면서 현실적인 여러 문제들과 감정적인 갈등상태에 빠져 어려움을 호소하며 힘들어한다. 이러한 갈등과 분열이 일어나는 근본 원인을 이해하여 계속해서 밀려드는 어려움들을 흘려보내고 해결해 가며 삶의 지혜를 키우는 게 살면서 가장 중요한 것 중의 하나라고 생각한다.

흘려보내기의 진정한 의미는 분리된 개체 상태에서의 행위는 갈등과 분열을 낳기 때문에 여기서 생기는 갈등의 소모적 에너지를 흘려보내기 위해서는 갈등과 분열의 근본 원인인 개체성의 의식을 버려야 하는 것을 의미한다. 그러나 여기서 주의해야 할 것이 있는데 개체성을 버리는 주체가 여전히 개체 상태에 있기 때문에 갈등과 분열이 계속해서 존재하게 된다.

이러한 갈등과 분열의 상태가 형태만 다를 뿐 계속해서 반복되면 결국 반응하는 삶에 길들여져서 성장 없이 정체 또는 쇠퇴하는 삶을 살게 된다.

어떻게 보면 대부분의 사람들이 이와 같이 무의미한 반응하는 삶을 살며 한번 지나가면 다시 오지 않을 소중한 시간을 낭비하며 삶을 살고 있다.

여기서 중요한 것은 개체성의 의식 상태에서는 똑같은 삶이 반복되기 때문에 주체가 되는 나의 의식 상태가 바뀌어야 한다.

이러한 갈등과 분열을 올바르게 흘려보내는 것이 의식 성장의 핵심이라고 할 수 있다.

그러나 여기서 좀 더 깊이 있게 흘려보냄에 대해 생각해 보면 좋을 거같다.

흘려보냄이 깊어지고 깊어져서 흘려보내는 주체인 나라는 개체까지 사라져야 더 이상 갈등하는 주체와 객체가 없어지게 된다. 이때에 이르러서야 비로소 분리된 개체의식의 상태가 사라지는 무아의 상태가 되는 것이다.

이 무아의 상태가 전체의식의 상태이고 그냥 완전한 법칙의 세계, 신과 함께하는 상태이다. 이때의 충족감과 평화로움은 그 자체로 갈등이 없이 완전하다. 그때는 오히려 에너지의 소모가 없기에 무엇이든 할 수 있는 엄청난 에너지의 상태이다.

이 평화로움의 상태는 존재 그 자체로서 조화로운 상태이기 때문에 동적 에너지의 흐름들이 법칙에 어긋나지 않고 우주가 작동하는 법칙에 맞게 흘러 완전한 동적 평형 상태에 있게 된다. 우주는 에너지가 흐르는 살아 있는 생명체이기에 정적 평형 상태에 있는 것이 아니라 동적 평형 상태에 있게 된다.

우리는 보통 고요함을 정적 평형 상태로 생각하는데 '진정한 없음'의 상태는 갈등과 분열이 없는 자연스러운 상태의 동적 평형 상태를 뜻한다.

무아란 아무것도 없는 상태가 아니라 분리된 개체의식 상태의 내가 없다는 것을 의미하고 더 나아가 모든 것이 조화된 상태의 전체의식 상태의 나로 거듭 태어남을 의미한다.

제임스 아서레이의 《조화로운 부》에 전체의식의 무아(無我)와 영점장에 대해 좋은 내용이 있어 같이 생각해 보면 좋을 거 같다.

'우리는 우주의 진동 속에서 산다. 빈 곳으로 보이는 곳에 무한한 에너지

창조하는 삶 & 반응하는 삶

가 자리 잡고 있다. 당신이 원하는 모든 것들이 양자물리학자들이 영점장
이라고 부르는 것에서 나온다.

고체처럼 보이는 모든 것들은 99.999999%의 빛 또는 에너지로 이루어
져 있다.

영점장은 보이지 않는 거대한 거미줄처럼 유한한 것에서부터 무한한 것
까지 모든 시간과 공간을 포함하고 있다. 당신은 그 끝없이 무한한 곳에서
창조되었으며, 당신에게 필요한 모든 에너지는 지금도 당신 주위의 영점
장에 존재한다.

양자물리학은 모든 것은 영점장에서 나온다고 말한다. 그리고 영적 가르
침도 모든 것이 신에게서 나온다고 말한다.'

제임스 아서레이, 《조화로운 부》, 라이온북스, 127p

 우리는 무아를 정적 평형 상태의 아무것도 없는 무(無)의 상태로 생각
하지만 실제로 무아는 양자물리학에서 이야기하는 영점장에 해당하는
것으로 무엇이든 창조할 수 있는 무한한 에너지가 응축되어 동적 평형
상태를 이루고 있다.

 결국 당신은 내면에 무엇이든 창조할 수 있는 무한한 가능성을 지니고
있는 신성한 존재라는 것을 자각하는 것이 삶의 궁극적 가르침이다.

의식 상태 & 우주의 근본 원리

지금 우리들이 접하고 있는 현재의 상황은 우연히 생긴 것이 아니라 원인에 따라 정확히 나타난 필연적인 결과물이다. 단지 원인에 따라 결과가 생기는 근본 원리를 이해하고 있지 못하기 때문에 현재 상황이 이해가 안 되고 불평, 불만에 쌓여 있을 뿐이다.

제임스 앨런의 《생각하는 대로》에 보면 불평, 불만에 대한 좋은 내용이 있어 같이 보면 좋을 거 같다.

외부 현상 자체는 좋은 것도 나쁜 것도 아니며, 그것을 좋거나 나쁘게 만드는 것은 정신적인 태도와 마음의 상태이다. 신중하고 올바른 마음 자세를 가지고 있다면 외부 상황에 대해 투덜대거나 한탄하지 않을 것이다. 운명은 그가 어른다운 힘을 획득할 때까지 괴롭게 하고 채찍질할 것이며, 그 후에야 그에게 복종할 것이다. 환경은 나약한 사람에게 엄한 감독관이며 강한 사람에게는 순종의 하인이다. 우리들 속박하거나 자유롭게 하는 것은 외부 상황이 아니라 그것에 대한 우리의 생각이다. 사람은 자신의 생각에 대해 다음과 같이 점검해봐야 한다.

'내 생각이 속박으로 향하고 있는가, 해방으로 향하고 있는가?'

창조하는 삶 & 반응하는 삶

제임스 앨런, 《생각하는 대로》, 가디언, 74p

제임스 앨런이 얘기한 내 생각을 속박으로 향한다는 것은 개체성의 한계에 갇힌 표면의식의 상태를 의미하는 것이고, 해방으로 향한다는 것은 전체성의 무한한 가능성의 심층의식의 상태를 의미한다. 우리에게는 선택할 수 있는 자유의지가 있다. 속박으로 가득한 종속적인 삶을 살 것인지, 아니면 무한한 자유로움이 가득한 주체적인 삶을 살 것인지는 지금 이 순간의 우리가 선택할 수 있다.

빌 게이츠가 '가난하게 태어난 건 자신의 죄가 아니다. 그러나 가난하게 죽는 건 자신의 죄다.'라고 얘기했는데 결국 자신의 인생을 만들어 가는 건 자기 자신이다. 가난하고 불행하게 태어난 것을 탓하기 전에 지금 현재의 자신의 삶의 태도와 자세를 성찰하고 지금까지의 방향과 다르게 자신이 원하는 삶의 방향으로 나아가는 것이 현명한 삶의 자세와 태도이다.

이러한 인생의 불평, 불만 등의 이면에 작동하고 있는 올바른 삶을 살기 위한 우주의 근본 법칙은 분명히 존재하고 있다. 단지 인지하지 못하고 자각하지 못하기 때문에 활용하지 못할 뿐이다. 그럼 왜 우주의 법칙이 분명히 존재하고 작동하고 있는데 대부분의 사람들은 그러한 법칙이 제대로 작동하지 못한다고 느끼며 살까?

세상에는 불변의 법칙, 원리가 분명히 존재하는데 이 법칙은 존재할 수도, 존재하지 않을 수도 있다. 무슨 선문답 같은 얘기를 하는가 하고 생각할 수도 있다.

더 정확히 얘기하면 어떤 사람에게는 존재할 수도 있고 어떤 사람에게는 존재하지 않을 수도 있다. 즉, 각각의 사람의 의식 상태에 따라 어디에나 존재하는 우주의 법칙을 인지하고 그 법칙과 조화되어 사는 사람이 있고, 반면에 어떤 이는 우주의 법칙을 인지조차 하지 못하고 법칙과 부조화되어 사는 사람도 있다.

표면의식의 분리된 개체적 자아의 의식 상태에서는 우주의 근본 원리가 이해되지 않고 느껴지지도 않는다. 이러한 개체성의 상태에서는 모든 상황이 정의롭지 않고 편파적이고 무질서하게 생각되어진다. 따라서 항상 갈등과 혼란 속에서 삶을 살기 때문에 올바른 결정을 할 수도 없고, 미래를 준비하고 인내하는 등 성장의 삶을 살지 못한다. 그리고 개체성의 미성숙한 감정에 좌우되어 삶의 방향이 일관되게 흐르지 못하고 표류하고 방황하는 삶을 살면서 후회와 한탄 속에서 인생을 낭비하고 소모하는 삶을 살게 된다.

이러한 의식 상태를 가지고 사는 사람에게는 우주의 근본 법칙이 존재하지 않는다고 생각되어진다. 본질적으로 보면 우주의 근본 법칙이 적용되지 않는 곳이 없고 법칙과 원리에서 벗어나 있는 것은 어떤 것도 존재할 수 없다. 단지 의식의 상태가 낮아서 법칙과 원리를 이해하지 못하고 인지하지 못할 뿐이다. 이러한 무지의 상태에서는 우주의 법칙인 인과율의 원리를 모르기에 조급해하고 불안해하고 화를 내면서 스스로 원리가 이루어지지 않게끔 어긋나게 행동하고 이러한 어긋난 행위로 인해 불행한 삶을 살게 된다.

반면에 표면의식의 개체성을 극복한 사람은 의식의 상태가 표면의식에서 벗어나 점차적으로 통합된 심층의식으로 의식이 깊어져 우주의 법칙을 제대로 이해하고 원리에 맞게 삶을 살게 된다. 원리에 맞는 삶을 살게 되면 모든 일의 진행되어짐이 원리에 따라 당연히 일어나게 되기 때문에 미래를 계획하고 목표를 설정하고 원하는 것이 이루어짐을 확고히 믿게 되고 조급해하지 않는다.

이러한 불변의 법칙을 이해하게 되면 삶에 휘둘리는 허약한 삶의 노예가 아니라 삶을 주체적으로 이끌고 창조하는 삶의 주인으로서 살아갈 수 있게 된다. 삶의 환경에 휘둘리며 종속적인 삶을 살게 되면 살면서 일어나는 여러 일들에 단순히 반응하며 일희일비하게 된다. 마치 바람에 의해 바다에서 물결이 일렁이는 것처럼 일어나는 현상에 종속되어 삶의 바다에서 물결치듯이 자신의 감정에 휩쓸리며 화내고 불안해하고 슬퍼하며 인생을 불행하게 산다.

이에 반해 삶의 환경에 종속되지 않고 삶에 흐르는 우주의 인과 법칙을 이해하게 되면 일어나는 현상에 휩쓸리지 않고 일어날 수밖에 없는 필연적인 우주 원리에 삶을 조화시키며 자신의 삶을 주체적으로 살게 된다. 이렇게 자신의 삶에서 일어나는 표면적인 현상에 휩쓸리지 않고 인과법칙에 따라 필연적으로 일어날 수밖에 없는 우주의 원리를 이해하는 것이 중요하다.

여기서 잊지 말아야 할 것은 우주의 작동 원리를 온전히 믿고 이해하기 위해서는 의식의 상태가 바뀌어야 한다는 것이다.

즉, 현재의 표면의식 상태에서는 원리가 전혀 이해가 되지 않고 인식조차 되지 않는다. 그래서 현재의 의식 상태에 있는 대부분의 사람들은 원리에 맞는 삶을 살지 못하게 되고 자연히 조화되고 풍요로운 삶을 살지 못하게 되는 것이다.

이러한 인과율의 법칙에 대해 제임스 앨런의 《생각하는 대로》에 좋은 내용이 있어 같이 보고 생각해 보았으면 좋겠다.

'농부는 자기 땅을 갈아서 거기에 씨앗을 심고 나면 그는 자신이 할 수 있는 모든 일이 끝났다는 것과 이제부터는 자연의 힘을 신뢰해야 하고 수확의 계절이 오기까지 시간의 흐름을 참을성 있게 기다려야 한다는 것, 그리고 자기가 아무리 기대해 봐야 결과에 영향을 미칠 수 없다는 것을 알고 있다.'

제임스 앨런, 《생각하는 대로》, 가디언, 31p

위의 구절은 이전에 내가 얘기한 '진인사 대천명(盡人事待天命)'의 진정한 의미와 일맥상통하는 내용이라 앞의 내용을 다시 읽어 봐도 좋을 거 같다.

여기서 씨앗을 심고 나면 자신이 할 수 있는 모든 일이 끝났다는 것은 '진인사(盡人事)'와 의미가 같다고 볼 수 있다. 결국 시작은 표면의식 상태에 있는 개체성 상태의 나의 자유의지로 하고 그 이후의 실행과 완성은

창조하는 삶 & 반응하는 삶

내가 아닌 내면에 잠들어 있는 '또 다른 나'에 의해 이루어짐을 이해하고 개체성의 나를 내려놓아야 한다.

그리고 자신이 할 수 있는 모든 일이 끝났다는 것과 이제부터는 자연의 힘을 신뢰해야 한다는 것은 '대천명(待天命)'과 의미가 같다는 것을 알 수 있다. 결국 실행은 내면의 심층의식 상태에 있는 '또 다른 나'에 의해 모든 것이 이뤄지는 자연의 원리를 말하는 것으로 이해하면 될 거 같다. 결국 시작은 표면의식의 내가 하지만 실행하고 완성하는 것은 심층의식의 또 다른 내가 하는 것이다. 결국 개체성의 나를 내려놓고 내면에 잠들어 있는 전체성의 나로 거듭 태어나는 것이 올바른 삶의 여정이고 모든 성인들은 끊임없는 노력과 인내로 그러한 경지에 도달했다는 것을 가슴 깊이 새기며 의미 있는 삶을 살아야 한다.

욕망과 개체의식 & 열망과 전체의식

원하는 무엇인가를 성취하기 위해서는 그것에 맞게 생각의 수준을 높여야 한다.

대부분 원하는 대상은 지금의 나보다 더 높은 곳에 있고, 원하는 주체인 나는 원하는 대상보다 더 낮은 곳에 있을 것이다. 너무나 당연한 것인데 대부분의 사람들이 이것에 대해 깊게 생각하지 않는다.

여기서 중요한 것은 원하는 대상과 원하는 주체의 차이를 어떻게 좁히느냐가 관건이다. 그리고 이러한 차이에 대한 인식과 대응하는 태도가 성공하는 사람과 실패하는 사람을 나누는 기준이 된다.

우리는 원하는 것을 얻고 싶어 하지만 어떻게 원하는 것을 얻을 수 있는지에 대해서는 깊이 생각하지 않는다. 원하는 것을 가지고 싶은 욕심에 바라기는 하지만 정작 원하는 것을 얻기 위해 구체적으로 어떻게 해야 할지에 대해서는 아무런 생각도 없다. 그럼 어떻게 하면 원하는 것을 얻을 수 있을까?

원하는 대상을 얻기 위해서는 원하는 주체인 나를 원하는 대상에 맞추어야 한다. 즉, 원하는 대상을 얻을 자격이 되는 사람이 되면 원하는 것을 가질 수 있게 된다. 성공하는 사람과 실패하는 사람의 큰 차이가 여기에

창조하는 삶 & 반응하는 삶

서 생긴다.

실패하는 사람은 원하는 것을 바라기만 한다. 반면에 성공하는 사람은 원하는 대상을 어떻게 얻을 수 있는지 생각하고 노력하여 원하는 대상을 얻을 가치가 있는 주체가 되기 위해 노력한다.

그리고 원하는 대상을 가질 자격이 되는 주체가 되면 인과율의 법칙에 따라 자연히 원하는 것을 얻게 된다.

내가 원하는 주체가 되기 위해서는 나의 생각의 수준이 높아져야 한다. 그리고 양자물리학적으로는 생각의 수준이 높아진다는 것은 진동 에너지를 높여 주파수를 높이는 것으로 볼 수 있다. 생각의 수준이 높아지기 위해서는 분리된 개체성(입자성)의 표면의식 상태에서 통합된 전체성(파동성)의 심층의식의 상태로 의식이 바뀌어야 한다. 표면의식의 상태는 입자성의 특성을 가지고 있기 때문에 진동 에너지가 낮고, 심층의식의 상태는 파동성의 특성을 가지고 있기 때문에 진동 에너지가 높다.

즉, 의식의 상태가 전환되면 진동 에너지도 의식의 상태에 맞게 바뀌게 된다. 물리학자들은 우주가 양자들로 가득 차 있고 서로 연결되어 있다는 사실을 발견했다. 양자란 에너지 형태를 띤 물질을 이루는 최소 단위를 말한다.

양자물리학의 아버지라 불리는 막스 플랑크는 '우주 만물은 에너지를 통해 모든 것이 연결되어 있다.'고 얘기한다.

일본의 납세액 1위를 여러 번 한 행복한 괴짜 부자인 사이토 히토리는 이렇게 말했다.

'행복한 부자가 되기 위해서는 자신의 진동 에너지를 높여야 한다고 얘기
한다. 왜냐하면 인간과 우주는 양자로서 연결되어 있는 에너지의 덩어리
이기 때문에 인생에서 가장 중요한 것은 절대 진동수를 떨어뜨리지 않는
것이다.'

여기서 중요한 것은 인간을 포함한 우주의 모든 것은 에너지로 이루어
져 있고 에너지는 항상 진동하고 있기 때문에 우리는 모두 자신의 주파수
에 따라 진동한다는 것이다.

결국 행복하고 올바르게 성장하기 위해서는 진동수를 높이라는 것은
알겠는데 어떻게 진동수를 높이라는 것인지 잘 와닿지 않을 것이다. 그래
서 진동수에 대해 좀 더 이해하기 쉽게 뇌파에 대해 생각해 보면 좋을 거
같다.

진동수와 뇌파에 대해서 알기 위해서 조 디스펜자 박사의 《당신도 초자
연적이 될 수 있다》라는 책을 참고해서 같이 생각해 보면 좋을 거 같아 아
래에 소개한다.

뇌의 진동수인 뇌파는 다음과 같이 나눌 수 있다.
**베타파가 주로 외부 세계에 집중하는 상태라면, 알파파는 내면세계에
더 집중하는 상태이다.**
명상하는 사람들에게는 고베타파 상태에서 나와 알파파로 들어가고 다시

세타파로 들어가는 것이 가장 어려운 부분 중 하나이다. 뇌파의 진동을 느리게 할 때 그동안 스트레스를 받으며 생각하곤 하던 외부 세계와 그 안의 온갖 분산 요소들에 더 이상 주의를 기울이지 않게 된다.

그리고 **뇌파가 느린 주파수로 움직이기 시작하며 베타파에서 일관성 있는 알파파와 세타파 상태로 들어가게 된다. 이것이 중요한 이유는 뇌파가 느려질 때 우리의 의식이 사고 기능을 하는 신피질에서 나와 중뇌(변연계)로 이동하며 거기서 우리 몸의 잠재의식적 운영 체계인 자율신경계와 연결되기 때문이다.**

조 디스펜자, 《당신도 초자연적이 될 수 있다》, 샨티, 218p

진동수와 뇌파의 관계에 대해 조 디스펜자의 책을 통해 자세히 쓴 이유는 우리에게 익숙한 뇌파를 통해 진동수와 우리의 의식 상태의 관계를 이해하는 것이 올바른 성장과 삶의 완성을 이루는 데 매우 중요하기 때문이다.

여기서 우리가 알아야 할 것은 명상을 통해 뇌의 진동수인 뇌파를 변화시키면 우리의 의식 상태도 표면의식적 작용이 일어나는 신피질에서 나와 심층의식적 작용이 일어나는 중뇌(변연계)로 이동하여 내면의 참자아에 해당하는 우주의 근원인 양자(영점)장으로 들어가게 되어 무한한 가능성의 세계가 열리게 된다는 것이다.

결국 진동수에 따라 의식의 상태도 변화하게 되고 생각의 수준도 변화하게 된다.

생각의 수준이 높아질수록 개체의식의 상태에서 전체의식의 상태로 진화하게 되고 우주의 절대 법칙과 일치하기에 모든 에너지가 조화 있게 이루어지고 물질적 풍요와 의식의 성장, 육체적 건강 등 모든 것이 조화 있게 이루어지게 된다.

단기적인 생각을 하게 되면 이해의 폭이 좁고 전체적인 이해에 기반하지 못하기 때문에 단기적이고 즉각적인 반응을 하게 된다. 따라서 자기의 욕망이 충족되면 좋아하고, 자기의 욕망이 충족되지 못하면 화를 내는 등의 감정적인 상태에 빠져 있어 체계적으로 문제를 해결해 나가지 못한다.

일이 진행되는 원리를 깊이 이해하게 되면 단기적이고 즉각적인 반응을 하지 않게 되고, 원리에 맞게 과정이 순차적으로 나아가게 되는 것을 이해하게 된다. 원리에 따라 자연히 조급하지 않고 담담하고 편안하게 된다.

예를 들면 장사를 하는 가게 주인이 있는데 표면의식의 상태에 있게 되면 단기적으로 자신에게 이득이 되는 방향으로 일이 진행되면 좋아하고, 반대로 자신에게 손해가 나는 방향으로 일이 진행되면 화를 내며 걱정을 하는 등 즉각적인 감정 상태로 일을 하기 때문에 손님보다는 자신의 단기적인 이득만을 생각하게 되고 결국 가계가 번성하지 못하고 쇠퇴하게 될 수밖에 없다. 분리된 입자성의 개체의식 상태에 있기 때문에 주인과 손님의 이익이 서로 상충되어 갈등이 생길 수밖에 없고 점차적으로 쇠퇴하게 된다.

이와 반대로 전체의식에 기반한 의식 상태에서는 일이 진행되는 원리를 깊이 이해하기 때문에 자신의 단기적인 이득보다는 손님의 이득도 동시에 같이 생각하게 된다. 따라서 자연히 손님에게 친절해지고 서로 도움이 되는 방향으로 일이 진행되도록 하기 때문에 한번 거래를 한 손님은 계속해서 그 가게를 이용하게 되고 자연히 손님은 더욱 많아지고 시간이 갈수록 가게는 더욱 번성하게 된다. 통합된 파동성의 전체의식에서는 주인과 손님의 이익이 상호의존적이기 때문에 서로 상승되어 점차적으로 번성하게 된다.

또 하나의 예를 들면 가게를 하는 주인이 있는데 개체의식 상태에 있게 된다면 자신에게 유리하다고 인식되는 방향으로만 단기적으로 생각하기에 단기적인 계획만 수립하게 된다. 따라서 즉각적인 결과에 일희일비하기 때문에 미래의 비전을 만들어 나가지 못하고 단기적인 결과에만 반응하게 되어 결국은 가게가 번성하지 못하고 쇠퇴하게 된다.

이와 반대로 전체의식 상태에서는 단기적으로 일희일비하지 않고 장기적인 비전에 집중하기 때문에 단기적으로 나타나는 힘든 과정들에 인내하고 노력하여 결국 원하는 목표를 이루게 된다. 물론 단기적으로 실패할 수도 있지만 이때도 단기적으로 나타난 현상을 결과로 인지하지 않기 때문에 실패도 하나의 과정으로 인식하고, 장기 비전에 대한 믿음을 더욱 확고히 하는 계기로 삼고 더욱 더 큰 목표를 이루는 계기로 삼는다.

이와 같이 똑같이 시작했는데 누구는 쇠퇴하고, 누구는 번성을 하는지를 구분하는 가장 중요한 키포인트는 바로 개인의 의식 상태에 있다.

물론 가는 과정에서 여러 어려움과 실패가 나타날 수밖에 없다. 하지만 그런 힘든 과정들도 하나의 현상적 과정으로 인지하고 장기 목표에만 집중하는 것이 무엇보다 중요하다는 것을 알고 있기 때문에 인내할 수 있게 된다. 결국 원리대로 일이 진행된다는 것을 이해하고 굳게 믿고 있기 때문에 자신이 목표하는 것을 이루게 된다.

우주의 원리에 대한 이해의 폭이 넓어질수록 나에 대한 생각의 폭이 넓어지고 깊어지기 때문에 개체로서의 나라는 개인적 욕망에서 벗어나 전체적인 이해를 하게 된다. 그리고 문제해결 능력도 커지게 되어 문제를 해결하기 위한 체계적인 계획과 그것을 꾸준히 해 나갈 수 있는 인내심과 절제력도 자연스럽게 생기게 된다.

목표를 향해 나아가는 중간중간에 나타나는 결과들을 성장해 가는 하나의 과정으로 이해하게 되어 결국 문제를 올바르게 해결하게 되고 목표하는 것들도 훌륭히 이루게 된다.

결국 사업 분야든 정신적, 육체적 건강이든 모든 성취는 명확하게 방향이 설정된 생각의 결과이며 모두 같은 원리에 의해 지배받고 같은 방법으로 얻어진다. 단지 성취의 대상이 다를 뿐이다. 생각의 수준이 높아질수록 자제력, 인내력, 명철한 사고, 의로움, 올바른 생각, 결단력 등의 여러 요소가 자연적으로 생겨나게 되고 이런 여러 요소들이 어우러져서 모든 성취가 이루어지게 된다.

당신은 당신을 지배하는 욕망만큼 작아지게 될 것이고 당신을 지배하

창조하는 삶 & 반응하는 삶

는 열망만큼 위대하게 될 것이다.

여기서 욕망이란 개체의식에 근거한 탐욕을 뜻하는 것이고, 열망이란 개체의식을 벗어나 전체의식에 기반한 성장을 향한 올바른 이상을 의미한다.

당신이 지금 처해 있는 환경이 무엇이든 당신은 당신의 생각과 비전과 이상에 따라 추락하거나 그대로 있거나 높이 비상할 것이다.

당신의 생각대로 이루어질 것이고 당신이 뿌린 대로 거두게 되는 것은 우주의 원리이다. 이것이 인과율의 법칙이다.

전체의식에 기반한 창조하는 삶을 사는 지혜로운 이는 원인에 맞는 결과의 과정을 이해하고 있기 때문에 표면적인 결과인 행운을 기대하지 않고 결과가 이루어질 수밖에 없는 근본 원리에 집중한다. 그래서 원인에 맞는 결과만이 있을 뿐이라는 것을 깊이 이해하고 그러한 인과율의 법칙을 깊이 이해하고 있다. 반면에 본질을 보지 못하는 우매한 인간은 결과만 보기에 우연과 행운에 의지하고 그것만을 바란다.

본질을 명확하게 아는 지혜로운 사람은 원인에 맞는 결과를 보기에 결과보다는 원인을 본다. '생각(원인)'이 있고 인내심 있는 '노력(과정)'이 있다면 그 생각에 맞는 '현실(결과)'이 나타나게 된다.

행운이 아니라 뿌린 대로 거두게 되는 것이다.

우주의 원리를 이해하는 이는 표면적인 결과에 현혹되지 않고 근본 원리와 작동 원리를 이해하기에 자연히 따라올 결과에 일희일비하지 않고 편안히 기다리며 현재에 충실할 수 있다.

지혜로운 이는 원인, 과정, 결과가 선순환되는 세 가지의 깊은 의미를 이해하고 체득하려 노력한다.

원인(생각), 과정(노력, 인내), 결과(나타난 현상)가 잘 조화되는 삶을 산다는 것은 올바른 성장을 향한 인생의 깊은 이해가 전제가 되어야 한다.

원인 - 생각의 깊이와 수준을 높여라.

노력 - 씨가 자라 열매를 맺기 위해 땅을 뚫는 인내와 노력이 맞물리며 자연히 열매를 맺듯이 생각과 비전에 대한 이해와 믿음을 가지고 역경과 실패에 대해 인내하면 현실에서 결과물이 이루어진다.

결과 - 뿌린 대로 거두듯이 원인과 그에 수반되는 노력과 인내심이 결합되면 현실에서 그에 따르는 결과물이 생긴다.

인과율이라는 우주의 원리에 따라 원인에 맞는 결과가 당연히 있는 것이지 우연히 행운으로 생기는 것은 아니다. 본질을 보는 지혜로운 이는 행운을 바라지 않고 씨앗에 맞는 올바른 생각을 하고 그에 합당한 노력을 하면서 현상적 결과가 자연히 나타나는 우주의 절대 원리를 믿는다.

창조하는 삶 & 반응하는 삶

근본 원리를 이해하는 철학 &
근본 원리에 이르는 신학

우리들 대부분은 표면의식적인 삶을 살기 때문에 인식이 되지 않는 삶의 근본적인 원리를 이해하기 위해 노력하지 않고 대신에 인식이 가능한 1차원적인 반응하는 삶을 산다. 이러한 표면적인 삶은 대부분의 성공하지 못한 일반적인 사람들의 삶의 방식이고 과거부터 습관적으로 형성된 규격화된 틀에 갇혀 일정한 한계에 갇힌 종속적인 노예의 삶과 같다. 이러한 한계에 갇힌 삶이 겉으로 보기엔 편안하고 확실하고 인식이 가능한 안정된 삶을 사는 것 같지만 이와 같은 삶에는 진정한 자유와 올바른 성장이 없는 형식적인 삶에 불과하다.

〈쇼생크 탈출〉이라는 영화에 보면 40년 가까이 교도소에서 지내다 보니 교도소의 벽 안에 있을 때 오히려 안정감을 느낀다고 한다.

영화의 대사 중에 다음과 같은 생각해 보면 좋은 대사가 있다.

'처음에는 저 벽을 원망하지. 하지만 시간이 가면 저 벽에 기대게 되고 나중에는 의지하게 되지. 그러다가 결국엔 삶의 일부가 돼 버리는 거야.'

자유를 빼앗기고 한정된 교도소라는 틀에 갇혀 일정한 패턴의 생활을 하는 게 어느새 익숙해지고 안정감을 느끼는 것이 현대인들의 종속적인 반응하는 삶과 유사하다. 이렇게 종속적이고 한계가 명확한 틀에 박힌 삶을 벗어나기는 쉽지 않다. 우선 인간의 생존 본능이 너무도 강력해서 대부분의 사람들은 한계성과 안정감이 명확한 삶을 결코 벗어나지 못한다.

처음에는 일부 사람들은 자유를 향해 일정한 틀을 벗어나기 위해 노력도 하고 시도도 하지만 인간의 생존 본능을 역행하면서 극복하기는 결코 쉽지 않다. 결국 다시 틀에 박힌 종속적인 삶을 살게 된다. 영화의 대사처럼 그 벽이 어느새 자신의 삶의 일부가 되어 있기 때문이다.

삶의 본질을 외면한 채 안정감에 취해 틀에 박힌 종속적인 삶을 사는 현대의 대부분의 사람들에게 영화의 다음 대사를 들려주고 싶다.

'만약 젊은 날의 나를 다시 만날 수 있다면 이런 말을 해 주고 싶어.
언젠가 방탕하고 잘못된 삶의 끝에는 이렇게 감옥에서 늙어 가는 초라한
모습만 남게 된다고 말이야.'

반면에 표면적이고 각본화된 틀에 박힌 삶에서 벗어나 불확실하지만 삶에 흐르는 근본 원리인 삶의 철학을 이해하기 위해 노력하는 소수의 사람들이 있다.

이와 같은 사람들은 인간의 본능 중 무리 짓기 본능인 군중심리에서 벗어나 이전의 삶을 멈추어 서서 삶의 근본 원리를 이해하기 위해 노력하고, 독립적이고 창조적인 삶을 살기 위해 불확실성을 이해하고 무한한 가능성의 올바른 성장을 이루어 내는 삶의 철학자이다.

창조하는 삶 & 반응하는 삶

이와 같은 삶의 철학을 이루어 내기 위해서는 올바른 삶에 대한 확고한 신념을 가지고 있어야 하고, 그 길을 가는 중에 기존의 관념과 습관의 유혹을 이겨 내는 극기가 필요하고 이와 같은 독립적인 삶에 대한 열정을 무의식까지 뿌리박히게 꾸준히 노력해야 한다.

이런 자기로부터의 혁명이 올바른 방향을 가지고 꾸준히 이루어질 때 내면의 지혜의 문이 열리게 된다.

이와 같은 올바른 성장이 있는 방향으로 초점을 맞춰 삶의 철학을 꾸준히 확립해 가다 보면 어느 순간 임계치를 넘어선다. 그럼으로써 기존의 개체 자아가 완전히 벗겨지고 삶의 근본 원리인 참자아(신성, 우주의 원리 등)로 거듭 태어나게 되면 내가 존재 그 자체가 되어 참자아 이외에는 어떤 것도 존재하지 않게 된다.

부처님이 보리수 아래에서 깨닫고 '천상천하 유아독존'을 선포하셨는데 여기서의 아(我)는 개체성의 내가 아닌 전체성의 나를 의미한다.

즉, 온 우주에 오직 전체성의 참나만이 존재한다는 것을 의미하고, 결국 참된 스승들이 이야기한 깨달음이라는 것은 개체성의 나를 극복하고 전체성의 참나로 거듭 태어나 온 우주와 하나로 통합되어 존재 그 자체로 있는 것을 의미한다.

이러한 참자아로 거듭 태어나는 공부가 신학의 올바른 방향이다.

분리되어 있는 개체 자아가 설정해 놓은 신을 우상화하고 경배하는 개체의 분열된 의식에 바탕을 둔 현재의 신학은 자연의 올바른 원리가 부재한 철학이 없는 허상의 표면적인 공부에 불과하다.

극기를 통해 일반적인 군중의 표면적인 삶에서 벗어나 올바른 삶이란 무엇인지 멈춰 서서 삶에 흐르는 작동 원리를 깊이 숙고하고 원리를 통찰해야 한다. 그리고 원리를 이해하는 철학 공부를 꾸준히 지속하다 보면 올바른 삶의 철학이 확고해지며 무의식까지 뿌리를 내려 어떤 고난과 역경에도 꺾이지 않고 끝까지 삶의 원리를 완전히 이해하고 수용하게 되면서 참된 진리 그 자체로 완전히 거듭 태어나게 된다.

이렇게 참자아로 거듭 태어나게 되면 무한한 자유로움의 존재 그 자체가 되어 진리 아닌 게 없는 상태로 존재하게 된다. 이러한 진리 상태로 현존하게 되면 어떠한 분열과 갈등이 없이 완벽한 충족감과 평화로움만이 존재하게 되고 흐르는 구름처럼 여여하게 삶은 그저 흐르고 펼쳐질 뿐이다.

안정적이라 믿으며 틀에 갇혀 종속적인 삶을 살아가는 현대인들이 무한한 가능성의 자유로움이 있는 본질적인 삶을 살기를 바라며 영화의 다음 대사를 가슴에 새겼으면 좋겠다.

'자유로운 사람만이 느낄 수 있는 기쁨이라고 생각한다. 희망의 긴 여행을 떠나는 자유로운 사람, 태평양이 내 꿈에서처럼 푸르기를 희망한다.'

창조하는 삶 & 반응하는 삶

완전한 지혜 & 완전한 극기(克己)

성경에 보면 '원수를 사랑하라.'라는 계명이 있는데 누구나 다 아는 계명이다. 그러나 대부분의 사람들은 이 문구의 진정한 의미를 제대로 숙고하지 못하고 표면적으로만 알고 있다.

'원수를 사랑하라.'라는 이 계명이야말로 인간의 완전한 극기를 나타내 보이는 문구이다.

과연 원수라고 인식하고 있는 상태에서 원수를 사랑할 수 있을까? 물론 억지로 노력하면서 사랑하는 척할 수는 있겠지만 원수로 인식되는 한 원수를 사랑할 수 없을 것이다. 그럼 원수를 사랑하기 위해서는 원수로 인식되지 않아야 가능하다.

좀 더 깊이 생각해 보면 내가 원수라고 인식하고 있는 나라는 인식의 주체에 대해 올바르게 생각해 보아야 한다.

인간에게는 누구나 다 내면에 무한히 지혜로운 신성의 힘이 존재한다. 현재 인간이 사용하고 있는 뇌의 사용량이 본래의 뇌의 능력의 1%도 제대로 사용하지 못하고 있다는 것은 대부분이 상식적으로 알고 있다. 그런데 거기서 더 이상 깊이 생각하지 못한다. 왜 인간은 자신이 가지고 있는 능력의 1%도 제대로 사용하지 못하고 살아갈까?

이러한 의문을 가지고 깊이 생각해 보는 것이 지혜로 가는 첫 걸음이고 올바른 방향으로 가는 지혜의 길이다.

내면의 신성의 힘을 인식하고 올바르게 사용하기 위해서는 현재 나라고 인식하는 표면적인 나를 넘어서 인식되지 않는 내면의 신성의 힘을 인식하기 위해 노력하고 공부해야 한다. 여태까지 나라고 생각하고 인식하고 있었던 표면적이고 현상적인 나를 넘어서 내면의 무한한 가능성의 참된 나로 거듭 태어나는 이 과정이 극기를 향한 올바른 방향이다.

우리는 아직까지 내면의 신성의 힘을 주체적으로 사용하지 못하는 종속적인 존재로 살아왔고, 마치 신성의 힘이라는 거대한 바다 위에 떠다니며 흔들리는 부표처럼 표면적인 나로 살아왔다.

이렇게 종속적인 삶을 살아왔기에 우주의 원리에 맞게 현명하고 올바른 삶을 살지 못하고 표면적인 현상에 휘둘리는 거짓된 후회의 삶을 살게 된 것이다.

내가 이 책을 쓴 가장 큰 이유이기도 하다. 누구나 내면에 잠들어 있는 이 신성의 힘을 제대로 인식하고 사용하여 현재의 삶을 개선하여 부유하고 행복한 삶을 살았으면 좋겠다. 그러기 위해서는 현재의 표면적이고 종속된 노예로서의 나를 극복하고 내면의 거대한 힘을 소유하고 있는 전체성의 참된 나로 거듭 태어나 진정한 주인으로서의 삶을 살아야 한다.

극기의 본래 의미는 이와 같이 표면적인 나를 극복하고 신성의 존재인

창조하는 삶 & 반응하는 삶

참된 나로 거듭 태어남을 뜻한다. 그래서 예수님도 천국에 들어가기 위해서는 거듭 태어나야 한다고 얘기한 것이다.

결국 원수를 사랑하기 위해서는 분리된 개체성의 나를 극복하고 통합된 전체성의 신성의 존재로 거듭 태어나야 진정한 용서를 바탕으로 원수를 사랑하는 것이 가능하게 되는 것이다.

인식 체계의 오류 & 도미노 현상

    대부분의 사람들은 외면에 나타난 표면적인 현상만이 진실이라고 생각하고 그 범주에 사로잡혀 한계성이 명확한 삶을 살고 있다. 그러나 삶의 본질에 관심을 갖고 제대로 성장하고 풍요로워지고 싶어 하는 이는 표면에 나타난 현상에 사로잡히지 않고 현상 이면에 감추어진 내면의 본질에 집중한다. 현상은 내면의 본질이 단순히 나타난 하나의 표현일 뿐임을 알기에 일어났다 사라질 현상에 관심을 두지 않고 무한한 가능성의 내면의 본질에만 관심을 가지고 있다.

    그리고 나라는 존재성에 대해서도 명확히 할 필요가 있다. 단순히 표면에 나타난 현상적인 존재로서의 '나'를 대부분의 사람들은 나라고 생각하고 살지만 이런 표면적인 현상으로서의 나는 그림자에 불과한 거짓된 나라는 것을 정확히 인지하고 이면에 감추어진 영원불멸의 참된 나에 의식을 집중하는 게 올바른 삶의 태도이다.

    올바른 길을 가기 위해서는 현상의 여러 소음은 흘려버리고 감추어진 내면의 신성의 힘에 귀를 기울이고 내면에서 울려 퍼지는 신성의 힘이 발휘되도록 성장의 원리에 따르는 삶을 살아야 한다.

창조하는 삶 & 반응하는 삶

우주의 원리에 맞는 올바른 성장을 하기 위해서는 우리의 생각이 반드시 내면의 본질에 해당하는 창조의 차원에 머물러야 한다. 한순간이라도 경쟁의식(표면의식)에 들어가 있게 되면 내면의 신성의 힘이 활동하지 못하게 된다. 그리고 표면의식 상태에서는 의심과 불안 등의 소모적인 상황에 놓여 있게 되기 때문에 올바로 성장하지 못하게 된다.

걱정, 불안, 의심 등은 표면의식(개체의식)에 속하는 개념으로 그러한 상태에서는 지금 이 순간에 몰입되지 못하고 현재에 존재하지 못한다. 당연히 온전히 에너지를 집중하지 못하게 되고 불안과 의심과 같은 부정적인 상태에 있게 된다. 이러한 표면의식 상태에서는 목표에 집중하지 못하고 여러 소음에 분산되어 있기 때문에 올바른 방향으로 행동하지 못하고 자연히 정체나 쇠퇴하는 삶을 살게 된다.

깊게 생각하지 않고 기존에 형성되어 있는 한계성의 표면의식의 상태에서는 장애물이 거대하고 불가항력적으로 보일 수도 있다. 그러나 의식의 상태를 바꿔 심층의식(창조의식)의 상태로 보게 되면 내가 진정으로 원하는 것이 이루어짐을 믿기 때문에 원하는 목표가 이루어질 새로운 길이 당연히 나타나게 되고 원하는 목표를 이루게 된다.

어떻게 보면 우리의 표면의식적 한계성이 우리가 당면한 가장 큰 장애물일 가능성이 가장 크기 때문에 살면서 여러 어려움과 장애물을 만나게 되면 우리의 의식 상태를 점검해 보는 계기로 삼는 게 올바른 성장을 하는 지혜로운 길일 것이다.

우리의 인식 체계의 오류로 인해 우리가 당연히 할 수 있는 것들을 얼마나 많이 지레짐작으로 포기하고 살아왔는지 진지하게 생각해 봤으면 좋겠다.

우리의 인식 체계의 오류에 대해 생각해 보면 좋을 것 같은 좋은 내용이 있는데 모건 하우절의 《돈의 심리학》이라는 책에 나오는 구절이다.

'지구에 빙하기가 여러 번 왔는데 대부분의 사람들은 지구의 빙하기가 온 이유에 대해 화산의 폭발이나 운석의 떨어짐 등 어떤 큰 사건이 있었기 때문에 빙하기가 여러 번 왔다고 생각한다. 왜냐하면 지구를 얼리고 녹이고 다시 한번 얼리고 녹이는 데 들어가는 에너지의 양이 어마어마하기 때문이다.

그러나 기존의 인식 체계의 오류를 가지고 있는 대부분의 사람들 중 어느 누구도 예상하지 못한 방식으로 빙하기가 왔다.

빙하기를 일으킨 범인은 바로 추운 겨울이 아니라 약간 서늘한 여름이었다. 문제는 여름이 충분히 덥지 않아 눈이 충분히 녹지 않게 되었고 이듬해 약간의 눈이 축적되기 시작하고, 그러면 그 다음 여름에도 눈이 사라지지 않고 그 다음 겨울에 더 많은 눈이 축적이 되면서 이 같은 방식이 수많은 시간이 쌓이면서 빙하기가 온 것이다.'

모건 하우절, 《돈의 심리학》, (주)인플루엔셜, 104p

여기서 우리가 생각해야 할 것은 우리의 인식 체계로는 어마어마한 결과를 가져오기 위해서는 어마어마한 힘이 필요하다고 생각하겠지만 실

창조하는 삶 & 반응하는 삶

제로는 작은 시작이 행해지고 그 과정이 반복되면서 기하급수적인 성장이 일어난다는 것이다.

너무도 중요한 내용이기에 우리의 인식체계의 오류에 대한 또 다른 실제 예를 들어 보면 도미노를 생각해 보면 좋을 거 같다.

처음 작은 것을 넘어뜨리면 그것이 좀 더 큰 다음 대상을 넘어뜨리고 이러한 작용이 계속해서 반복되면서 기하급수적인 상승인 복리의 마법이 발휘되며 지구만큼 큰 대상도 넘어가게 할 수 있는 것이다.

이 도미노 현상을 좀 더 깊게 생각해 보면 처음에 거대하고 큰 대상을 접하게 되면 우리의 표면의식적인 관점에서는 당연히 겁에 질릴 수밖에 없다. 그리고 대부분의 사람들이 표면의식적인 인식 체계의 오류로 인해 쉽게 포기하고 절망하며 외부의 대상이 너무 큰 것만을 탓하고 그 대상에 대해 불평, 불만을 하며 불행하고 가난하게 삶을 산다.

그러나 소수의 지혜로운 사람은 자신의 인식 체계의 오류를 겸허히 인정하고 어떻게 하면 거대한 대상을 넘어뜨릴 수 있는지 목표에 집중하고 이겨 낼 수 있다는 믿음을 가진다. 그리고 목표를 향해 지금 할 수 있는 작은 것을 한다는 것이 얼마나 중요한지 매우 잘 알고 있다. 그리고 세상의 모든 것이 결과가 아닌 과정의 연속임을 인지하고 하나의 행위를 하고 거기서 끝이라는 결과가 아닌 다음을 향한 하나의 과정으로 인지하고 이 과정을 끊임없이 계속해 나간다. 이런 과정을 연속해서 끊임없이 지속해 나가면 우리가 인식할 수 있는 산술평균식이 아니라 인식이 안 되는 기하급수적인 성장이 이루어지게 되어 결국 원하는 목표를 이루게 된다.

여기서 우리 사회의 가장 안타까운 것은 너무 결과론적인 시각을 가지고 있다는 것이다. 특히 한국 사회에서는 결과론적인 시각이 너무 강해서 실수나 실패 등이 나타나면 끝난 것처럼 생각한다. 이러한 잘못된 시각으로 인해 정답만을 강요하게 되고 하나의 해답만이 있다고 생각하기 때문에 다양성과 창의성이 떨어지고 무의미한 무한 경쟁을 하게 된다.

하나의 실패가 있을 때 결과론적으로 인지하는 사람들은 이제 인생이 끝났다고 생각하고 자포자기하지만, 연속된 과정으로 인지하는 사람들은 실패를 통해 배움을 얻고 수정해서 또다시 시작하는 이러한 과정을 통해 올바르게 성장하는 삶을 산다.

올바른 성장을 한다는 것은 표면의식적인 잘못된 인식 체계를 인지하고 겸허히 자신의 인식의 오류를 인정한다는 것이다. 그리고 이러한 오류를 극복하여 내면의 심층의식적인 온전한 참자아로 거듭 태어나기 위한 삶의 여정을 가야 한다.

그렇기 때문에 올바른 삶을 살기 위해서는 다른 사람이 정해 놓은 해답을 얻기 위해 애쓰지 말고 주체적으로 자신의 내면에 잠자고 있는 신성의 힘을 찾기 위해 노력해야 한다.

결국 작은 시작이라는 행위를 하고 끊임없이 다음 행위를 하는 것이 중요하다. 마치 처음에 아주 작은 것을 넘어지게 하는 도미노처럼 포기하지

창조하는 삶 & 반응하는 삶

않고 끊임없이 목표를 향해 할 수 있는 것을 반복해서 하다 보면 어느새 그 힘이 기하급수적인 상승을 하며 거대한 목표를 이루게 된다는 것이 올바른 성장을 위한 핵심이다.

이러한 우주의 원리를 믿고 감사하고 진지하게 원하는 것에 집중하고 몰입하면 내가 원하는 것이 이루어질 새로운 세상이 창조될 것이다.

생각과 목표가 인생에 미치는 영향

부자가 되고 성장하는 방향으로 올바르게 생각하고 믿고 행동하면 당연히 원하는 성장과 부유함이 나오게 된다. 여기서 중요한 것은 올바르게 생각하는 것이다. 우리는 생각에 대해 너무 쉽게 이야기하지만 생각에 의해 이루어지는 원리를 이해하는 것이 성장과 풍요로움을 이루는 비결이다.

인류의 역사를 통해 수많은 위대한 성인들은 생각의 위대한 작용에 대해 말해 왔다.

'로마의 위대한 황제였던 마르쿠스 아우렐리우스는 "그가 생각하는 대로 그의 삶이 펼쳐진다."고 말했고, 랠프왈도 에머슨은 "한 사람의 인생은 그가 하루 종일 무슨 생각을 하느냐에 달려 있다."고 했다.

얼 나이팅게일, 《세상에서 가장 이상한 비밀》, 도서출판 나라, 35p

그리고 제임스 앨런의 《생각하는 대로》에 생각에 관한 영감 있는 관점을 볼 수 있다.

'모든 존재와 사건을 나타나게 하는 원동력은 보이지 않고 들리지 않으면서도 무엇보다도 강한 생각의 힘이다. 우주는 생각에서 생겨났다. 물질을

창조하는 삶 & 반응하는 삶

궁극적으로 분석하면 물질이 객관화된 생각에 불과함이 밝혀진다. 인간의 모든 업적은 생각 속에서 먼저 구상되고 그런 다음 구체화된다.'

제임스 앨런, 《생각하는 대로》, 가디언, 310p

모든 성공 법칙의 밑바탕에는 이와 같이 생각의 위대하면서도 단순한 원리가 깔려 있다. 결국 다음의 한 구절로 생각의 위대한 원리를 단순하게 정리 할 수 있을 것이다.

'우리는 우리가 생각하는 대로 된다.'

생각이 현실을 창조하는 것에 대해 구체적으로 잘 설명한 좋은 책이 있다. 자기계발의 선구자인 월러스 워틀스의 《부의 비밀(The science of getting rich)》에 좋은 내용이 있어 참고하면 좋을 것 같다.

'만물이 창조되는 근본에는 무형의 근본 원소가 존재하는데, 이것은 우주 공간 전체에 스며들어 있다. 이 원소에 생각이 깃들면 그 생각대로 사물이 창조된다.

사람은 사물을 생각해 낼 수 있고, 그 생각을 무형의 원소에 각인함으로써 생각하는 대상이 창조되게 할 수 있다. 그러려면 경쟁의식에서 벗어나 창조의식으로 들어가야 한다. 원하는 바를 명확하게 마음속으로 그리고 그것을 얻겠다는 결의와 흔들림 없는 믿음으로 마음속 그림을 유지해야 한다.'

월러스 워틀스, 《부의 비밀》, 흐름출판(주), 57p

월러스 워틀스의《부의 비밀》은 1910년에 초판이 발행된 이후 100년이 넘는 기간 동안 자기계발의 여러 사상가들에게 크나큰 영향을 끼친 고전 중에 고전으로 한 번은 꼭 읽어 보면 좋은 책이다.

우리의 내면에는 무형의 근원 물질이 존재하고 그 근원 물질에 우리의 생각이 깃들면 그 생각에 따라 형상이 만들어지게 된다. 이러한 창조의 과정에 대한 전반적인 이해가 우리의 삶을 풍요롭고 행복하게 하는데 무엇보다 중요하다고 생각해 내 나름대로 생각과 창조의 과정을 정리해 봤다.

첫째, 우리 내면에 인식되지는 않지만 무한한 가능성의 무형의 근원 물질이 존재하는 것에 대한 굳건한 믿음과 온전한 이해가 우선 있어야 한다.

둘째, 무형의 근원 물질은 선택에 대한 자유의지가 없이 오로지 자유의지가 있는 인간의 생각에 따라 움직인다.

셋째, 인내심을 가지고 원하는 목표에 생각을 집중한다. 그러면 목표를 향해 무형의 근원 물질이 움직이고 자신이 진정으로 원하는 유형의 목표를 이루게 되어 결국 현실화하게 된다.

넷째, 무형의 근원 물질에 생각이 깃들어 유형의 물질을 만들어 내는 일련의 과정이 창조의 과정이다.

목표란 생각에 일정한 방향성을 갖게 하는 것이다. 실제로 생각과 목

창조하는 삶 & 반응하는 삶

표가 인생에 미치는 영향에 대해 하버드대학교에서 실험한 실험 결과에 대해 생각해 보면 좋을 것 같아 소개해 본다.

'1979년 하버드 졸업생들에게 명확한 장래 목표가 있는지 질문했다. 졸업생의 3%만이 명확한 목표와 계획이 있다고 했다. 13%는 목표는 있지만 그것을 종이에 직접 기록하지는 않았고, 나머지 84%는 구체적인 목표가 전혀 없다고 했다.

10년 후에 그 질문 대상자들을 다시 인터뷰했다. 목표는 있었지만 그것을 기록하지 않았던 13%는 목표가 전혀 없었던 84%의 학생들보다 평균적으로 2배의 수입을 올리고 있었다. 그리고 너무도 놀랍게도 명확한 목표를 기록했던 3%의 졸업생들은 나머지 97%의 졸업생보다 평균적으로 10배의 수입을 올리고 있었다.'

브라이언 트레이시, 《목표 그 성취의 기술》, 김영사, 29p

결국 장기적으로 생각이 일정한 방향성을 가지게 되면 생각한 대로 우리 인생이 펼쳐지게 되는 것이다.

즉, 월러스 워틀스의 부자가 되는 정밀한 원리가 존재한다는 것은 이러한 부자가 되는 법칙과 원리를 얘기하는 것이다. 여기서의 원리란 보편적인 인과율의 법칙을 얘기하는 것이다. 옛말에 뿌린 대로 거둔다는 말이 있는데 뿌리는 행위는 원인에 해당하는 것이고 거둔다는 것은 결과에 해당하는 것이다.

그리고 우리가 잊지 말아야 할 중요한 법칙이 있다. 인과율의 법칙이 실현되기 위해서는 뿌리고 거두기까지 일정한 시간이 있어야 한다는 것이다. 그리고 원리가 실현되기 위해서는 잉태의 법칙이 있어야 한다. 우리가 뿌린 것을 거두기까지 인내의 시간이 꼭 필요하다.

여기서 중요한 것은 뿌린 대로 거둔다는 인과율의 법칙을 완전히 이해하고 믿는 것이 무엇보다 중요하다. 이러한 이해와 믿음이 있어야 씨를 뿌릴 수 있는 것이고 거둔다는 인과율의 법칙을 확고히 믿어야 흔들리지 않고 편안히 기다릴 수 있는 것이다.

세상에는 보편적으로 작용하는 우주의 작동 원리와 원칙이 존재한다. 작동하는 원리대로 행동한다면 그 원리에 맞는 결과가 나오는 것은 너무도 당연하다. 그 원리를 이해하고 믿는다면 그 원리에 맞는 행동을 지속적으로 하게 된다. 이러한 원리에 맞는 행동을 꾸준히 하게 되면 원리에 맞게 원하는 결과가 무엇이든 이루어질 수 있다는 것이 성공 철학의 공통적인 견해이다.

그 원리에 맞는 생각과 행동을 지속적으로 하게 되면 누구나 풍요로운 삶을 살게 된다. 물론 다수의 사람들은 이것을 이해하지 못한다. 그렇기 때문에 보편적인 원리에 맞는 삶을 살지 못하고 갈등과 빈곤 속에 살게 된다. 그러나 이러한 보편적인 원리를 이해하고 믿고 결단력 있게 지속적으로 행동하게 되면 누구나 부유해질 수 있다.

창조하는 삶 & 반응하는 삶

가난한 사람과 성장하지 못하는 사람은 주어진 환경과 상황에서 체념하고 그 한계성 내에서 주체성이 결여된 상태로 단순히 반응하며 산다. 반면에 부유하고 성장하는 사람은 현재의 주어진 상황보다는 내가 주체가 되어 내가 원하는 삶에 초점을 맞추고 집중하고 내가 상상하는 것을 현실화하는 사람이다.

개체성의 표면의식을 가지고 있는 사람은 항상 분리된 의식 상태에 있기 때문에 경쟁의식을 가지고 있어 갈등과 소모적인 삶을 살게 된다. 경쟁의식의 상태에서는 부자가 되는 것이 다른 이의 것을 빼앗아 오는 것이기 때문에 내가 부유해지는 것이 다른 사람에게 손해를 입히는 것이다. 그래서 대부분의 사람들이 부자는 탐욕스럽고 이기적이며 다른 사람의 것을 빼앗는 나쁜 놈으로 인식하는 것이다. 이런 인식의 바탕에는 사람들의 의식 상태가 분리된 개체로의 표면의식 상태에 있기 때문이다.

반면에 의식의 상태가 전체성의 통합된 심층의식에 있게 되면 전체성의 하나로써 유기적으로 존재하기에 내가 부유해지는 것이 전체의 부유함을 의미하는 것이다. 이런 상태에서는 분열보다는 화합이, 에너지의 소모보다는 에너지의 생산이 그리고 갈등과 슬픔보다는 조화와 기쁨이 존재하게 되고 의식의 상태도 경쟁의식보다는 창조의식에 있게 된다. 창조의식의 상태에서는 부유해지는 것이 다른 사람에게 더 좋은 상황이 되는 것이다.

표층의식(경쟁의식)에서는 내가 부유해지는 것이 다른 사람에게 손해

를 끼치는 인식을 가지고 있기 때문에 개체의식 상태에서는 부자가 되기 힘든 의식 구조를 무의식적으로 가지고 있다.

반면에 심층의식(창조의식)에서는 내가 부유해지는 것이 다른 사람에게 이익을 주는 인식을 가지고 있기 때문에 전체의식 상태에서는 부자가 되기 쉬운 인식 구조를 무의식적으로 가지고 있다.

예를 들면, 대부분의 부자들은 회사를 소유하고 있다. 회사를 창업한다는 것이 다른 사람에게 편리와 이익을 주기 위해 만들어짐을 생각한다면 회사를 창업한다는 것은 다른 사람들의 불편을 해소하고 사회의 이익을 주기 위한 선한 영향력을 높이는 행위이다.

우리는 대부분 표면의식(경쟁의식)상태에 있기 때문에 회사를 창업한 부자들을 욕심 많은 나쁜 놈으로 인식하고 있다. 이에 따라 회사들이 우리에게 주는 이익과 편리함 등에 대해 깊게 생각하지 않는다. 그러나 좀 더 깊게 생각한다면 제품들과 서비스를 제공하고 생산하는 회사들이 없다면 우리가 누리는 현대의 수많은 편리함과 유용성은 절대 누릴 수 없을 것이다. 예를 들면 전구나 전기, 자동차 등 우리 주변의 모든 기기와 서비스가 없다면 상상도 하기 싫은 삶을 살게 될 것이다.

회사를 소유한 부자들은 다른 사람들에게 삶의 편리함과 유용성을 제공하고 그 대가로 부자가 된 것이고 더 큰 이익을 줄수록 그 대가가 더 크기 때문에 더 큰 부자가 되는 것이다.

창조하는 삶 & 반응하는 삶

합리적이고 객관적으로 진실을 볼 수 있는 지혜로움과 솔직함이 올바른 삶을 사는데 얼마나 중요한지 알았으면 좋겠다.

'우리는 우리가 생각하는 대로 된다.'

원하는 주체 & 원하는 대상

올바른 삶을 살기 위해서는 우리가 보는 관점이 어디에 있느냐가 중요하다. 우리의 의식 상태가 결과적으로 나타난 현상에 반응하는 표면의식에 있는지, 아니면 원인에 해당하는 우주의 원리에 따르는 내면의 근원의식에 있는지 잘 살펴볼 필요가 있다.

그리고 무엇인가를 원할 때 그 바람이 표면의식의 상태에서 원하는 것인지, 내면의 근원의식에서 원하는 것인지 구분할 필요가 있다.

개체성의 특성인 분리된 상태에서 무엇인가를 원할 때, 원하는 대상과 원하는 주체가 분리되어 있는 상태이기 때문에 원하는 것이 이루어질 가능성은 매우 낮은 상태이다. 왜냐하면 분리되어 있는 상태에서는 진동 에너지 수준이 낮고 갈등과 분열의 상태에 우리의 의식이 있기 때문에 명확한 목표에 대한 집중이 장기적으로 제대로 이루어질 수 없기 때문이다.

네빌 고다드의 '역노력의 법칙'이라는 것이 있다. 내가 원하는 목표가 있을 때 실제로 나의 의식 상태를 살펴보면 원하는 것을 현재 가지고 있지 않다는 것을 전제하고 있다. 문제는 실행을 담당하는 잠재의식은 지금 현재만을 인식할 수밖에 없기 때문에 원하는 것을 가지고 있지 않은 지금 현재의 상태가 유지되도록 활동하게 된다.

창조하는 삶 & 반응하는 삶

표면의식 상태에서 무엇인가를 원하고 얻기 위해 노력하는 것은 거꾸로 현재 원하는 것을 가지고 있지 않다는 것을 잠재의식에 심어 주는 행위를 하고 있다고 볼 수 있다. 아이러니하게도 잠재의식은 현재만을 인식할 수밖에 없기 때문에 현재 가지고 있지 않은 것을 유지하게 한다. 바로 이것이 네빌 고다드가 얘기한 역노력이 작용하는 원리다.

바로 이러한 역노력의 법칙을 현명하게 이용한 것이 앞에서 언급했던 미래에서 현재로 거꾸로 질문하는 '어포메이션'이다. 즉, 현재 가지고 있지 않지만 미래에 원하는 것을 현재 가지고 있다고 전제하고 어떻게 현재 원하는 것을 가지게 되었을까 하고 거꾸로 질문하는 것이다. 이 원리는 미래의 가지고 싶은 것을 현재 가지고 있다고 잠재의식이 인식하도록 하는 것이 핵심이다.

결국, 개체성의 표면의식 상태에서는 역노력의 법칙이 작용하기 때문에 아무리 노력을 해도 현재의 상태를 벗어나기 어렵게 된다.

그럼 또 이렇게 반응하는 사람들도 있을 것이다. 어차피 노력을 해도 안 되니 이번 생은 포기라는 심정으로 막살겠다고 생각할 수도 있다. 그러나 여기서 중요한 것은 나의 의식 상태가 중요한 것이다.

분리된 개체성의 표면의식 상태에서는 역노력의 법칙이 작용하지만, 통합된 전체성의 심층의식 상태에서는 역노력의 법칙이 작용하지 않게 되고 네빌 고다드가 얘기한 상상의 법칙이 적용되기 시작한다. 이 상상의 법칙은 네빌이 정말 중요하게 생각한 것인데 그의 말처럼 **'상상이 현실을 창조한다.'**는 이 문구를 깊이 있게 생각해 봐야 한다.

예를 들면 대부분의 사람들은 원하는 목표가 있을 때 진정으로 목표를 이루고 싶은지 이룰 수 있다고 믿는지 진지하게 생각해 보지 않는다. 말로는 목표를 이루고 싶다고 얘기하는데 마음 깊은 곳에서는 목표를 이루지 못할 것이라는 의심과 불신이 자리 잡고 있다는 것을 자각하지 못한다. 결국 목표를 이루기를 원하지만 실제로는 목표를 이루지 못할 것이라는 불신이 동시에 자리 잡고 있기 때문에 결국 목표를 이루지 못하게 되는 것이다. 그러므로 원하는 목표를 이루기 위해서는 의식의 상태가 장기적으로 일관성이 있어야 하는데, 대부분의 사람들은 의식이 분산되어 일관성이 없기 때문에 목표를 이루지 못하게 된다.

그러나 심층의식(전체의식) 상태에서는 원하는 주체와 대상이 합일되어 내가 원하는 것을 이미 얻은 일체의 합일된 상태이기 때문에 어떠한 소모적인 갈등과 분열이 없는 상태이다. 심층의식(전체의식) 상태에서는 합일된 상태이기 때문에 진동 에너지 수준이 높고 명확한 목표에 대한 집중과 몰입의 상태로 존재하기 때문에 원하는 목표를 성취하게 된다.

여기서 좀 더 깊게 들어가면 의식이 합일된 상태에서는 시간이라는 개념이 존재하지 않는 완전한 몰입 그리고 현존 그 자체로 존재하기 때문에 원하는 모든 것이 차원이 높은 상태에서는 이미 존재하는 상태이다. 이러한 합일된 존재의 상태에서는 완전한 믿음의 상태이기 때문에 자연히 원

창조하는 삶 & 반응하는 삶

하는 목표를 이루게 된다.

원하는 것이 있을 때 내 의식의 상태가 합일된 창조의식의 상태에 있는 것이 무엇보다 중요하다.

이렇게 나의 의식의 상태가 심층의식 상태에 있게 되면 무한한 가능성의 내면의 신성의식과 하나로 조화되어 그 힘이 제대로 발휘되게 되고 내가 원하는 것이 우주가 원하는 것이 된다. 그리고 원하는 것이 이미 이루어진 상태임을 자각하게 되면 무한한 충족감과 평화로움이 가득한 감사의 상태로 존재하게 된다.

나의 바람이 이미 이루어졌음을 확고히 믿고 감사의 상태에 있게 되면 무슨 일이 있어도 원하는 것이 이루어지게 된다. 여기서 중요한 것은 간절히 원하고 이미 이루어짐에 대해 추호의 의심도 없이 확고히 믿어야 하고, 여기서 더 나아가 이미 이루어진 상태임을 확고히 믿고 감사해야 한다.

이것을 의심하고 불안해하는 것은 나의 현재 의식 상태가 개체성의 분리된 표면의식의 상태이기 때문에 의심과 불안이 나타나는 것이다. 이러한 의심과 불안의 상태에서는 어떠한 창조성도 있을 수 없다.

결국 원하는 주체와 원하는 대상이 분리되어 있는 입자성의 표면의식 상태에서는 의식이 일관성이 없이 분산되어 올바른 성장을 하지 못하고 정체나 쇠퇴의 길을 가게 된다. 마치 좌표 없이 항해하는 배가 이리저리 표류하다 침몰하는 것과 같다.

반면에 원하는 주체와 원하는 대상이 통합되어 있는 파동성의 심층의식 상태에서는 의식이 일관성이 있고 목표에 집중되어 결국 목표를 이루게 되는 올바른 성장을 하게 된다. 마치 명확한 좌표를 가지고 항해하는 배가 항해 도중에 파도에 이리저리 흔들리기도 하지만 결국 뚜렷한 좌표를 가지고 있기 때문에 목적지에 도달하게 됨과 같다.

우리의 의식의 상태가 일관성이 있고 질서정연한 상태일 때의 뇌파와 일관성이 없이 무질서한 상태일 때의 뇌파를 보면 왜 의식의 상태에 따라 성공과 실패가 나눠지는지를 확실히 알 수 있다.

창조하는 삶 & 반응하는 삶

시작하는 표면의식 & 실행하는 잠재의식

바람 - 생각이 일정한 방향성을 갖는 명확한 목표

믿음 - 바라는 것(목표)이 이루어지는 것에 대한 확고한 신념

감사 - 내면의 무한한 신성에 의해 믿음이 실현되는 것에 대한 경외감

성장하고 부자가 되기 위해서는 명확한 목표를 향해 자신의 생각에 집중하고 간절히 원하고, 그 바람이 이루어지는 것에 추호의 의심도 없이 확고한 믿음이 있어야 한다. 그리고 이미 내면의 무한한 신성에 의해 이루어지는 것에 대해 항상 감사한 마음을 가지고 있다면 그 바람이 이루어지지 않는 것이 더 이상하지 않을까?

당연히 의식의 상태가 합일된 심층의식(창조의식) 상태에 있다면 우주의 보편적인 원리에 맞기 때문에 원하는 것이 이루어지게 된다.

분리된 개체성의 표면의식(경쟁의식) 상태에서는 에너지 수준이 낮고 갈등과 분열의 의식 상태이기 때문에 지속적인 명확한 목표가 없고, 생각이 목표를 향한 일정한 방향성이 없게 되기 때문에 성장하지 못하고 정체되거나 쇠퇴하는 삶을 살게 된다.

반면에 개체성의 나를 내려놓고 또 내려놓아 완전히 표면의식 상태에

있는 개체성의 나를 내려놓게 되면 내면에 잠자고 있는 무한한 가능성의 신성의 힘이 깨어나 작동하게 되어 그 힘에 의해 우주의 원리가 작동하여 원하는 것이 이루어지게 된다.

표면의식의 상태인 개체성 상태에서는 걱정과 불안 그리고 의심 등이 작동하여 일이 이루어질 수 없게 되고 시작도 하기 힘들다. 그리고 혹시라도 시작을 했어도 여러 가지 이유를 핑계로 그만두게 되어 바람이 이루어지지 않는다.

여기서 우리가 의식 성장과 경제적 풍요로움을 누리기 위해서는 명심해야 할 것이 있다.

첫 번째, 자유의지는 표면의식의 상태에서 일어난다는 것이다. 의심과 걱정으로 가득한 개체성의 표면의식 상태에서 목표를 향한 자유의지가 발현되기는 어렵다. 때문에 표면의식의 작용을 이겨 내고 목표를 향한 결단을 하는 자유의지를 일으켜야 한다.

두 번째, 자유의지는 표면의식의 상태에서 일어나지만 목표를 이루는 것은 심층의식의 상태에서 일어난다는 것이다. 심층의식의 무한한 가능성의 내면의 신성이 활동하기 위해서는 표면의식 상태에 있는 개체성의 나를 내려놓아야 한다.

세 번째, 개체성의 나를 내려놓고 내면의 참자아가 활동하며 목표로 하

창조하는 삶 & 반응하는 삶

는 것이 이루어지기 위해서는 잉태의 법칙이 작용되는 일정 시간이 필요하다. 이때 인내심을 가지고 꾸준히 목표를 향한 자유의지를 집중시키면서 목표와 하나 되는 몰입 상태에 있어야 한다.

네 번째, 개체성의 나를 완전히 내려놓고 내면의 참자아가 활동하여 목표하는 것이 이루어지는 것에 경외감을 가진다. 이에 우주의 원리가 작동되어 온전히 하나 되는 신비감에 감사하는 마음만이 존재하게 된다.

개체의식을 내려놓고 내면의 무한한 신성의 힘인 우주의 근본 원리가 작동하게 되면 일이 이루어질 수밖에 없고 그 숭고하고 신비한 과정에 절로 마음이 감사의 상태에 놓이게 된다. 이러한 감사의 상태에서는 바람, 믿음, 감사 등의 모든 것이 하나의 상태로 조화되어 에너지의 선순환이 일어나 성장과 창조가 일어나는 세상이 펼쳐지게 된다.

이와 같이 개체성의 나를 내려놓고 심층의식의 참자아에 완전히 내맡김이 일어나는 일련의 우주의 신비를 《네빌 고다드의 라디오 강의》라는 책에 너무도 정밀하게 묘사되어 있어 같이 보면 좋을 것 같다.

'인생은 투쟁이 아니라 내맡김입니다. 우리의 기도가 이루어지는 것은 우리의 내면의 힘에 의한 것이지, 억지로 힘을 행사해서 이루어지는 것은 아닙니다. 외부의 눈에 의지하는 한 영혼의 눈은 아무 것도 볼 수 없습니다. 그대가 기도할 때 이미 받았다고 믿어라. 그러면 받게 될 것이다.
이미 받았다고 믿어라. 이것이 바로 기도가 응답받기 원하는 사람들에게 부여된 조건입니다. 우리가 받았다는 것을 믿지 못하는 한 우리의 기도는 응답받지 못할 겁니다.

기도하는 자는 사건을 만들어 낸 근본 원인이자 승낙하는 자이기도 합니다. 우리 인류는 기도의 승낙 여부가 자신에게 있다는 책임을 떠맡으려 하지 않습니다. 대부분의 사람들은 기도의 승낙 여부가 자신에게 있다는 책임을 떠맡으려 하지 않고, 하나님이 우리의 목표를 이루어 주시게끔 책임을 떠넘기려 합니다.

기도와 그것의 응답 사이의 인과관계의 원리를 보는 사람이 얼마나 있을까요?

기도는 소망이 성취된 느낌에 내맡기는 것을 뜻합니다. 만약에 기도가 응답을 가져오지 못한다면 분명 기도에 문제가 있는 것이고 그 문제는 너무 애쓰기 때문입니다.

우리들은 의지의 작용과 기도를 분별하지 못하고 하나로 생각하기 때문에 심각한 혼란을 겪습니다. 가장 잘 지켜야 할 규칙은 애쓰지 않는 것입니다. 이와 같이 진실로 애쓰지 않게 되면 직관적으로 올바른 마음 상태에 놓이게 될 겁니다.

창조는 의지의 작용이 아니라 보다 깊은 수용적 자세, 보다 예리한 감각 상태를 취하는 겁니다.

기도의 가장 큰 적은 노력(애쓰는 상태)입니다. 전능은 그 자신을 오직 극도의 평온함에 온전히 내맡기는 것입니다.'

네빌 고다드, 《네빌 고다드 라디오 강의》, 서른세개의 계단, 52p

여기서 중요한 것은 애쓰는 의지는 우리의 표면의식적인 개체성의 상

창조하는 삶 & 반응하는 삶

태일 때의 노력을 의미하고, 내맡기는 것은 개체성의 나를 내려놓고 심층의식적인 전체성의 신성으로 거듭 태어나는 것을 의미한다.

진정한 기도란 개체성의 의지인 애씀을 버리고 전체성의 의지인 내맡김에 온전히 있을 때 우주의 원리대로 일이 진행되어 기도가 응답받게 되는 것이다.

첫 번째 명상 이야기 & 멈춤, 집중

명상을 한다는 것은 기존의 표면적인 개체로서의 생각의 습관들을 가라앉히고 표면적인 생각 이면의 본질에 집중하는 행위이다.

우리는 무의식적으로 개체성의 나라는 한정된 틀에 사로잡힌 표면적인 생각에 기반한 생활을 하며 표면적으로 단순히 나타나고 사라지는 현상에 반응하는 종속적인 삶을 살고 있다. 이렇게 표면적으로 나타난 현상에 단순히 반응하는 종속적인 삶을 살게 되면 주체적으로 자기만의 삶을 살지 못하기 때문에 혁신적이고 창의적인 생각이 나올 수가 없으며 내 삶을 창조하는 주인 된 의식으로 살지 못한다.

우리의 진정한 성장은 개체로서의 나라는 한정된 틀에 사로잡힌 생각에서 나를 온전히 내려놓고 내면 깊숙이 내재되어 있는 진정한 나라는 참된 자아에 의식을 집중해야 한다.

점차적으로 심층의식(창조의식)에 몰입되어 하나의 상태로 통합되면 무한한 창조성의 에너지의 흐름이 자연스럽게 현실로 이어져 내면의 에너지가 현실에 구현되게 된다. 이렇게 내면의 근원 물질인 참자아가 나타나고 활동하여 주체적으로 원하는 것을 이루는 삶이 진정한 성장의 삶이고 창조하는 삶이다.

그리고 이러한 내면의 참자아를 이해하고 참자아의 뜻대로 살게 되면 우주의 법칙과 원리에 조화된 삶을 살게 되고 삶의 지혜가 열리게 된다.

삶의 지혜란 표면적인 개체의식에 기반한 반응하는 삶을 내려놓고 의식이 점차적으로 깊어져 우주의 원리를 이해하는 전체의식으로 의식의 전환이 일어날 때 참자아로 존재하면서 자연스럽게 생기게 된다. 이와 같이 의식의 전환이 있게 되면 표면적인 결과에 휩쓸리지 않고 원인에 해당하는 본질에 의식을 집중하게 되어 삶을 주체적으로 내가 계획하고 만들어 나가게 된다.

그리고 현상적인 결과가 우연히 나타난다고 생각하지 않고 필연적으로 원인에 맞게 결과가 나오는 인과율을 이해하고 알고 있기 때문에 원인에 의식을 집중하는 삶을 살게 된다. 이렇게 원인에 집중해 내가 원하는 결과를 만들어 나가는 삶이 궁극적으로 누구나 가야 하는 창조하는 삶이다.

올바른 삶의 방향은 개체성의 나라는 틀에 사로잡혀 현상적인 결과에 일희일비(一喜一悲)하며 단순히 반응하는 삶을 벗어 던진 후에야 찾아 나설 수 있다. 그렇게 내면의 본질에 의식을 집중해 의식이 점점 깊어져 심층의식 상태로 몰입되어 전체성의 참나로 거듭 태어나는 것이 올바르게 성장하는 삶이다. 올바르게 성장하게 되면 결과보다는 원인에 집중하게 되고 원리에 맞는 삶을 살게 되기 때문에 세상의 모든 것은 원인에 맞는 결과가 나올 수밖에 없음을 명확히 알고 있다.

우주의 법칙은 원인(본질), 과정(인내), 결과(감사)의 3단계가 하나로 조화되어 통합되는 선순환의 고리이다. 선순환의 고리가 형성되는 것을 이해하게 되면 자연히 전체적인 삶의 원리를 알게 되는 삶의 지혜가 열리게 된다. 바로 이러한 삶의 지혜를 여는 것이 명상의 본질이다.

창조하는 삶 & 반응하는 삶

두 번째 명상 이야기 & 거듭 태어남

우리들은 표면적인 의식 상태에서 개체성에 기반한 행위를 하는 것이 본능적으로 뿌리 깊이 박혀 있어 표면의식에서의 본능적인 행위를 멈추는 것이 쉽지는 않다. 그렇지만 모든 것이 연습이 필요하듯 행위를 하는 표면적인 의식 작용을 멈추고 의식을 가라앉히며 내면의 본질에 집중하는 연습이 필요하다.

이러한 멈춤과 집중이 점차적으로 익숙해지게 되면 자연히 우주의 법칙과 원리를 전체적으로 이해하게 되는 지혜가 생기게 된다. **이러한 멈춤과 집중을 통해 법칙과 원리에 대한 지혜를 얻는 것이 명상의 본질에 해당한다.**

요즘 성공한 사람들은 대부분 명상을 한다고 한다. 그리고 여러 사람들이 스트레스 때문에 명상을 하기도 한다. 그러나 명상이 무엇인지 잘 모르는 것 같다.

보통 명상을 한다고 하면 호흡을 하는 호흡 명상과 같은 방법을 생각하거나 사마타식 집중을 통해 잡념을 없애는 방식이나 요가와 같이 어떤 특정한 동작을 하는 것을 명상이라고 생각하지만 이러한 특정 행위들은 진정한 명상과는 아무런 상관이 없다.

명상이란 표면적인 의식 작용을 멈추고 내면의 본질에 집중해 내면의 신성을 밝히는 신성한 행위이다.

이러한 지혜를 가지게 되면 삶에서 생기는 여러 갈등과 문제들을 완전하게 해결하게 되고 자연히 우주의 원리대로 삶을 살게 되기 때문에 누구나 바라는 행복하고 성공적인 삶을 살게 된다.

위에서 언급했듯이 요즘 행복하고 성공적인 삶을 살기 위해 성공한 대부분의 사람들이 명상을 많이들 한다.

예전에는 명상을 특정한 성자들만이 하는 신비한 행위로 잘못 생각했지만 과학과 의학이 발달하며 명상의 여러 실제적인 효과가 많이 입증이 되어 있고, 특히 성공한 대부분의 사람들이 아침마다 꼭 명상을 하며 하루를 시작한다는 것은 대부분 많이 알고 있다. 그리고 의학적으로도 명상이 질병 치료 및 예방에 상당한 효과가 있다는 것이 밝혀져 있다. 예를 들면 스트레스가 만병의 근원이라는 것은 다들 알고 있을 것이다. 명상을 하게 되면 스트레스 호르몬인 코르티솔이 감소하고 행복 호르몬인 세로토닌 분비를 촉진해 행복하고 안정적인 생활을 누리게 한다.

명상이 깊어지게 되면 우주의 법칙과 조화되어 삶이 펼쳐지게 되고 내면의 신성이 발현되어 참된 자아로서 걸림 없이 행위가 이루어지게 된다. 이것이 무한한 신성의 세계이고 무위(無爲)의 세계이다. 어떤 일이 일어나든 개체성의 내가 하는 것이 아닌 신이 그것을 하는 것임을 온전히 이해하고 믿는 것이 중요하다. 성경에 있는 '나의 뜻대로 하지 마옵시고 하나님 아버지의 뜻대로 하게 하옵소서.'라는 말의 진정한 뜻이 여기에 있다.

제임스 앨런의 《생각하는 대로》에 명상에 대해 명확하게 설명한 것이 있어 명상에 대해 진지하게 살펴보면 좋을 거 같다.

'명상은 신성으로 나아가는 길이다. 명상은 속세에서 천국으로, 죄에서 진리로, 고통에서 평화로 이르는 신비의 사다리이다. 모든 성인은 이 사다리를 타고 올라갔다.

명상의 효과로 얻는 것은 영원한 원리와 법칙에 대한 깨달음이며, 명상의 결과로 생기는 힘은 그러한 원리와 법칙을 믿고 따를 수 있는 능력이며, 이 능력으로 신과 일체가 된다.

그러므로 명상의 목적은 진리, 신에 대한 직접적인 이해이며 신성하고 심오한 평화의 실현이다. 신과 하나가 되는 것은 모든 사람이 태어난 이유이고 우리가 명상을 해야 하는 유일한 이유이다.

영원한 법칙과 완벽한 조화를 이루는 것이 지혜이고 사랑이며 평화이다.'

제임스 앨런, 《생각하는 대로》, 가디언, 166p

물방울이 자연 법칙에 의해 결국 근원인 바다로 다시 돌아가 하나가 되듯이, 모든 사람도 명상이라는 신성한 행위를 통해 마음의 근원으로 돌아가서 내면의 신성과 하나가 되어 참된 나로 거듭 태어나야 한다.

끌어당김의 법칙 & 생각, 행동, 믿음

끌어당김의 법칙에서 핵심적인 부분은 생각과 행동이 결합되어야 한다는 것이다. 생각과 행동이 결합되기 위해서는 단순히 생각만 하는 것이 아니라 생각에 믿음이 결부되어 있어야 한다. 그래야 창조의 행위를 하는 잠재의식이 움직이기 시작한다.

여기서 생각을 주관하는 표면의식과 행동을 주관하는 잠재의식의 차이를 정확히 이해해야 끌어당김의 법칙을 제대로 이해할 수 있다. 누구나 처음에 시작은 생각에서 비롯된다. 똑같이 생각에서 시작했으나 누구는 생각한 것을 이룬 사람이 되고, 또 다른 누구는 생각에만 머무는 사람도 있다.

이런 차이를 만든 것은 무엇일까?

어쩌면 여기에서의 차이가 인생의 성공과 실패를 나누는 키포인트가 될 수도 있다고 생각한다. 어떻게 보면 어려운 인생의 문제일 수도 있지만 어찌 보면 해답이 너무도 당연할 수도 있다.

전자인 인생의 성공을 이룬 이는 생각에만 머물지 않고 행동이 수반되었고, 후자인 인생의 실패를 겪고 있는 이는 행동이 수반되지 않고 생각

창조하는 삶 & 반응하는 삶

에만 머물렀기 때문이다.

어찌 보면 너무도 당연해 허탈할 수도 있다. 그렇지만 알고 보면 인생의 해답은 너무도 단순하고 명료하다. 이 단순하고 명료한 인생의 해답이 바로 앞에 있어도 우리들이 제대로 보지 못하고 무시하는 삶을 살고 있는 게 인생의 아이러니다.

사설이 길었지만 요즘 많이 생각하는 문제이다. 많은 생각과 고민과 명상 속에서 느낀 것인데 한편으로는 왜 이렇게 당연하고 간단한 이치를 그렇게 모르고 살아왔는지 정말 이해가 안 된다. 너무도 중요한 문제라 이글을 읽는 분들이라도 꼭 깊이 생각해 보았으면 좋겠다.

결국 성공과 실패의 가장 큰 차이는 행동의 결합 유무인데 이러한 행동력의 차이는 어디에서 기인하고 있을까 하는 의문이 생긴다. 앞에서도 언급했듯이 원하는 것이 이루어짐을 믿는 정도에 따라 행동의 결합이 결정되게 된다. 내가 생각한 것들이 이루어질 것으로 믿으면 행동이 절로 생기게 되고 생각과 행동이 믿음의 바탕 위에 결합되어 생각이 이루어지는 상태에 존재하기 때문에 당연히 그러한 결과가 따라오게 된다.

이것도 좀 더 깊이 생각해 보면 너무도 당연한 것이다. 원하는 것이 이루어지는 것에 대한 믿음의 정도에 따라 행동력이 결정이 된다. 자신이 원하는 것이 이루어지는 것에 확신을 가지고, 원하는 것이 이루어진 상태에 존재하고 있는 것에 감사함을 느끼고 있다면 당연히 생각이 이루어지는 방향으로 모든 것이 모이게 되는 것은 어찌 보면 너무도 당연한 이치이다.

근데 왜 이 당연한 것을 대부분의 사람들은 하지 못할까?

바로 표면의식 상태에 있기 때문에 생기는 의심과 무지 그리고 모호함 때문이다.

우리 인간은 본래 인식의 한계가 있고 인지할 수 있는 시야도 너무도 좁다. 즉, 인식의 한계성으로 인해 기본적으로 무지한 상태이다. 이것은 물론 표면적인 의식의 상태에서의 문제이다. 그리고 인간은 유전적으로 오랜 시간 동안 생존이 항상 최우선 목표였기에 지금 시대에는 맞는 않는 인간의 치명적 오류가 있다.

원시시대의 인간은 주위 환경에 비해 너무도 약한 존재이기 때문에 생존하기 위해 항상 의심하고 용기가 없어야 했다. 믿음보다는 의심이 생존에 유리하기 때문에 항상 의심하는 것이 생존을 위해서 무엇보다 중요했다.

믿음보다는 의심이 본능적으로 우세하기 때문에 믿음을 계속해서 유지하기 위해서는 항상 나를 깊이 있게 바라보는 심층적인 사고와 자세가 필요하다. 즉, 본능적으로 무심코 생각하고 행동할 때마다 내가 현재 하고 있는 생각이 어디에 근거하고 있는지 한 번 더 깊이 있게 생각하고 숙고하는 심층적인 사고가 습관적으로 형성될 수 있도록 순간순간 놓치지 않고 바라보는 관찰자적 태도가 매우 중요하다.

바로 이러한 순간순간의 심층적인 관찰자적 태도가 우리가 부처님으로 알고 있는 고타마 싯다르타께서 보리수나무 아래에서 깨달음을 얻을 때 했던 위빠사나 수행의 요체이다.

그리고 믿음이 자리 잡기 위해서는 순수함이 전제가 되어야 한다. 어린 아이와 같이 순수함이 없으면 믿음보다는 의심이 앞서게 된다. 성경에 보면 천국에 가기 위해서는 어린아이와 같이 순수해지라는 말이 있는데 진정으로 순수하지 않으면 믿음이 생겨날 수 없기 때문이다.

그리고 정말 중요한 것인데 순수해지기 위해서는 '나 없음(무아)'의 상태가 또한 전제가 되어야 한다. 나라는 개체성의 상태에서는 진정한 순수함이 생길 수 없기 때문이다. 나라는 개체성에서는 분열과 갈등이 항상 기본적으로 내재되어 있을 수밖에 없고, 한계성이 너무도 명확하기 때문에 무한한 가능성의 잠재의식이 활동할 수 없게 된다.

표면의식 상태의 나라는 개체성이 없어지고 내면의 잠재의식이 깨어나면서 무엇이든 할 수 있는 무한한 가능성의 세계가 열리게 된다.

창조하는 삶 & 바람, 믿음, 감사

원하는 것을 일정한 시간 내에 얻으리라 기대했는데 그때 얻지 못하면 실패한 듯 보일 수도 있으나 여기서 중요한 것은 의식의 상태를 심층의식(창조의식)에 두고 바람이 이루어짐에 대한 믿음을 유지하면 실패가 겉으로 보이는 상태일 뿐임을 알게 될 것이다. 결국 믿음을 유지하고 부자의 방식으로 계속해서 해 나가면 궁극에는 훨씬 더 나은 것을 얻게 되어 앞서 겉으로 보기에 실패로 보인 일이 사실 대단한 성공의 밑바탕이었음을 깨닫게 될 것이다.

결국 믿음을 유지하고 결의를 굳게 하고 감사하면서 날마다 지금 할 수 있는 것을 하고 앞에 놓인 일들을 해 나가면 현상적으로 실패처럼 보이는 일이 결국 더 큰 성공으로 나타날 것이다. 여기서 중요한 것은 불안과 의심이 강하게 작용하는 표면의식적인 개체성의 나를 버리고 내면의 무한한 힘에 의식을 집중하고 인내심을 가지고 꾸준히 믿고 감사하며 현재 내가 할 수 있는 것을 일정한 방향성(일관성)을 가지고 계속해서 해 나가는 것이 무엇보다 중요하다.

만약 원하는 것이 이루어지지 않았다면 그것은 내가 창조의식에 머물지 못하고 분열된 표면의식에 머물며 믿음 대신에 의심과 불안의 상태에 있기에 나타난 현상일 뿐이다. 이와 같이 원하는 것이 이루어지지 않은 것도 나의 의식의 상태가 이루어지지 않은 상태의 진동수와 같기 때문에 나타나는 우주의 원리이다.

내가 무엇보다 의식의 상태가 낮고 간절히 원하지 않고 이루어짐을 의심하면 결국 원하는 것을 포기하게 되고 당연히 원하는 것이 이루어질 수 없게 된다. **결국 간절히 인내심을 가지고 원하지 않았기에 이루어지지 않은 것이다.**

자신이 원하는 비전을 자주 묵상하고 비전이 이루어짐을 확고히 믿으며 내면의 무형의 힘에 의해서 원하는 것이 이루어지는 것에 경건한 태도로 감사하는 게 중요하다. 이 과정이 내면의 무형의 힘에 생각을 전달하고 창조의 힘을 움직이게 한다.

간절히 원하고(바람)
원하는 것이 이루어짐을 확고히 믿고(믿음)
내면의 신성의 힘에 의해 이루어짐에 경건한 태도로 감사하고. (감사)

이렇게 바람, 믿음, 감사의 세 가지 요소가 하나로 조화되어 에너지의 선순환이 이루어지는 것이 창조하는 삶이다.

표면의식과 고정형 마인드 &
심층의식과 성장형 마인드

사람들에게 '지금 당신의 삶은 당신이 생각한 대로 된 것이다.'라고 한다면 대부분은 그렇지 않다고 부정할 것이다. 왜냐하면 지금의 삶에 만족하는 사람은 없기 때문이다. 그럼 좀 이상하다고 생각하지 않는가?

생각하는 대로 이루어진다는 전제가 잘못된 걸까?

나는 그렇지 않다고 생각한다.

생각하는 대로 이루어진다는 전제는 진실이다.

그러나 우리는 생각에 대해 좀 더 깊이 있게 생각해 봐야 한다. 슈바이처는 사람들이 생각하지 않는 것이 큰 문제라고 얘기하는데 여기서 얘기하는 생각에 대해 좀 더 깊이 숙고해 봐야 한다.

보통 우리들은 생각한다고 하지만 좀 더 살펴보면 우리들은 주체적으로 제대로 생각하는 것이 아니라 주어진 환경에 따라 적응하며 반응하는 삶을 살고 있다고 볼 수 있다.

즉, 생각을 하는 것이 아니라 주어진 것에 단순히 반응하는 것이라고 볼 수 있다. 이렇게 반응하는 삶을 살게 되면 삶의 방향성이 없고 일관성도 없기 때문에 성장하지 못하고 제자리에서 맴도는 정체 or 쇠퇴하는 삶을 살게 된다. 여기서 좀 더 생각해 봐야 할 게 있는데 주어진 것에 반응하는 것에 대해 너무도 중요하기에 부연 설명이 좀 필요한 것 같다.

우리는 어릴 때 보고 듣고 느낀 것이 무의식중에 형성이 되어 있어 평생 동안 어릴 때 무의식에 세팅되어 있는 것에서 벗어나지 못하고 세팅되어 있는 프로그램대로 단지 반응하면서 살고 있다. 이것은 여러 실험에서도 입증이 된 것이기에 나는 그렇지 않다고 생각하고 싶겠지만 누구도 예외는 없다.

단지 극소수의 집중력이 뛰어난 사람들만이 이 굴레에서 벗어나 자신의 능력을 펼쳐 보인다.

마치 그릇 속에 있는 벼룩의 실험과 같다. 벼룩은 매우 점프력이 뛰어난 곤충인데 낮은 뚜껑의 그릇에 놔두었더니 처음 몇 번은 자신의 점프 본능에 따라 높이 뛰어 올랐지만 낮은 뚜껑에 계속해서 부딪치자 나중에는 뚜껑이 없어도 그 이상 뛰지를 못했다는 실제 실험결과가 있다.

주체적으로 깊이 있게 생각을 하는 극소수의 사람들은 자신이 원하는 목표를 좌표로 삼아 일정한 방향으로 끊임없이 집중하여 결국 자신이 원하는 목표를 이루게 된다.

자신의 생각을 집중해서 원하는 삶을 실현해 가는 삶이 창조하는 삶이다. 대부분의 사람들이 실패하지만 극소수의 사람만이 성공하는 것도

이러한 생각의 차이 때문이다.

우리들은 대부분 본능적으로 반응하는 삶을 살지만 극소수의 성공하는 사람들만이 자신이 원하는 방향으로 생각을 집중해 현실로 생각하는 것을 실현해 간다.

대부분의 사람들은 주어진 상황에 맞추어 반응하는 한계가 명확한 삶을 살고 있다. 그리고 그 상태를 벗어나기 위해서는 더 높은 에너지가 지속적으로 필요하기 때문에 대부분은 현재의 상황에 자연스럽게 머물게 되고, 소수의 사람들만이 끊임없이 원하는 삶에 생각을 집중하고 생각이 집중된 방향으로 에너지가 흐르고 자연히 원하는 삶을 성취한다.

가끔 더 좋은 상황으로 점프 업을 한 사람을 보면 '운이 좋은 거야. 원래 그렇게 타고 난 거야.' 등 자기와는 다른 별개의 존재로 치부하고 자신의 현재 상황을 자위하며 살아간다. 그리고 가끔 이렇게 살고 싶지 않아 노력을 해 보지만 생각대로 되지 않아 이내 포기하고 결국은 다시 원래의 자리로 돌아온다.

여기서 중요한 것은 새로운 생각을 시도하는 과정 중에서 반드시 시련과 어려움이 생긴다는 것을 이해해야 한다. 그리고 시련과 어려움을 만나게 될 때 우리의 생각이 결과를 중요시하는 고정형 마인드인지, 과정을 중요시하는 성장형 마인드인지를 파악하는 게 중요하다.

실패를 결과로 받아들이는 고정형 마인드에서는 실패를 자신의 인생

창조하는 삶 & 반응하는 삶

이 끝난 것처럼 고정적으로 받아들이고 실패하게 되면 새로운 시도를 바로 포기하게 된다.

반면에 실패를 과정으로 받아들이는 성장형 마인드셋을 가진 사람의 경우 그것을 오히려 성장의 기회로 삼을 수 있고 도전해서 더 큰 결과를 얻게 된다.

스탠포드대학의 심리학자인 캐럴 드웩의 《마인드셋》에서 고정형 마인드와 성장형 마인드에 관해 잘 설명한 것이 있어 같이 보면 좋을 것 같다.

'왜 어떤 사람은 실패를 딛고 올라서는데, 어떤 사람은 실패를 겪으면 포기하고 주저앉아 버리는 걸까? 그 질문에 답하기 위해 많은 연구를 했고 결국 우리는 사람들이 가진 두 가지의 마음가짐 때문이라는 것을 알아냈다. 두 가지의 마인드 셋(사고방식, 태도)의 형태는 고정형과 성장형으로 나눌 수 있다. 고정형 마인드셋을 가진 사람은 어떤 인생의 과정에서 벽을 만났을 때 자신의 한계를 느끼고 좌절하게 되지만, 성장형 마인드셋을 가진 사람의 경우 그것을 오히려 성장의 기회로 삼을 수 있고 도전해서 더 큰 결과를 얻게 된다는 것이다.'

캐럴 드웩, 《마인드셋》, (주)스몰빅미디어, 4p

전자는 성장이 멈추고 요령을 피우며 정체되는 삶을 살고, 후자는 배움과 교훈을 통해 계속해서 배우며 성장하는 삶을 산다.

여기서 중요한 것은 우리의 의식 상태에 따라 생각의 마인드도 달라진다는 것이다.

고정된 입자성의 표면의식에서는 생각도 고정형 마인드로 나타나 실패를 고정된 결과로 받아들여 스스로 컨트롤할 수 없다고 생각하고 포기하거나 좌절하게 된다. 자연히 올바르게 성장하지 못하고 정체되거나 쇠퇴하는 삶을 살게 된다. 반면에 고정되지 않은 파동성의 심층의식에서는 생각도 성장형 마인드로 나타나 실패를 배움의 과정으로 인식하고 올바르게 성장하여 자신이 원하는 성공을 이루게 된다.

이와 같이 의식과 생각의 차이가 우리의 인생을 바꾸는 데 결정적인 영향을 미치는 것을 잘 이해하는 것이 무엇보다 중요하다.

현재의 상황을 벗어나기 위해서는 우선 기존의 생각이 바뀌어야 하고 그 생각이 작용하는 것에 대해 철저히 이해해야 한다. 그리고 생각이 현실로 실현되기 위해서는 우선 기존에 형성된 본능을 꾸준히 절제해야 한다. 그리고 자신이 진실로 원하는 것에 집중하고 인내하고 원하는 삶에 대한 믿음이 있어야 한다.

마지막으로 원하는 삶과 합일된 상태 속에 동시성으로 존재하며 진실로 감사하는 태도가 필요하다. 이러한 일련의 과정이 하나라도 없게 되면 창조하는 삶을 살 수 없다. 그렇기 때문에 처음에는 많이 힘들겠지만 꾸준히 인내하고 노력하게 되면 어느새 좋은 습관으로 형성되어 소수의 성공한 삶을 살게 될 것이다.

창조하는 삶 & 반응하는 삶

첫 번째 기도 이야기 & 창조의 비밀

성경에 '너희가 기도할 때 무엇이든지 믿고 구하는 것은 다 받으리라.' 라는 문구가 있는데 이 문장에 담겨 있는 기도의 참된 의미를 이해해야 한다.

예수님이 말씀하신 진정한 기도는 창조의 과정을 의미한다. 구하는 것이 이루어지는 것을 믿는다는 것에 대해 깊이 있게 생각해 보아야 한다.
우리의 의식 상태에 따라 두 가지의 방향성이 있다.

첫째는, 구하는 주체의 의식 상태가 의심과 불안의 표면의식 상태에 있게 되어 정체나 쇠퇴하는 방향이다.

1. 에너지가 집중되지 못하고 분산되어 진동 에너지가 낮고 주파수가 낮게 형성된다.
2. 믿음보다는 의심과 불안의 상태에 있기 때문에 일관된 방향성이 유지되지 못한다.
3. 구하는 대상보다 구하는 주체의 진동수가 낮은 상태에 있다.
4. 바라기만 하고 구하는 대상과 주체가 분리되어 원하는 목표를 이루지 못한다.

둘째는, 구하는 주체의 의식 상태가 믿음과 합일의 심층의식 상태에 있게 되어 올바르게 성장하는 방향이다.

1. 에너지가 일관된 방향성을 가지고 목표에 집중되어 진동 에너지가 높고 주파수가 높게 유지된다.
2. 우주의 원리에 대한 이해와 굳건한 믿음을 가지고 일관된 방향성을 유지한다.
3. 구하는 대상과 진동수가 합일되어 통합된 상태에 존재하게 된다.
4. 원리에 따르는 삶을 살며 구하는 대상과 일체화되어 자연히 목표를 이루게 된다.

즉, 구하는 이의 의식 상태가 분리된 개체의식 상태이면 구하는 이와 구하는 대상의 분리감이 전제가 된 의식 상태이기 때문에 구하는 것을 얻지 못할 것이고, 의식의 상태가 통합된 심층의식 상태이면 구하는 이와 구하는 대상이 합일된 상태이기 때문에 구하는 것을 얻을 수 있을 것이다.

오로지 원하는 목표가 이루어짐은 분리 이전의 통합된 잠재의식에 의해 구하는 것이 이루어지는 것이다. 따라서 믿는다는 것은 분리된 개체의 표면의식에서 벗어나 통합된 잠재의식으로 의식의 상태가 변함을 의미하고 이러한 상태를 '믿음의 도약'이라고 얘기한다.

믿음의 도약이란 개체성의 분리된 표면의식의 상태에서 전체성의 통합된 심층의식의 상태로 의식의 전환을 의미하고 이러한 의식의 전환이 있

창조하는 삶 & 반응하는 삶

어야 비로소 표면적인 반응하는 삶에서 심층적인 창조하는 삶으로 삶의 대전환이 일어날 수 있게 된다.

믿음의 도약 상태에서는 의식의 상태가 통합된 잠재의식의 상태이기 때문에 의심이나 갈등, 두려움 등의 부정적 감정이 없고, 긍정의 상태로 존재하게 된다. 따라서 구하는 것이 모두 이루어지게 하는 무한한 에너지로 충만한 존재 상태이고 원하는 모든 것이 이루어지게 하는 창조의 상태가 된다. 그리고 이러한 창조의 상태에서는 감사의 표현이 생길 수밖에 없다.

진정한 기도란 구하는 기도가 아닌 감사의 기도를 해야 하는 것이다. **왜냐하면 구하는 기도는 분리된 개체의 표면의식의 상태에서 하는 것이고, 반면에 감사의 기도는 통합된 내면의 잠재의식의 상태에서 하는 것이다.**
전자는 부정의 상태이며 한계가 명확한 상태이고, 후자는 긍정의 상태이며 한계가 없는 무한한 가능성의 상태이다. **또한 전자의 구하는 기도는 시간에 속박되어 있는 상태이고, 후자의 감사의 기도는 시간이 없는 동시성의 상태이다.**

개체성의 상태에서는 개체의 상태로서 존재하기 위해 공간과 시간이라는 개념이 생기지만, 전체성의 상태에서는 오로지 동시성만 존재하기에 시간과 공간이라는 개념이 불필요해진다. 따라서 동시성에서는 구하는 것이 이미 이루어짐에 감사드리게 된다.

여러 자기계발서에서도 원하는 것을 이미 가지고 있음을 시각화해야한다고 얘기하는데 그 시각화의 진정한 의미가 동시성에 있다. 그리고 그러한 동시성에서 진정한 창조의 과정이 생기게 된다.

'아직 상상으로만 얻은 것을 놓고 진실로 감사할 줄 아는 이가 진정으로 믿는 것이다.'라는 말의 의미도 개체성의 상태에서 처음에는 가상으로 원하는 것을 얻었다고 상상하지만 점차적으로 통합된 전체성의 상태에서의 상상으로 진화하여 결국 내면의 잠재의식 상태에서 온전히 상상하게 되면 상상이 바로 현실이 된다.

이것이 창조의 신비이다.

창조하는 삶 & 반응하는 삶

두 번째 기도 이야기 & 신과의 일체성

우리들은 기도를 한다고 하면 대부분 구하는 기도를 한다. 나와는 별개의 전능한 존재인 신에게 내가 원하는 것을 청하고 갈구하는 기도이다.

물론 표면적인 의식 작용에서는 개체성이 분리된 상태에서 의식 작용이 일어나기 때문에 당연히 나와는 별개의 더 높은 존재가 있다고 생각하게 된다. 개체성으로 분리되어 있다는 전제하에서는 별개의 더 차원이 높은 존재에게 내가 원하는 것을 구하는 것은 너무도 당연한 것이다.

그러나 이러한 전제가 맞지 않다고 한다면 어떨까?

현대 물리학에서도 물체가 입자성으로 인식이 되지만 깊이 파고 들어가 보면, 다시 말해 입자성 상태에서 쪼개고 쪼개고 들어가다 보면 입자성이 사라지고 파동성으로 존재하게 된다는 것이 입증이 되었다.

우리의 인식 작용으로는 입자성으로만 인식이 되지만 본질적으로는 분리된 입자성이 아닌 분리되지 않은 파동성의 에너지 상태로 존재하고 있다는 것이다.

과학적으로도 입증이 되었듯이 나와는 별개의 상위 개념의 존재에게 의지하는 것은 개체성의 분리된 표면의식의 작용에 의해 왜곡된 인식 작용임을 받아들이고, 전체성의 통합된 심층의식으로 의식이 깊어져야 진실을 바로 볼 수 있는 지혜로움이 생기게 된다. 이와 같이 의식의 상태가 바뀌어야 비로소 우리가 주체적으로 우리의 삶을 제대로 살게 된다. 이것은 아무리 강조해도 지나치지 않다.

여태까지 깊이 생각하지 않고 표면의식 상태에서 반응하는 삶을 살아왔기에 그 중요성을 인식하지 못했지만 의식의 상태가 바뀌면 올바른 삶이 무엇인지 비로소 알게 되고 우리가 진정으로 원하는 삶을 살 수 있게 된다.

이렇게 의식의 상태가 분리된 개체성의 상태에서 통합된 전체성으로 바뀌게 되면 기도도 자연히 별개의 존재에게 구하는 기도를 하지 않고 내면의 전체성에 의해 원하는 것이 이루어지는 감사의 기도를 경건한 태도로 하게 된다.

즉, 진정한 기도란 구하는 기도가 아니라 감사의 기도가 되어야 한다.

여기서 중요한 것은 구하는 기도를 하는 주체는 표면의식의 분리된 개체성의 나를 의미하고, 감사의 기도를 하는 주체는 심층의식의 통합된 전체성의 나를 의미한다.

전자의 나는 표면적인 개체성의 나이고 '나 있음'의 나를 의미하고, 후자의 나는 내면의 참된 자아를 의미하고 '나 없음'의 나를 의미한다.

창조하는 삶 & 반응하는 삶

우리의 현재의 인식 작용이 표면적인 개체성의 나만을 인식할 수 있기 때문에 여태까지 개체성의 나로서 한계성이 명확한 삶을 살아왔다면, 극소수의 성공한 이들은 명확하게 인식이 되진 않지만 내면의 참된 자아를 인식하기 위해 끊임없이 노력했고 무한한 가능성의 한계성이 없는 삶을 어느 정도 살고 있다.

어떻게 보면 우리들이 살면서 꼭 알아야 하고 가장 중요하다고 개인적으로 생각하는 부분이다. 성공한 이들과 실패하는 이들의 삶을 결정하는 가장 큰 차이는 우리들의 의식 상태이다.

이전에 몇몇 자기계발서가 출판되었을 때 이유는 모르지만 갑자기 출판된 도서가 없어져서 대중이 읽지 못하는 일이 있었다. 책이 없어진 이유 중 일반 대중이 읽지 못하게 하기 위해 회수되었다는 설도 많았다.

그만큼 극소수의 성공한 이들이 가장 중요하게 생각했을 만큼 삶의 차이를 만드는 키포인트가 되는 것이 '자신의 의식 상태가 어디에 있느냐?' 이다.

올바른 삶을 살기 위해 어떻게 살아야 좋을지에 대한 물음은 과거부터 현재까지 해답을 찾기 힘든 근본적인 물음이었고 누구나 올바른 해답을 구하고 싶었지만 해답을 찾기 힘든 물음이었다. 그러나 이제 시대가 발전하면서 이 인생의 수수께끼 같은 물음에 해답을 줄 수 있을 만큼 발전된 시대에 살고 있다는 것이 얼마나 감사한 일인지를 알아야 한다.

올바른 삶이란 개체성의 표면의식의 삶에서 전체성의 심층의식의 삶으로 거듭 태어나는 삶이다. 즉, 에너지가 소모되고 갈등하는 한계성의 삶에서 에너지가 생성되고 통합되는 무한한 가능성의 내면의 참된 자아로 거듭 태어나야 한다.

'예수님이 천국에 가기 위해서는 거듭 태어나야 한다.'는 말씀의 진정한 의미가 바로 이것이다.

다시 돌아가서 대부분 구하는 기도를 하지만 이것은 마치 감나무에서 감이 떨어지기를 바라는 것과 같다고 생각할 수 있다. 상식적으로 생각해도 감나무를 얻기 위해서 우연히 감이 떨어지기를 바라서는 감을 얻기 힘들다. 감이 열리는 원리를 이해하고 원리에 맞게 우선 감나무가 없다면 감나무를 심고 감나무가 잘 자라도록 살피면 자연히 감나무에 감이 주렁주렁 열리게 된다. 감나무에 감이 열리게 되면 당연히 감을 얻게 된다는 것은 누구나 생각해 보면 알 수 있는 것이다.

대부분의 사람들은 표층의식적인 개체성의 상태에 있기 때문에 감나무에서 감이 떨어지길 바라는 것과 같이 구하는 기도를 하고 있기 때문에 원하는 것을 얻지 못한다.

반면에 소수의 성공하는 사람들은 심층의식적인 전체성의 상태에 있기 때문에 자연의 원리대로 감나무를 심고 가꾸고 열릴 수 있도록 원리에 맞게 처리하기 때문에 원하는 것을 얻을 수 있다.

창조하는 삶 & 반응하는 삶

그런데 사람들은 슈바이처 박사가 이야기한 것처럼 깊은 생각을 하지 않는다. 생각을 제대로 하지 않기 때문에 본능적으로 한계성이 명확한 표층의식 작용에 의해서만 행동한다. 즉, 생각을 제대로 하지 않고 본능적으로 반응하는 삶을 살기에 좀 더 깊이 생각해 보면 하지 않을 어처구니없는 행동을 한다. 우리는 살면서 습관적으로 무엇인가를 생각하고 무엇인가를 얻기 위해 노력한다.

대부분 습관적으로 행위를 하는 대상에 집중은 하는데 행위를 하고 있는 '나 자신'에 대해서는 깊이 있게 생각하지 않는다. 너무도 나를 당연하게 생각하고 깊게 생각하지 않는다. 우리는 표면적인 의식 작용으로 반응하기에 대수롭지 않게 너무도 당연히 나 자신에 대해 생각하지 않는다. 우리의 가장 큰 문제는 자기 자신에 대해 제대로 깊이 있게 생각하지 않고, 나 자신에 대해 제대로 알지 못하고 있으면서 나를 알고 있다고 착각하는 데 있다.

인생을 성공적으로 산 사람과 실패한 사람을 나누는 가장 큰 기준은 자기 자신에 대해 얼마나 깊이 있게 생각하는지에 달려 있다. 자신에 대한 이해의 정도에 따라 우리의 삶이 다르게 펼쳐지게 되어 있다.

왜냐하면 자신을 얼마나 이해하느냐에 따라 삶의 태도가 결정되고, 삶의 태도에 따라 행동이 결정되고, 행동에 따라 현재의 삶의 모습이 나타나게 되기 때문이다.

결국 자신에 대한 이해와 생각에 따라 현재의 삶의 모습이 펼쳐지는 것이다.

'우리는 우리가 생각하는 대로 된다.'

현대의 동기부여가들과 성공 철학가들 모두가 공통적으로 이야기하는 것은 인생에서 성공한 사람들은 모두가 다 자기 자신에 대해 깊이 생각하고 잠재의식과 현재의 나 자신을 소통시켜 에너지의 흐름을 원활히 하여 자신이 원하는 것을 창조하는 사람들이다. 결국 창조하는 삶을 살기 위해서는 자신에 대한 이해에서 시작하는 것이다.

우리는 분리된 개체 상태의 나에 익숙해져 있다. 모든 게 나와 분리되어 있기에 나는 세상의 모든 것과 떨어진 불완전한 상태에 있는 분리된 의식 상태에 있기 때문에 항상 불안하고 이 불안을 잠재우고 우리가 원하는 것을 얻기 위해 간절히 원하고 기도하고 부족한 것을 채우기 위해 노력하고 분투한다.

우리가 하는 일반적인 형태의 기도도 결국 내가 형상화한 외부의 신에게 무엇인가를 갈구하는 하나의 형태이다.

참된 기도는 기도를 하는 나와 기도의 대상으로서 신이라는 분리된 이원성에 있는 것이 아니라, 나와 신이 하나라는 일원성에 참된 의미가 있다. 예수님이 말한 '나와 하나님은 하나이다.'라는 말의 진정한 뜻이 여기에 있다. 분리되지 않은 일원성 상태에 있을 때 나와 모든 것이 하나로 조화되어 통합되기 때문에 비로소 하나의 조화로운 상태에 있게 되고 원하는 모든 것이 창조되고 형상화된다.

이러한 분리된 개체의식이 허구이고 이 개체의식 상태에서의 나라는 의식을 온전히 내려놓으면 모든 게 결국 참된 자아로서 하나라는 것을 알게 된다. 그러면 온전히 하나로 그냥 그 존재 자체로 완벽하기 때문에 불안할 것도 없고 무엇인가를 갈구할 필요도 없게 된다. 애쓰지 않아도 모든 것이 자연스럽게 이루어지게 되고 신의 역사하심을 보게 된다.

예수께서 '신의 왕국은 우리 안에 있다.'고 한 말은 이것을 뜻하는 것이다. 신을 밖에서 찾지 말고 알고 보면 신은 바로 우리 내면에 있고 우리 자신의 있음 그 자체이다. 예수님이 이야기한 '신은 나의 살갗보다 가까이 있다.'고 한 진정한 뜻이 여기에 있다.

원리에 따르는 노력 & 우연한 행운

올바른 삶을 살기 위해서는 무엇보다 노력과 행운이라는 개념과 관계에 대한 깊은 이해와 통찰을 해야 한다. 노력과 행운이라는 개념과 관계에 대해 심도 있게 생각해야 우리가 원하는 삶을 제대로 살 수 있고 어떻게 살아야 할지에 대한 깊은 통찰과 본질적인 삶의 의미를 파악할 수 있기 때문이다.

성공적인 삶을 살기 위해서는 노력이라는 개념이 무엇보다 중요하다. 자수성가한 켈리 최 회장의 책에 보면 노력으로 부자가 된다면 아마 자신의 엄마가 최고 부자가 되어야 하는데 실제로는 가난한 삶을 살았다고 한다. 우리 부모님도 노력한 것으로 치면 누구한테 지지 않을 만큼 노력하셨지만 부자가 되지는 않으셨다.
왜 죽을 만큼 노력을 했는데 성공하지 못할까 하는 의문이 들 것이다.

이렇게 똑같이 노력을 하는데 결과가 다르게 나타나는 것은 노력에도 두 가지의 상반된 개념이 존재한다는 것을 알아야 하기 때문이다.

우선 분리된 개체성 상태에서의 노력이란 소모적인 애씀을 의미하며 분열과 갈등 그리고 에너지의 소모를 나타낸다. 이 상태에서는 나름대로 노력은 많이 하는데 일은 제대로 이루어지지 않고 정체 또는 쇠퇴의 길을 가게 될 수밖에 없다. 그리고 노력은 하는데 일은 뜻대로 안 되고 신을 원망하며 세상을 탓하고 무능한 자신을 탓하며 자포자기하는 삶을 살기도 한다.

왜냐하면 대부분의 사람들이 하는 노력이란 분리된 개체성의 상태에서 하는 애씀을 의미하고, 경쟁의식 상태에서 하는 소모적인 행위에 불과하다. 따라서 올바른 성장을 향한 방향성에 집중하지 못하기 때문에 성장하지 못하고 오히려 정체 or 쇠퇴하게 된다.

'속도보다는 방향이 훨씬 중요하다.'라는 말이 생각난다.

열심히 잘못된 방향으로 애쓰면 오히려 더 망치게 되는 것이다. 참으로 안타깝지만 이들이 노력의 두 가지 의미를 제대로 이해한다면 다른 인생을 살 수 있지 않을까 하는 생각이 든다.

반면에 통합된 전체성의 상태에서의 노력이란 자연의 원리에 맞는 무위자연(無爲自然)을 의미하며 애쓰지 않고 자연스럽게 내면의 참자아에 의해 일이 이루어지는 것으로 우주의 원리대로 올바르게 삶이 성장함을 말한다. 이렇게 원리대로 일이 자연스럽게 되는 사람을 주변에서 보면 저 사람은 정말로 운이 좋다고 얘기한다.

표면적인 상태에 있는 사람이 보았을 때는 우주의 원리에 대한 이해가 없기 때문에 운이 좋다고 얘기하며 스스로를 자위한다. 저 사람은 운이 좋게 타고 났다고 생각하면 자신은 운이 좋게 태어나지 못했기 때문에 어쩔 수 없이 이렇게 살 수밖에 없다고 스스로를 위안하면서 다음 생에는 그런 운을 가지고 태어나기를 바라며 현재의 삶을 포기하기도 한다.

뿌린 대로 거둔다는 인과율의 법칙을 깊이 이해한다면 운이 좋다고 생각한 사람이 실제로는 원리대로 씨를 뿌렸고 뿌린 대로 거두었을 뿐임을 알 수 있을 것이다. 실제로는 운이 좋은 게 아니고 원리에 맞게 씨를 뿌리고 가꾸고 거두었을 뿐이다.

이렇게 원인과 과정 그리고 결과라는 인과율의 법칙을 이해하면 노력에도 두 가지의 상반된 노력이 있고 올바른 노력을 하게 되면 인과율의 법칙대로 원인에 맞는 결과를 거둬들이는 당연한 원리대로 행운이 펼쳐지는 삶을 살게 된다.

여기서 또 하나 명심해야 할 것은 결과에 대한 믿음의 정도에 따라 잉태의 법칙이 다르게 적용된다는 것이다. 결과에 대한 믿음이 강하다면 결과가 잉태되는 데 시간이 짧게 걸리게 될 것이고, 결과에 대한 믿음이 약하다면 결과가 잉태되는 데 시간이 오래 걸릴 것이다. 그리고 원하는 것을 바라지만 실제로는 안 될 것이라고 내심으로 생각한다면 잉태가 안 될 것이고 자연히 끌어당김의 법칙이 실현되지 않을 것이다.

표면적인 개체성 상태에서 애씀이라는 노력은 원리에 맞지 않는 노력

창조하는 삶 & 반응하는 삶

이고 감나무에서 감이 떨어지길 바라는 일종의 행운을 바라는 노력이다.

반면에 전체성의 상태에서 하는 올바른 노력은 내면의 참자아에 의한 자연의 원리에 맞는 노력이고, 감을 얻기를 원하면 감나무를 심듯이 원인에 집중하는 노력이며 행운이 아닌 원리에 따라 자연히 감을 얻게 되는 노력이다.

애씀은 표면의식적인 개체성의 행위이고 원리에 맞지 않는 분산된 행위이고, 참된 노력은 심층의식적인 전체성의 행위이고 원리에 맞는 집중된 행위이다.

여기서 얘기하는 '참된 노력'은 몰입의 상태와 같다고 볼 수 있다. 몰입 상태에서는 억지로 애쓰는 행위가 아닌 자연스럽게 하나가 되는 '무위'의 노력으로 볼 수 있다. 조셉 머피가 얘기한 '힘들이지 않는 노력'이 바로 이것을 의미하는 것이다. 몰입하는 참된 노력을 하게 되면 몇 날 며칠이고 노력해도 전혀 힘들지 않고 오히려 완벽하게 즐거운 상태에 있는 완벽한 삶을 살고 있다고 할 수 있다.

우리들은 노력과 애씀을 구분하지 못하기 때문에 노력을 한다고 하지만 실제로는 애씀이라는 행위를 하고 있다. 그렇기 때문에 노력하는 것도 물론 중요하지만 노력이 갖는 본질적인 의미를 먼저 파악할 필요가 있다. 우리는 아무 생각 없이 노력만 하면 되는 걸로 착각하며 노력으로 포장된 애씀에 대해 과대평가하는 경향이 있다. 아무런 생각 없이 노력하기보다는 올바른 방향과 일이 이루어지는 본질적인 행위에 대한 깊은 이해가 훨씬 중요하다.

　이런 얘기를 하면 마치 사과나무 아래에서 사과 떨어지기를 기다리듯
이 노력 없이 행운을 얻기를 바라는 것으로 생각한다. 그리고 대부분의 사
람들은 행운에 대해 깊은 고찰 없이 행운을 평가절하 하는 경향이 있다.
　왜냐하면 대부분 사람들의 인식체계가 표면의식적인 개체성에 한정되
어 생각하기 때문에 표면적으로 나타난 결과만을 보게 되고 당연히 우연
이나 행운으로 인식할 수밖에 없다. 어떻게 보면 표면의식 상태에서는 너
무도 당연한 반응이다.

　**행운은 정확히 인과율의 법칙에 기반한 절대적인 원칙을 따르는 본질
적인 행위에 속한다.**
　**즉, 개체의 의지를 버리고 심층의식에 기반한 전체의식이 활발히 활동
하며 원인에 맞는 결과가 자연히 만들어지는 단순하고 절대적인 원리를
따른다.**

　개체성의 표면의식 상태에 있는 우리의 인식 작용으로는 인지할 수 없
기 때문에 행운이라고 일부러 깎아 내리지만, 심층의식의 관점에서는 인
과율에 법칙에 따라 일의 원인과 과정이 원리대로 펼쳐지는 당연한 흐름
의 모습이다.

　한정된 개체성의 눈으로 보면 우연히 일어난 일인 것처럼 보이지만 심
층의식적인 본질을 파악하는 내면의 눈으로 보게 되면 일정한 흐름을 가

　　　　　　　　　　　　　　　창조하는 삶 & 반응하는 삶

지고 있는 원인과 과정이 있기에 인과율에 맞는 결과가 나타나는 것이다.

흐름을 전체적으로 파악하는 눈을 가져야 일이 되는 과정을 이해하기 때문에 당연히 그 흐름에 맞는 시작을 할 것이고(원인), 일이 되는 과정에 자연스럽게 힘을 쏟을 것이고(과정), 그 흐름에 맞는 결과가 당연히 나올 것이다(결과).

당연히 원리에 맞게 결과적으로 원하는 인생을 창조하는 삶이 펼쳐지게 된다.

성공의 참된 의미 & 삶의 참된 의미

진정한 성공이란 무엇인가?

모든 사람들은 성공하길 정말 간절하게 원한다. 누가 성공하길 바라지 않겠는가?

성공을 바라는 그들에게 묻고 싶다.
당신은 성공하길 정말 원하는데 성공이란 무엇인가요?
이 물음에 정말 자신 있게 성공이란 무엇인지 명확하게 정의 내릴 수 있는 사람이 얼마나 있을까?

아마 대부분의 사람들은 성공에 대해 모호하게 생각할 것이다. 그만큼 우리들은 명확한 정의와 목표가 없이 모호한 생각으로 주변 상황이나 환경 그리고 주변 사람들에게 떠밀리듯이 그냥 여태까지 살아왔다.

인정하기 싫겠지만 우리들은 주체적으로 자기 삶을 살지 못하고 종속적으로 남과 비슷하게 그냥 살아왔다고 할 수 있을 것이다. 어처구니없게도 자신의 삶을 자신의 의지로 살지 못하고 주변의 환경과 사람에 의해 그냥 살아왔다는 것을 겸허히 인정하고 이제부터라도 명확한 사고를 하며 자신만의 삶을 창조해 가는 것이 정말 중요할 것이다.

그럼 앞으로 돌아가서 진정한 성공이란 무엇인가에 대해 팀 슈러의 《성공의 속성》이란 책에 좋은 내용이 있어 참고하면 좋을 것 같다.

'성공에 대해 이야기하기 전에 먼저 성공을 바라는 사람들도 두 가지 유형이 있음을 알아야 한다.

- 스포트라이트 마인드셋형 인물: 인정, 돈, 명성, 권력이 성공의 지표라고 믿는다. (결과지향형)

- 시크릿 소사이어티형 인물: 이와 다른 방식으로 성공을 정의한다. (과정지향형)

많은 사람들은 타인의 인정, 돈, 명성, 권력이 성공의 지표라고 믿는 스포트라이트 마인드셋을 추구하고 있다.'

팀 슈러, 《성공의 속성》, 윌북, 16p

결국 스포트라이트형의 사람들은 결과지향형의 사람들이라고 생각할 수 있다. 우리가 인식가능하고 자기를 만족시켜 주는 것들에 가치를 부여하는 사람들이다.

반면에 시크릿 소사이어티형의 사람들은 과정지향형의 사람들이라고 생각할 수 있다. 우리의 일반적인 인지 작용으로는 잘 인식되지 않기 때문에 대부분이 간과하고 지나치지만 실제로 우리에게 충만감과 행복감을 주는 원천이 된다.

인과율의 법칙에서 현상적으로 나타난 결과를 중시하는 사람들이 스포트라이트형으로 생각할 수 있고, 원인과 과정을 중시하는 사람들이 시크릿 소사이티형으로 생각할 수 있다.

그리고 마인드셋에서 언급한 고정형 마인드셋이 스포트라이트형에 해당되고, 성장형 마인드셋은 시크릿 소사이티형에 해당한다.

결과를 중시하는 우리의 의식 상태는 분리된 표면의식의 사고방식을 가지고 있고, 원인과 과정을 중시하는 의식 상태는 통합된 심층의식의 사고방식을 가지고 있다.

분리성을 기반으로 하는 표면의식 상태에서는 타인과 구별되는 자신에 대한 존재감을 높이기 위해 다른 사람들에게 인정받기를 원하고 타인과 비교하며 비교 우위에 있는 것에 행복감과 만족감을 느낀다.

한때 스포트라이트형의 사고방식에 살아왔다는 저자는 그러한 사고방식으로는 진정으로 행복한 성공을 달성할 수 없다고 말한다.

표면적으로 나타난 현상은 영구적으로 실재하는 것이 아니기 때문에 허상과 같은 결과에 집착하는 스포트라이형의 사람들이 진정으로 행복한 성공을 느끼지 못하는 것이다. 이러한 결과지향형의 사고방식을 과정지향형의 사고방식으로 전환해야 인생의 진정한 행복을 느낄 수 있다고 저자는 강조한다.

지금까지 대부분의 사람들이 추구하는 성공의 유형이 실재가 아닌 허상을 원하는 것이기 때문에 무의미한 삶으로 향하는 지름길이라고 저자는 이야기하고 있는 것이다. 이제부터라도 행복한 삶과 성공을 위해서는 사고의 유형을 결과지향적 사고에서 과정지향적 사고로 전환해야 한다.

《성공의 속성》이라는 책에서 스포트라이트형의 마인드에서 시크릿 소사이어티형의 마인드로 전환해야 모두가 바라는 진정으로 행복한 삶을 살 수 있다고 했는데 문제는 어떻게 해야 사고의 전환을 할 수 있을지에 대해서는 명확하게 이해가 안 될것 같다.

사고의 전환을 하기 위해서 우리가 해야 할 가장 중요한 것은 지금의 표면적 의식에서 심층적 의식으로 의식이 전환되어야 하는 것이다.

왜냐하면 표면의식 상태에서는 현상적으로 나타난 결과만 인식 가능하기 때문에 결과지향적 사고를 하게 되고, 심층의식 상태에서는 이면에 작동하는 원리에 의식이 집중되기 때문에 원인과 과정지향형의 사고를 하게 된다.

결국, 올바른 성공을 하기 위해서는 스포트라이트형 사고에서 시크릿 소사이이티형으로 사고의 전환을 해야 하고, 사고의 전환을 하기 위해서는 의식의 상태가 표면의식(개체의식)의 상태에서 심층의식(전체의식)으로 의식의 전환이 있어야 한다.

우리의 의식 상태는 입자성의 분리된 표면의식(개체의식)과 파동성의 통합된 심층의식(전체의식)으로 되어 있다. 표면의식(개체의식) 상태에서는 분리성이 기본적으로 전제되어 있기 때문에 갈등과 분열이 항상 존재하고 노력으로 포장된 애쓰는 행위를 하기 때문에 에너지가 소모되는 삶을 살게 된다.

그리고 표면의식 상태에서는 삶의 근본 원리를 이해하지 못하기 때문에 주체적, 독립적으로 자신만의 삶을 창조하지 못하고 주변 상황에 따라 반응하는 종속적인 삶을 살게 되고, 능동적으로 일을 하는 것이 아니라 수동적으로 마지못해 억지로 하기에 일의 능률도 떨어지게 된다.

능동적으로 자신의 삶을 설계하고 실현시키기 위해서는 그만큼의 많은 에너지를 필요로 하기 때문에 이러한 일련의 전체적인 삶의 원리를 아는 소수의 사람만이 애쓰는 행위를 하지 않고 힘들이지 않는 노력을 통해 주체적으로 자신의 삶을 창조하며 살 수 있다.

이렇게 소모적인 삶을 살게 되면 성장을 위한 에너지의 선순환이 없고 삶의 여유도 성장도 없게 된다. 단지 그때그때의 상황을 타개하는 수동적이고 마지못해 어쩔 수 없이 반응하는 삶을 살기 때문에 스트레스가 쌓이고 또 나머지 시간은 미래를 준비하고 창조하는 시간이 아니라 쌓인 스트레스를 풀기 위해 시간을 낭비하는 무의미한 삶을 살게 된다.

이렇게 부정적인 생각을 하는 사람 곁에는 부정적인 것들이 모이게 되고 당연히 좋은 운과 좋은 사람이 관계될 수 없다.
여기에서도 진동의 법칙이 적용되기 때문에 같은 진동수를 지니고 있는 것들이 서로 끌어당기게 된다.

인생에서 서로 끌어당김의 법칙 때문에 선순환과 악순환이 생기게 되

창조하는 삶 & 반응하는 삶

고 올바른 삶을 살기 위해서는 악순환을 끊어 내고 선순환의 삶으로 방향 전환을 해야 한다. 이러한 선순환과 악순환을 제대로 이해하기 위해서는 끌어당김의 법칙, 공명의 법칙을 제대로 이해할 필요가 있다.

끌어당김의 법칙은 삶을 사는 데 무척이나 중요한 원리이다. 같은 진동 수 or 주파수를 가진 것끼리는 서로 모이는 원리인데 우리의 현재 삶은 우리의 생각들이 모여 하나의 결과물을 만들어 낸 것이다.

현재 자신의 삶이라는 결과물이 어떻게 형성되었는지 생각하는 성찰의 시간을 갖는 것이 중요한 이유이기도 하다.

현재 자신의 삶이 어떠한지 성찰하고 숙고하는 시간을 항상 가지며 자신의 삶이 만족스럽지 않다면 자신의 현재 의식 상태를 점검하고, 자신의 의식 상태에 따라 에너지의 진동수가 달라지는 것을 이해하고 체험하는 깊은 앎이 중요하다.

물론 인생은 하나하나의 과정의 연속이고 선택의 연속성에 있다.

《성공의 속성》이라는 책에 보면 결과보다는 과정에 집중해야 하는 것에 대한 좋은 예가 있다.

'서배너 바나나스는 마이너리그 팀이지만 매 경기마다 4000장이 넘는 티켓을 판매한다. 서배너 바나나스는 바나나 의상을 입은 주차 요원, 관중을 환영하는 악단, 어르신 댄스 팀 등으로 관객에게 재미를 제공하는 과정에 집중한다.

야구장에 나타나는 관중 수(결과)는 통제할 수 없지만 그 대신에 관중에게 재미를 제공하는 그 과정은 통제할 수 있고, 그 과정 자체에 만족하며 기쁨은 과정에 있다는 태도로 임하다 보면 성공은 저절로 따라온다.'

팀 슈러, 《성공의 속성》, 윌북, 212p

　우리들은 대부분 결과지향형 의식 상태를 지니고 있기 때문에 목표(관중 수)에 집착하고 목표에 미달할 경우 매우 낙담하고 절망한다. 그러나 결과는 우리가 제어할 수 있는 것이 아니다.

　대신에 관중에게 재미와 편의를 최대한 제공하는 그 과정은 우리가 통제할 수 있기 때문에 그 과정에 집중하는 것이 더 유익하고 스스로 매우 만족할 기쁨을 갖게 된다. 이렇게 과정에 집중하게 되면 당연히 인과율의 법칙에 의해 그 과정에 맞는 결과가 나오게 된다.

　우리가 태어나 인간으로서 삶을 사는 것은 완성을 향해 가는 과정의 연속이다. 완성을 향한 과정 중에 여러 실패와 스트레스는 필연적으로 생길 수밖에 없지만 그때 자기 삶을 반추하고 자기만의 주체적이고 독립적인 삶을 선택하고 그러한 삶을 만들어 가는 일련의 과정이 인생에서 가장 중요하다. 이러한 자신의 삶에 대해 성찰하고 자신의 삶을 창조해 가는 삶이 우주의 작동 원리에 부합한다.

　삶을 산다는 것은 완성을 향한 성장의 과정이기 때문에 결과는 또 다른 과정의 시작이라는 것을 인지하는 것이 매우 중요하다. 그러나 대부분의

창조하는 삶 & 반응하는 삶

사람들은 결과에 매몰되어 사회가 원하는 결과를 만들어 내는 게 가장 중요한 일이 되었다. 대부분의 사람들은 원하는 결과를 만들어 내지 못하면 부정적인 감정이 심화되어 물론 여기에도 끌어당김의 법칙이 작용하는데 심화된 부정적인 감정이 완성을 향한 올바른 성장을 하지 못하게 방해하고 오히려 정체 또는 쇠퇴하게 한다.

여기서 중요한 선택을 해야 한다. 우리는 살면서 순간순간마다 선택을 하게 된다. 어떠한 선택을 하느냐에 따라 인생의 방향이 달라진다.

인생을 살면서 내면의 전체의식에 기반한 성장의 원리를 향해 갈 수도 있고, 표면적인 개체의식에 기반한 갈등과 소모적인 삶을 선택해 정체의 삶을 살 수도 있다. 그러나 여기서 명심해야 할 것은 한 번의 선택이 끝이 아니라는 것과 그 선택의 결과로 만족스럽지 못한 현재의 상태가 발현되어도 잘못된 선택은 없다는 것이다.

예를 들어 개체의식에 의한 소모적인 삶을 선택했을 때 실패와 좌절 등의 현실의 결과가 있는 경우 보통은 인생이 끝났다고 생각한다. 그러나 이러한 고통은 현재 우리 삶의 방향이 잘못된 방향으로 향하고 있다는 일종의 경고이자 자극이다.

현명한 사람은 처음부터 올바른 성장의 방향으로 삶을 살고, 보통의 사람은 일종의 자극을 받았을 때 잘못된 방향으로 가고 있다는 것을 인지하고 올바른 방향의 의식으로 전환하고, 마지막으로 어리석은 사람은 일종의 자극으로도 의식이 바뀌지 않아 결국 질병과 같은 마지막 형태로 진행이 되어서야 인지하게 된다.

우리는 병이 생기는 것을 두려워하고 인생의 실패로 받아들이지만 좀 더 진지하게 인생에서 일어나는 일들에 대해 깊이 있게 성찰하면 인생에서 일어나는 일들에 대해 전체적으로 흐름을 파악할 수 있고 그러한 전체적인 흐름의 올바른 이해 속에 올바른 삶을 살 수 있게 된다. 그러므로 병이 생기는 것을 결과론적으로 받아들이는 것이 아니라 병이 일어나는 원인을 성찰하고 기존과는 다른 삶을 선택하는 전환점으로 삼아 기존의 인생과는 다른 선택을 하는 과정진행형의 삶을 사는 것이 중요하다.

우리들 대부분은 분리된 개체의식 상태에 있기 때문에 현상적으로 나타난 결과를 주로 인식할 수밖에 없고 결과만을 중시하는 고정형 마인드에 사로잡히게 된다. 그러나 시간과 정도의 차이만 있지 결국 자극의 정도가 커지면서 질병으로 진행이 되면서 자신의 삶에 대해 고찰하고 숙고해 올바른 삶의 성장을 향한 방향으로 의식의 전환이 이루어지는 계기가 되는 것이다.

모든 것이 삶의 완성을 향한 여정으로 인지하는 삶의 자세가 중요한 이유이다.

인생에서 잘못된 것은 하나도 없다. 불필요한 것도 당연히 없다. 모든 것은 있어야 할 곳에 있고, 있어야 할 때에 있는 것이다. 이와 같이 전체 의식에 기반을 둔 창조적인 삶의 방향으로 살게 되면 어떤 감정이나 격

창조하는 삶 & 반응하는 삶

정으로 인해 주변이 동요할 때도 홀로 고요할 수 있다.

 표면의식에 기반한 개체의식 상태에서는 우주의 일정한 흐름의 법칙에 대한 믿음과 이해가 없기에 갈등하고 걱정하고 흔들리는 것이고, 이처럼 대부분의 사람들이 동요할 때에도 심층의식 상태에서는 우주의 원리와 함께 하기 때문에 고요하고 평화로울 수 있는 것이다.

 표면의식의 상태에서는 애쓰는 행위를 하기 때문에 갈등하고 소모적인 삶을 살게 된다. 당연히 삶이 힘들고 행위에 대한 결과를 예측할 수 없기 때문에 불안하고 조급한 삶을 살게 된다. 반면에, 심층의식의 상태에서는 힘들이지 않는 노력인 '무위(無爲)'의 노력을 하기 때문에 전혀 힘들지 않고 오히려 지고의 즐거움을 누리는 생산적인 삶을 살게 된다. 그리고 인과율의 법칙인 뿌린 대로 거둬들이는 행위를 하기 때문에 결과에 조급하지 않고 편안히 있을 수 있게 된다. 말 그대로 '무위자연(無爲自然)'과 같이 삶이 편안하고 여여하게 흘러가며 모든 것이 자연스럽게 이루어지게 된다.

성공하는 사람 & 실패하는 사람

　대부분의 사람들은 오감으로 인지할 수 있는 표면적인 입자성의 상태만 존재하는 것으로 인지하기 때문에 입자성의 개체의식 상태의 삶을 살게 될 수밖에 없고, 개체의식 상태에서는 분리와 갈등이 필연적으로 생길 수밖에 없다.

　개체의식의 상태에서는 의식이 분산되어 있고 분산된 의식에서는 의식이 집중되지 못하고 분열이 필연적으로 나타나게 된다. 그리고 갈등과 분열의 상태에서는 에너지가 소모되어 일이 원리대로 되지 않고 올바르게 성장하지 못하게 된다.

　이렇게 갈등과 분열의 의식 상태에서는 필연적으로 실패와 좌절, 근심 등이 수반되는 정체와 쇠퇴의 삶을 살게 된다. **(결과 지향적 고정형 마인드)**

　반면에 원하는 목표에 집중하는 삶은 의식의 상태가 전체의식에 기반을 두고 통합적인 상태에 있기 때문에 에너지가 소모되지 않고 생산적이고 원하는 목표에 집중되어 있기 때문에 원하는 목표가 이루어질 수밖에 없고 성공과 충족감이 수반되는 올바르게 성장하는 삶을 살게 된다. 물론 목표에 집중하는 정도와 우주의 작동 원리에 대한 믿음에 따라 목표를 이루는 데 걸리는 시간과 과정은 다를 수 있다.

　창조하는 삶 & 반응하는 삶

그리고 일이 진행되는 과정 중에 여러 좌절과 실패도 있을 수 있겠지만 이때도 좌절과 포기 상태에 있기보다는 목표에 더욱 집중하여 자신의 진동 에너지를 목표에 맞춰 더 높은 에너지가 형성되게 되면 자연히 일이 이루어질 것이다. **(과정 지향적 성장형 마인드)**

여기서 중요한 것은 목표를 향해 행위가 시작되고 일이 진행되는 과정 중에 고통과 실패는 당연히 있을 수밖에 없다는 것을 인지해야 한다. 그리고 이런 시련을 통해 목표에 맞게 나의 진동 에너지를 높여 목표를 달성하는 사람이 되는 것이 우리들이 가야 할 올바르게 성장하는 길이다.

우리는 보통 실패하면 좌절하고 걱정만 하지만 이렇게 표면적인 반응을 하는 근본 원리를 이해하면 그러한 실패와 같은 현상적 결과에 빠져 있지 않고, 하나의 과정으로 인지하게 되어 자신의 진동 에너지를 높여 자신을 성장하게 한다. 이것이 시련과 고난을 통해 자신을 성장하게 하는 올바른 길이다.

그리고 우주의 흐름에 맞는 원리대로 살게 되면 당연히 원리에 따라 자연히 성장하게 되고 성공적인 삶이 펼쳐지게 된다. 이렇게 성장하는 삶이 펼쳐지는 과정 중에 당연히 역경과 좌절은 하나의 과정으로서 나타나게 된다. 이러한 과정 중에 어려움 등이 당연히 나타나겠지만 흔들림 없이 생각을 집중하고 해결해 갈려는 의지가 있으면 당연히 그에 맞는 높은 진동 에너지가 생성되고 자연히 일은 해결되고 성공할 수 있을 것이다.

바로 이와 같은 성장형의 사고 작용을 하는 것이 올바르게 원리에 맞는 삶을 사는 방식이고, 이렇게 원리에 맞는 삶을 산다면 우리가 태어난 본래 목적인 성장과 풍요의 법칙을 실현하는 삶을 살게 되는 것이다.

이와 같이 올바른 성장의 원리에 따르는 삶을 살기 위해서 우리에게 가장 필요한 것은 무엇일까?

단언하건대 가장 중요한 것은 '생각'일 것이다. 우리는 생각의 힘을 과소평가하는 경향이 있어서 생각이 작용하는 원리에 대한 이해가 거의 없다.

그러나 좀 더 깊이 있게 생각해 보면 우리가 원하는 유형의 어떠한 것을 만들어 내고 얻기 위해서는 생각이라는 과정이 없으면 어떠한 것도 만들어질 수 없다는 것을 금방 알 수 있다.

즉, 원하는 것을 얻기 위해서는 생각을 잠재의식에 새기는 과정이 처음 필요하고, 그 다음에 잠재의식이 생각의 작용으로 작동하기 시작하는데 이것이 끌어당김의 원리의 시작이다. 그러나 여기에서 조심해야 할 것이 원리가 시작되었다고 바로 유형의 물질이 만들어지는 것은 아니다.

바로 잉태의 법칙이 작용하기에 원하는 것이 무형의 근원 물질에서 유형의 물질로 현실화되는데 일정한 시간이 필요하다. 그런데 여기서도 또 다른 전제가 필요한데 일정한 시간 동안 원하는 것에 대한 생각이 일

창조하는 삶 & 반응하는 삶

정하게 계속 무형의 근원 물질에 작용을 해야 한다는 것이다. 여기서 창조하는 데 필요한 중요 덕목인 인내, 끈기 그리고 집중이라는 요소가 생겨나게 되고 더 나아가 가장 중요한 덕목인 믿음이라는 요소가 반드시 필요하다는 것을 알게 된다.

정리하면 우리의 현재 의식으로 인식되지는 않지만 우주를 창조하는 무형의 근원 물질이 존재하고, 그 근원에 우리의 생각이 작용을 하여 우리가 원하는 유형의 물질이 만들어지고 현실화되는 일련의 과정이 바로 창조의 과정이다.

여기서 무형의 근원 물질이 존재함을 굳건히 믿으면 이 근원 물질에 생각이 작용하여 유형의 물질이 창조된다. 이때 명심해야 할 것은 잉태되는 데 일정 시간이 필요하다는 것이다. 이 기간 동안 흔들림 없는 굳건한 믿음이 필요하고 끈기 있게 인내하며 생각을 근원 물질에 집중하는 것이 중요하다.

이러한 창조의 과정을 제대로 이해하고 이러한 이해를 바탕으로 현실에서 누구나 바라는 부유함을 얻기 위해 우리는 어떻게 해야 할지 깊이 생각해 보았으면 좋겠다. 왜냐하면 이 창조의 과정을 이해하는 것이 현재의 삶을 살아가는데 무엇보다 가장 중요한 과정이라고 생각한다. 왜냐하면 이 창조의 과정을 이해하는 정도에 따라 원하는 삶을 현실에서 얼마나 이룰 수 있는지가 결정되기 때문이다.

그럼 이 과정을 좀 더 자세히 살펴보면 좋을 것 같다.

우선 무형의 근원 물질을 이해하고 느끼는 과정이 첫걸음이자 마지막이 될 정도로 가장 중요하다.

성경에서 '알파요. 오메가이니라.'라는 문구가 있는데 이 무형의 근원 물질에 대한 중요함을 이야기한 것이다.

그리고 한국 주요 경전 중에 천부경이라는 경전에 '일시무시일 일종무종일'라는 문구가 있는데 이것도 역시 '하나(근원 물질)에서 시작해서 결국 하나(근원 물질)로 끝난다.'라는 문구로 무형의 근원 물질에서 모든 것이 시작(창조)되고 근원 물질로 끝나는 것을 의미한다. 그리고 유교경전에 보면 '일이관지(一以貫之)'라는 말이 있는데 '하나의 이치로 모든 것을 꿰뚫는다.'라는 뜻으로 결국 하나(근원 물질)에 모든 것이 담겨 있다는 것을 의미한다.

즉, 나타나는 현상은 바뀔 수 있지만 근원 물질에서 창조되어 여러 현상으로 나타날 수 있다. 하지만 근본적으로는 하나의 근원 물질 그 자체로서 존재할 뿐이다. 여기서 중요한 것은 나타나는 여러 현상들에 휩쓸리지 말고 무형의 근원 물질에만 집중해야 한다는 것이다.

그리고 우리가 눈여겨봐야 할 정말 중요한 것이 있다. 우리의 근본에 해당하는 너무도 중요한 무형의 근원 물질을 우리의 현재 표면의식으로는 인식이 안 된다는 것이다. 마치 라디오에서 여러 주파수가 존재하고 있는

창조하는 삶 & 반응하는 삶

데 주파수가 맞지 않으면 재생이 안 되듯이 무형의 근원 물질과 진동 에너지가 맞지 않으면 인식이 되지 않게 된다.

대부분의 사람들은 진동 에너지가 높지 않아 근원 물질을 제대로 활용하지 못하고 올바른 성장의 기회를 잡지 못한 채 인생을 낭비하고 허비하면서 삶을 살게 된다. 어떻게 보면 너무도 안타까운 일이다.

만약 당신이 내면에 잠들어 있는 무형의 근원 물질에 대해 자각하여 의식하고 그것을 활용할 수 있다면 당신이 원하는 인생을 마음껏 누리며 성취하며 살 수 있다.

마치 알라딘의 지니와 같다고 보면 된다.

소원을 들어주는 무한한 능력의 알라딘의 지니처럼 당신도 당신 내면에 무한한 가능성의 근원 물질이 내재되어 있지만 안타깝게도 의식을 하지 못하기에 깊이 잠들어 있게 됐다.

이와 같이 인간의 내면에 잠든 무한한 가능성의 근원 물질에 대해 토니 로빈슨의 책《네 안의 잠든 거인을 깨워라》를 참고해도 많은 도움이 될 것 같다.

대부분의 사람들은 외부에서 인생의 난제를 해결하기 위해 갖은 노력을 다 하지만 결국 표류만 할 뿐 진정한 해결은 할 수 없다. 표면에 현상적으로 나타난 결과는 표면 상태에서는 해결을 할 수 없다. 마치 어둠을 어둠으로 몰아낼 수 없고 오로지 빛이 있어야 어둠을 몰아낼 수 있는 것과 같다.

왜냐하면 현상적으로 드러난 모든 문제의 시작은 내면의 근원에서 나왔기에 오직 시작되는 근원에서 문제의 해결이 존재할 뿐이기 때문이다. 결과를 바꾸기 위해서는 원인이 바뀌어야 비로소 현상적 결과가 바뀔 수 있게 된다.

콩을 심으면 콩이 나올 수밖에 없다. 콩이 아닌 다른 것이 나오길 바란다면 콩이 아닌 바라는 것을 다시 심어야 한다.

즉, 현상적으로 드러난 결과가 아닌 원인에 해당하는 내면의 근원에 의식을 집중해야 한다.

이 책에 관심을 가지고 있는 여러분은 단순히 이 책을 표면적으로만 읽지 않았으면 좋겠다. 이 책을 읽으며 읽는 행위보다는 책을 읽고 있는 나의 의식의 상태를 자세히 살펴보았으면 좋겠다. **왜냐하면 이 책의 처음부터 끝까지 가장 중요한 것은 나의 의식의 상태가 표면의식(개체의식) 상태에 머물러 있느냐 아니면 심층의식(전체의식)으로 의식이 진화되어 있느냐로, 나의 의식의 상태가 가장 중요하기 때문이다.** 이 의식의 상태에 따라 삶의 방향과 삶의 운명이 결정이 될 것이기 때문이다.

삶의 올바른 성장을 위해 집중이라는 덕목이 필수적으로 필요함은 두말할 것도 없이 무척이나 중요하다.

성공한 사람들은 목표를 설정하고 설정된 목표에 초점을 좁혀 집중하는 사람들이다. 이와 같이 의식이 분산되지 않고 집중된 사람들은 에너지가 소모되지 않고 순환되기에 성장의 선순환으로 가게 되고 이러한 성장의 과정은 우주의 법칙에 부합되는 것이다.

이 책에서 계속해서 나오는 개체의식과 전체의식의 특성을 정리해서 보면 도움이 될 것 같다.

의식의 특성은 너무도 중요한 내용이기 때문에 아래에 개체의식과 전체의식에 대한 각각의 특성에 대해 표로 정리해 보았다.

의식의 상태에 따른 과학적 특징인 입자성과 파동성, 에너지와 주파수, 뇌파와 마인드의 차이, 보는 관점과 시점, 나타나는 삶의 형태 등에 대해 앞에서 다루었던 내용들을 전체적으로 정리해 보았다.

참고해서 가슴에 새겨 항상 기억하고 현재 내가 올바른 성장을 위해 어떤 포지션을 향하고 있는지 점검해 보면 좋을 것 같다.

* 개체의식 - 갈등과 분열, 분산, 에너지 소모, 부정적 생각, 과거를 토대로 뒤로 후퇴하는 삶, 고정형 마인드, 반응하는 삶
* 전체의식 - 통합과 조화, 집중, 에너지 생성, 긍정적 생각, 미래를 토대로 앞으로 나아가는 삶, 성장형 마인드, 창조하는 삶

	개체의식(표면의식)	전체의식(심층의식)
물리적 특성	분리된 입자성	통합된 파동성
형태	갈등과 분열	통합과 조화
에너지	에너지 소모	에너지 생산
주파수	진동 에너지(주파수) 낮음	진동 에너지(주파수) 높음
뇌파	베타파	알파파
생각	부정적 생각	긍정적 생각
시점	과거를 토대로 뒤로 후퇴하는 삶	미래를 토대로 앞으로 나아가는 삶
마인드	고정형 마인드	성장형 마인드
인과율	결과를 중요시	원인과 과정을 중요시
성장	산술평균식 성장	기하급수적 성장
삶의 특성	반응하는 삶	창조하는 삶

개체의식에 기반을 둔 삶은 표면적인 의식으로 단순히 반응하는 삶을 살기 때문에 단기적인 시야를 가진 삶이 될 수밖에 없다. 우리의 일반적인 감정과 반응은 표면적인 개체의식에 기반하기에 단기적으로 반응하게 되어 있다.

그리고 생존과 밀접한 관계가 있기 때문에 즉각적인 반응을 하게 되어 있다. 생존과 연관되어 있는 상태에서는 우리 신경은 매우 예민하고 스트레스가 극한으로 치솟아 있기에 몸도 마음도 고요하지 않고 불안정하게 된다. 인간은 계속되는 스트레스 반응으로 스트레스 호르몬이 계속해서

분비되게 되고 그것으로 몸의 화학적 균형이 깨지며 불균형 상태 속에 지속적으로 있게 되어 결국 질병을 얻게 된다.

물론 질병 그 자체도 올바른 성장을 하지 못했다는 하나의 시그널이기에 성장의 방향으로 의식의 전환이 이루어지는 계기가 되는 것에 그 의미가 있을 것이다.

질병, 고통, 불행 등은 우리가 우주의 절대 법칙과 조화되어 있지 않다는 하나의 결과이며 과정이다.

이 경험을 겪음으로써 우리의 무지와 잘못된 이해를 본질적으로 이해하는 계기로 삼으면 어느덧 무지는 사라지고 지혜가 그 자리를 대신하게 된다. 고통의 경험이 내 무지의 결과라는 깊은 이해가 있고 그 깊은 이해를 바탕으로 전체의식으로 거듭나게 된다.

결과적으로 이러한 삶의 원리를 깊이 이해하고 삶이 펼쳐지는 원리에 맞게 살게 되면 과정 중에 당연히 나타나는 고통의 경험은 지혜의 빛으로 거듭나게 된다.

그러므로 고통이나 질병도 평온함, 삶의 완성됨으로 가는 하나의 필연적인 과정이다. 고통이나 질병의 상태에 있게 되면 대부분의 사람들은 그 현상에 절망하고 좌절하는데 그런 상태는 표면의식적으로 반응하는 것에 불과하다.

지혜로운 이는 똑같은 상황에 처해 있어도 절망하거나 좌절하지 않고

나타난 현상의 원인이 되는 원리를 이해하기 위해 의식의 상태를 심층의
식으로 진화해 원리와 조화되는 삶을 살기 위해 노력하고 결국 참된 자아
로 거듭 태어나게 된다.

전체의식에 기반을 둔 행동은 장기적이고 위대한 불변의 법칙과 함께
하기에 여유가 있고 고요하며 힘이 있고 어디서든 원리에 조화되어 있게
된다. 원리와 조화되어 있게 되면 당연히 있어야 할 곳에 올바른 방향으
로 있게 되어 고요와 평화의 상태로 존재하게 된다.

이 전체의식 상태에서는 전체적이고 즉각적으로 이해되기에 일을 처리
하는 데 주저함이 없고 당연히 원리대로 해결될 수밖에 없다는 굳건한 믿
음이 있기에 편안하고 고요하다.

창조하는 삶 & 반응하는 삶

성공과 실패의 기준 & 임계치

　우주 전체를 관통하는 우주의 근본 원리를 완벽하게 이해하게 되면 나의 의식의 상태는 개체적인 분리된 의식이 완전히 사라지고 우주의 절대 법칙과 완전히 일치되어 조화로운 상태에 있게 된다. 이러한 원리를 이해하면 할수록 이해 수준에 맞게 나의 의식의 상태가 변화하게 되고 개체의식도 의식의 상태에 맞게 그만큼 사라지고 갈등과 고통도 그와 비례하여 똑같이 사라지게 된다.

　참나는 개체의식이 없는 전체의식의 상태를 말한다.

　완벽하게 우주의 원리와 일치되어 있으면 갈등과 분열이 없이 항상 존재 그 자체로 있기 때문에 걸림 없이 조화로운 상태에 있게 된다.

　반면에 우주의 작동하는 원리와 일치되지 않을수록 갈등, 고통, 슬픔, 좌절 등 여러 형태의 일치되지 않는 상태가 나타나게 된다.

　원인은 하나인데 나타날 때는 여러 형태와 모습으로 나타나기 때문에 이면에 있는 하나의 원인이 숨겨지고 모호해질 수 있다. 또한 이러한 모습이 교묘하게 올바른 방향을 향한 치열한 노력으로 포장되어 나타나기도 하기 때문에 이런 분열된 의식 상태를 제대로 인식하지 못하고 오히려 당연한 모습으로 보인다.

여기서 중요한 것은 우주의 원리를 정확히 인식하고 이해해야 하고, 순수하게 나의 현재 상태를 정확히 알아차리는 게 무엇보다 필요하다.

절대의 법칙인 빛의 원리에 에고가 다 드러나게 되면 처음에 에고는 그 빛과 비슷한 모습으로 자신을 보호한다. 이때 비슷한 색으로 위장한 에고에 속게 되어 완전한 전체의식으로 있지 못하고 비슷한 색으로 있게 되면서 처음에는 갈등과 분열이 눈에 띄지 않지만 시간이 흐를수록 점점 분열이 커지면서 다른 모습으로 변질되고 그 상태를 깨달음의 상태로 인식하게 된다.

이때 중요한 것은 알아차리지도 못할 만큼 에고의 변질된 모습에 속지 말고 철저하게 '나 없음' 상태가 맞는지 먼지 한 톨만큼의 에고가 없는지 철저히 고증하고 또 살펴봐야 한다.

'나 없음' 상태로 가는 길이 처음에는 모호하고 형체가 없기에 가장 힘들지만, 인내심을 가지고 근원을 향해 계속해서 가다 보면 어느새 '나 없음' 상태로 존재하게 되고, 우주의 원리와 조화되어 충족감과 평화로움이 나를 감싸안고 평온한 상태가 점점 깊어지고 삶의 원리가 명확해진다. 여기서 명심해야 할 것은 이와 같은 의식의 성장 과정 중에 필연적으로 어려운 지점들이 나타나게 된다.

창조하는 삶 & 반응하는 삶

첫 번째로 나타나는 어려움은 표면의식의 상태에서 심층의식으로 처음 진화되기 위해 의식적으로 느끼는 과정 중에 어려움이 생기게 된다. 왜냐하면 현재까지 나의 표면의식의 상태에 익숙해져 있기에 내면의 심층의식이 전혀 와닿지 않아 어려움이 생기게 된다.

이때 대부분은 너무 모호하고 기존에 익숙했던 의식의 상태와 너무도 다르기에 쉽게 포기하게 된다. 그러나 여태까지의 표면의식의 상태를 점점 가라앉히고 점차 심층의식으로 깊이 의식의 상태가 내려가다 보면 어느 순간 너무도 편하고 조화로운 기분이 들면서 세상 만물이 하나로 조화되는 순간에 존재하게 된다.

이때가 첫 번째 어려움을 극복하고 올바른 성장의 길로 나아가는 첫 번째 발걸음이다. 이렇게 점차 성장의 길로 나아가다 보면 기존의 개체의식의 상태인 에고의 교묘함에 어려움을 느끼게 되는 지점이 필연적으로 나타나게 된다.

너무도 조화로운 상태에서 무엇이든 다 할 수 있을 것 같은 상태에서 에고의 교묘함이 작용하여 오히려 나를 내려놓아야 하는데 어느 순간 에고의 작용으로 나를 높이게 된다. 여기서 자기도 모르게 나를 높이는 것에 맛을 들이게 되면 나를 내려놓는 올바른 길로 다시 돌아가기 힘들다.

이때 에고가 밝은 빛을 피해 자신의 어두움을 회색으로 변신해 밝은 빛처럼 위장하면서 나로 하여금 완전히 '나 없음'의 상태가 되었다고 착각하게 한다. 이때 무엇이든 다 할 수 있을 것 같은 신과 같은 위대함과 힘을 느끼게 된다.

여기서 신과 같은 힘을 갖는 내가 있음을 알아차리지 못한다. 신과 같은 힘을 갖는 내가 여전히 있음을 알아차리고 계속해서 '나 없음' 상태와 완전한 조화로움의 상태를 이루기 위해 한 발 더 나아가야 한다.

'백척간두진일보(百尺竿頭進一步)'라는 말이 생겨난 것은 이 상태에 이르게 되면 반드시 마의 구간이라는 어려운 지점이 나타나게 되는데 멈추지 말고, 신적인 힘에 취해 있지도 말고 '나 없음'의 상태를 향해 한 발 더 나아가라는 뜻이다.

마치 예수님이 광야에서 40일간 단식하며 기도할 때 사탄이 예수님에게 세상의 모든 권세와 능력으로 유혹하듯이 에고가 세상의 권세와 신적인 능력으로 유혹하는 이때가 과정 중에 반드시 나타나게 된다.
이때 '백척간두진일보'의 마음가짐을 가지고 나를 높이는 에고의 유혹을 견뎌 내고 '나 없음'의 완성을 향해 나아가야 한다.

세상 모든 것이 목표의 완성을 향해 나아갈 때 반드시 마의 구간이 나타나게 된다. 요즘 말로 마의 구간이 나타나게 되면 일종의 현타가 밀려든다고 한다.
나름대로 열심히 원하는 목표를 향해 노력했는데 성과가 나타나지 않고 지금 뭐하고 있나 하는 자괴감에 빠지게 된다.

창조하는 삶 & 반응하는 삶

그렇지만 이러한 마의 구간이 나타나는 원리를 이해하게 되면 일종의 현타에 빠지지 않고 오히려 올바른 방향으로 잘 가고 있다는 것을 알고 있기 때문에 평온하게 목표를 향해 흔들림 없이 나아갈 수 있다. 세상 모든 것이 원리는 하나이기 때문에 나타나는 형태는 여러 모습으로 나타날 수 있지만 원인은 같기 때문에 같은 양상으로 진행되게 된다.

예를 들면 마라톤을 하게 되면 35km 구간이 되면 마의 구간이라고 해서 정말 발이 떨어지지 않고 이러다 죽는 게 아니가 하는 지점이 나타나게 된다고 한다.
이때 대부분 이 구간을 넘지 못하고 포기하게 된다.

우리가 원하는 목표를 이루기 위해서 꼭 알아야 하는 개념이 있다.

임계치라는 개념인데 임계치는 어떠한 물리적 현상이 달라져서 다르게 나타나기 시작하는 경계의 값을 말한다. 예를 들어 물을 100도까지 끓이면 물이 수증기로 바뀌는 현상을 말하는 것이다.
그래서 흔히 어떤 상태의 마지노선, 한계치에 마주했다는 표현을 임계치에 도달했다라고 한다.

'토머스 풀러'도 이러한 임계치에 대해 '가장 어두운 시간은 새벽이 가장 가까울 때다'라는 유명한 명언을 남겼다.

하버드대 윌리엄 제임스 교수는 '인간은 평생 자신에게 잠재된 능력 중에서 불과 5~7%밖에 사용하지 못한다. 그리고 그것이 자신의 모든 능력이라고 믿으면서 살아간다.'라고 주장했다.

결국 자신이 정한 임계치 안에서 살게 되는 것인데, 임계치는 한 번만 넘어 보면 그 한계가 마치 고무줄처럼 늘어난다. 자신의 임계치를 한 번만이라도 넘어보면 지금까지는 생각하지 못했던 또 다른 차원의 임계치가 생긴다는 것을 알게 된다.

완성을 향해 가는 인생의 여정에서 이전과는 확연히 달라지는 지점이 나타나게 되는데 이 지점이 최대의 어려운 장애물이 된다. 그러나 장애물로 생각하지 않고 다른 관점에서 바라보면 임계치를 만나게 된다는 것은 하나의 완성을 눈앞에 두고 있다는 것을 나타내는 표시라는 것으로 인지하면 한 발 더 나아가게 하는 원동력이 된다.

바로 이러한 사고의 전환이 역발상의 사고라고 한다. 어떻게 보면 역발상의 사고를 한다는 것은 의식이 이전보다는 더 깊어졌다는 하나의 반증이기도 하다.

여기서 우리가 깊게 생각해 봐야 할 중요한 문제가 있다.

우리의 인식 작용으로는 더하기의 산술평균은 인지가 가능하지만, 인생의 성장을 하는 과정은 곱하기의 기하평균이기 때문에 인식이 되지 않고 올바른 성장이 이루어질 수 있게 인내하지 못하게 된다.

인생의 성장 과정, 투자에 있어서 재산 증식 과정도 기하급수적으로

창조하는 삶 & 반응하는 삶

성장하기 때문에 무조건 임계치까지 인내하는 과정을 필수적으로 거쳐야 한다.

임계치는 마치 물을 끓일 때와 같다. 100도의 임계치까지는 아무런 변화가 없듯이 내가 뭐 하고 있는지 회의감이 계속해서 밀려들게 된다. 왜냐하면 노력은 하는데 아무런 변화가 없기 때문에 포기의 유혹이 계속해서 올라오게 된다.

그러나 계속해서 올라오는 포기의 유혹을 이겨 내고 임계치까지 인내하게 되면 마치 물이 임계치를 넘어 끓기 시작하는 것처럼 임계치를 넘어설 때까지 계속해서 노력하게 되면 마침내 임계치라는 마의 구간을 넘어서게 되고 비로소 기하급수적인 성장을 하게 된다.

이렇게 임계치를 넘어설 때까지 계속해서 인내하게 되면 마침내 기하급수적인 성장이 일어나며 이전에 생각하던 것보다 훨씬 더 큰 성장과 완성이 이루어지는 것이 인생에서 성장하는 보편적 원리이다.

누구나 부자가 되기를 바라지만 부자가 되기 위해 어떻게 해야 하는지 잘 모르는 것 같다.

한마디로 임계치를 넘어서는 노력과 인내 그리고 지혜가 필요하다.

부자가 되기 위해서는 보편적 원리에 대한 이해가 필요하고, 이러한 이해를 전제로 임계치까지 포기의 유혹을 견디는 인내와 끊임없이 노력하는 자세가 필요하다. 마지막으로 임계치를 넘어서 자산이 기하급수적으로 늘어나는 것을 이해해야 한다. 이렇게 자산이 기하급수적으로 증가하는 것에 대해 가장 대표적으로 워렌 버핏을 꼽아 볼 수 있을 것 같다.

다음의 그래프는 워렌 버핏의 나이에 따른 그의 자산의 증가에 대해 나타낸 것이다.

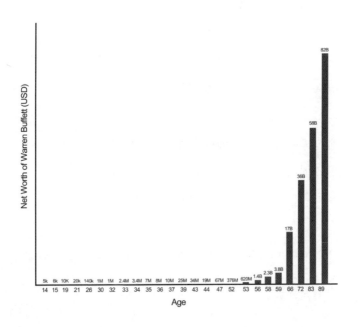

그는 11세 때부터 투자를 시작해서 현재 94세에 이르기까지 계속해서 꾸준히 투자를 하고 있다. 그래프를 보면 거의 50세까지는 재산의 증식이 거의 눈에 띄지도 않게 미미하지만 그 이후 임계치를 넘어서게 되면서 복

창조하는 삶 & 반응하는 삶

리의 마법이 펼쳐지며 기하급수적인 성장을 하게 된다.

워렌 버핏은 연평균 20% 이상의 수익을 올리며 꾸준히 투자하며 80년 넘게 투자를 지속했다. 만약 워렌 버핏이 자산의 임계치에 해당하는 50세 이전에 투자를 그만두었다면 현재의 자산에 비하면 터무니없을 정도로 적을 것이다.

워렌 버핏이 11살에 투자를 시작했는데 5살에 시작하지 않은 것을 후회한다고 할 정도로 시간의 중요성을 강조했다. 왜냐하면 1살이라도 더 빨리 투자해야 자산의 증가속도가 기하급수적으로 성장하기 때문이다.

위의 그래프를 보면서 인생의 성장 과정은 산술 평균이 아닌 기하평균의 성장을 하기 때문에 임계치에 이르기까지는 거의 변화가 없다. 그러나 완성을 향해 가는 여정에서 임계치까지 에너지가 모이는 구간이 반드시 있게 되고 마의 구간이라는 임계치를 넘게 되면 복리의 마법이 펼쳐지는 기하급수적인 성장을 하게 된다.

여기서 중요한 것은 우리의 표면의식적 의식 상태에서는 기하급수적인 성장이 인식이 되지 않고, 임계치까지 눈에 띄는 성과가 보이지 않기 때문에 인내하지 못하고 대부분 중도에서 포기하게 된다.

성공하는 사람은 임계치를 넘어서서 기하급수적인 성장을 이루어 낸 사람이고, 실패하는 사람은 임계치를 넘지 못하고 중도에 포기하여 기하급수적인 성장을 이루지 못한 사람이다. 결국 임계치를 기준으로 성

공과 실패가 나누어지게 된다.

인생을 살면서 인생의 성장과 임계치에 대한 관계는 너무도 중요한 내용이기 때문에 위의 그래프를 가슴 깊이 새기고 성장과 임계치에 대해 항상 생각하며 삶을 살게 되면 자신이 원하는 목표를 이루게 되는 데 많은 도움이 될 것이다.

나폴레온 힐의《생각하라 그리고 부자가 되어라》에 임계치에 대해 너무도 좋은 예가 있어 같이 생각해 보면 좋을 것 같다.

'골드러시 시절 다비와 삼촌은 금맥을 발견하고 온갖 노력을 다해도 금이 나오지 않아 결국 포기하고 채굴 설비를 고물상에 팔고 고향으로 돌아갔다. 설비를 인수한 고물상은 그 금광에서 금을 채굴해 수백만 달러를 벌었다. 어처구니없게도 그 금맥은 다비네가 파다 만 자리에서 딱 1미터 아래에 있었다.'

나폴레온 힐,《생각하라 그리고 부자가 되어라》, 반니, 28p

항상 성공하기 전에 포기하게 만드는 마의 구간인 임계치라는 지점이 나타나게 된다. 마라톤에서 발이 더 이상 떨어지지 않듯이 마의 구간인 임계치의 순간에 다다르게 되면 우리가 잊지 말고 꼭 해야 할 두 가지가 있다.

첫 번째는 방향이 맞는지 한 발 물러서서 살펴보는 일이다. 방향이 맞지 않는데 무조건 열심히 한다고 금맥이 나오는 게 아니다. 위에서 고물상이 전문가의 조언을 구한 것처럼 지금의 방향이 맞는지 차분히 한 발 물러서서 살펴보는 자세가 우선 필요하다.

간디의 명언 중에 '속도보다 방향이 중요하다.'는 것을 생각하게 한다.

두 번째는 방향이 맞다면 성공을 눈앞에 둔 지점인 임계치의 순간에 있다는 것을 인지하고 힘을 내서 앞으로 한 발 더 나아가는 것이다.

포기는 앞이 보이지 않는 순간에 나타나는 것이다.

정말 힘든 임계치의 순간에 이르게 되었을 때 임계치를 넘어서게 되면 원하는 목표가 임계치의 뒤에 있다는 것을 인지하고 긍정적인 마인드를 가지고 조금 더 힘을 내는 것이다.

그리고 이 책의 다비의 이야기는 여기서 끝이 아니다.

물론 금맥을 1미터 앞에 두고 포기하게 되었다는 것을 다비가 알게 되어 깊은 절망에 빠졌을 것이다. 누구나 그 상황이 되면 마찬가지로 깊은 절망을 느낄 것이다.

그러나 절망의 순간에도 두 가지 선택이 가능하다.

우선 결과론적인 사고를 하는 사람은 실패의 순간을 끝이라는 하나의 결과로 받아들여 포기하고 절망한다.

결과론적인 사고를 하는 유형은 입자성의 표면의식적인 사고를 하기 때문에 결과만을 생각한다.

반면에 과정진행적인 사고를 하는 사람은 실패의 순간을 또 다른 시작으로 인지하고 하나의 결과에서 배우고 성장하여 더 나은 시작을 하는 진행되는 과정으로 인지하고 새롭게 시작한다.

과정진행적인 사고를 하는 유형은 파동성의 심층의식적인 사고를 한다.

위의 다비의 이야기는 계속해서 이어진다.

'다비는 생명보험 판매 사업을 하게 되었고 황금을 찾기 전 바로 1미터 앞에서 그만두는 바람에 막대한 손실을 입었다는 사실을 절대 잊지 않았고, 이제는 고객이 한번 거절했다고 해서 단념하지 않을 거라고 결심했다. 다비는 연간 100만 달러 이상의 수익을 올리는 성공한 보험 판매원이 되었다. 금광 사업에서 포기가 빨랐던 사내는 그때의 교훈으로 끈질긴 사내가 되었다.

완전히 패배한 순간 한 걸음 떼는 것으로 지금의 성공을 이루었다고…'

나폴레온 힐, 《생각하라 그리고 부자가 되어라》, 반니, 32p

여기서 완전히 패배한 순간이 바로 임계치를 의미한다. 그리고 한 걸음 떼는 것으로 지금의 성공을 이루었다는 것은 마의 구간이라는 임계치를 넘어서면 기하급수적인 성장이 이루어진다는 것을 의미한다.

창조하는 삶 & 반응하는 삶

인생을 살아가면서 항상 성장을 향해 나아가는 과정의 연속성 상태에 있다는 것을 인지하는 것이 무엇보다 중요하고, 성장을 향한 목표의 끝에는 결국 '나 없음' 즉, 무아의 상태로서 있게 된다는 것을 명심해야 한다.

'나 없음'의 상태에 있게 될 때 우주의 모든 것과 하나로 존재하는 전체성의 상태에 있게 된다.

기존의 나를 버려야 전체가 되는 아이러니한 진실을 가슴에 새겨 잊지 않았으면 좋겠다. 이러한 아이러니한 진실을 받아들이기 위해서는 개체성의 표면의식을 버리고 전체성의 심층의식으로 진화해야 한다.

우리의 의식의 상태가 표면의식에서 심층의식으로 진화해야 우리가 바라는 의식 성장과 경제적 풍요로움이 이루어지게 된다.

3부

의식 성장과
경제적 풍요로움의 실전편

올바른 주식 투자 & 내려놓는 겸허함

주식 투자 격언 중에 '주식시장은 나를 이해하는 데 막대한 비용이 들어가는 곳이다.'라는 말이 있다.

이 책의 서문에 이 책을 쓰는 가장 큰 이유는 자기 자신에 대해 이해하는 것이 다른 무엇보다 중요한데 대부분의 사람들은 자신에 대해 이해하는 것에 별로 관심이 없는 것이 가장 큰 문제라고 했다.

학교나 집에서도 시험에 필요한 영어, 수학 등 교과목에 관해 선행까지 하면서 공부를 하지만 정말 중요한 자기 자신에 대한 이해에 관한 공부를 전혀 하지 않는다.

현대인들이 현재의 삶에 행복함과 만족감을 느끼지 못하고 성공보다는 실패를 더 많이 겪는 것도 따지고 보면 자신에 대한 이해의 부족 때문이다.

우리는 물건을 살 때 물건에 대한 설명서를 보고 물건에 대한 사용법을 자세히 익혀 잘 사용한다. 반면에 우리는 태어나고 자라면서 자기 자신에 대한 교육이나 공부를 하지 못해 자신에 대한 이해를 하지 못하고 살기 때문에 행복하고 성공적인 삶을 살지 못한다.

인간의 의식은 2개의 의식으로 나누어져 있다. 우리가 직관적으로 이해할 수 있고 사용하고 있는 표층의식과 직관적으로 인지되지 않고 사용되지 않고 잠들어 있는 심층의식으로 나누어져 있다.

우리들은 자신이 합리적이고 이성적인 인간이라고 생각하지만 실제로는 우리의 인식 체계가 오류가 많은 표층의식적인 개체성에 기반하여 생활하고 인식하고 있다는 것을 겸허히 받아들여야 한다.

'대니얼 카너먼'이라는 심리학자가 있는데 특이하게 노벨경제학상을 받았다. 심리학자인데 노벨경제학상을 받으며 행동경제학의 선구자가 되었다. 심리학자인데 노벨경제학상을 받은 것에 우리는 주목해야 한다.

기존의 고전 경제학에서는 인간은 합리적이고 이성적이라는 전제하에 모든 이론이 정립이 되었다. 과연 인간은 합리적이고 이성적인가? 하는 물음에 대부분의 사람들은 자신은 합리적이고 이성적이라고 생각할 것이다. 그러나 대니얼 카너먼에 따르면 인간은 전혀 합리적이지 않고 이성적이지도 않는다는 것을 많은 실험을 통해 입증했다.

카너먼 교수에 따르면 인간의 뇌에는 두 가지 생각이 공존하고 있다고 주장한다. '빠른 사고'(fast thinking)와 '느린 사고'(slow thinking)이다.

빠른 사고는 감성적이며 직관적으로 즉각 작용하지만, 느린 사고는 천천히 논리적으로 생각과 행동을 통제한다. 중요한 것은 대부분의 사람은 1차적인 표면의식의 상태에 있기 때문에 빠른 사고를 하면서 비합리적인 결정을 내리고 문제를 일으킨다는 것이다.

여기서 '빠른 사고'는 표면의식에 해당하는 직관의 뇌에 속하며, '느린

사고'는 심층의식에 해당하는 숙고하는 뇌에 속한다.

카너먼 교수가 주목하는 것은 인간의 경우 대부분의 경우 빠른 사고를 하는 표면의식 상태에 있기 때문에 여러 가지 오류를 안고 있고 이러한 오류 때문에 잘못된 의사결정을 할 수 있다는 것이다. 이런 빠른 사고의 오류에 대해 같이 생각해 보면 좋은 예가 있다.

야구방망이와 야구공을 합쳐 1달러 10센트다. 방망이는 공보다 1달러 더 비싸다. 공의 가격은 얼마인가?

카너먼 교수는 "대부분 사람은 곧장 10센트라고 답한다."고 했다. 그러나 이는 오답(誤答)이다. 공이 10센트이고 방망이가 1달러 더 비싸다면 방망이는 1달러 10센트로 방망이와 공을 합쳐 1달러 20센트가 된다. 결국 공은 5센트가 돼야 방망이(1달러 5센트)를 합쳐 1달러 10센트가 된다.

주식시장 가격에 대한 사람들의 빠른 사고의 오류에 대해 다음의 예를 같이 생각해 보면 좋을 것 같다.
한 종목의 가격이 10만 원인데 50%가 하락하고 50%가 상승한다면 가격이 어떻게 될까?

대부분의 사람들은 본전인 10만 원이라고 생각한다. 그러나 10만 원의 50% 하락한 가격이 5만 원이고 5만 원의 50%가 25000원이기 때문에 총 75000원이 정답이다. 그러므로 50%손실을 보면 본전이 되려면 100%의

창조하는 삶 & 반응하는 삶

수익이 돼야 된다.

우리가 주식 투자를 하는 데 있어 정말 중요한 내용이 지금 나왔는데 수익과 손실이 같으면 결국 손실이 된다는 것이다. 우리의 직관적 사고와 인식 체계의 오류와 욕심 때문에 투자를 하게 되면 대부분 수익만 생각을 한다. 어떻게 하면 더 많은 수익을 낼 수 있을까 고민하고 그것만 생각을 한다.

주식 투자에 있어 수익을 많이 내야 좋은 것으로 인식하지만 실제로는 수익보다는 손실에 더 신경을 많이 써야 한다. 왜냐하면 수익과 손실을 예측하는 것이 불가능한 투자 시장에서 손실의 영향력이 수익보다 훨씬 크기 때문이다. 그리고 모두가 수익을 내기 위해 노력하지만 수익이 커진다는 것은 관심과 환경 등의 여러 요인이 변하면 그만큼 손실도 커진다는 것을 의미한다는 것을 명심해야 한다.

그렇기 때문에 하수는 수익을 중요하게 생각하고 수익만을 생각하지만, 고수는 수익보다는 손실을 줄이기 위해 노력한다.

고수와 하수의 투자를 바라보는 관점의 차이를 명확하게 구분해 주는 위의 글을 보면 항상 주식투자계의 진정한 고수인 워렌 버핏의 좌우명이 생각난다.

'첫 번째 원칙: 손실을 절대 보지 않는다.

두 번째 원칙: 첫 번째 원칙을 반드시 지킨다.'

표층의식적인 빠른 사고의 오류는 인간의 유전적인 진화론으로 설명이 가능하다. 인간의 진화 과정을 보면 수렵채취를 하는 원시시대가 거의 대부분의 시간을 차지했고 현대 도시 사회는 매우 짧은 시기를 차지한다.

따라서 우리의 뇌는 현대 도시 생활에 맞게끔 아직 진화하지 못했기 때문에 우리의 뇌와 인식 체계는 많은 오류를 가지게 된 것이다.

주식 투자를 하는 데 있어서 대부분의 사람들이 실패하는 이유도 이러한 인간의 뇌가 아직 현대의 투자에 맞게끔 진화되지 못했기 때문이다.

대부분의 사람들의 뇌는 빠른 사고를 하는 표면의식에 속하기 때문에 직관적으로 산술 평균의 선형적인 방식만을 이해할 수 있지만, 투자의 세계는 기하급수적인 지수 확장(복리의 마법)이 작동하는 세계이기 때문에 인간은 투자에 실패할 수밖에 없다.

그리고 전자의 경우 직관적으로 인지할 수 있는 확실성을 선호하고 확실성의 방식에 있을 때 안정감을 느낀다. **그러나 투자의 세계는 불확실성과 확률이 작동하는 곳이기 때문에 기본적으로 투자를 할 때 불안감을 많이 느끼게 되고 안정감을 느끼기 위해 손실 회피 본능이 작동하게 된다.**

결국 인간은 본능적으로 아직까지는 투자에 적합하지 않는 뇌구조와 인식 체계를 가지고 있기 때문에 본능에 충실하게 주식 투자를 하면 실패

창조하는 삶 & 반응하는 삶

할 수밖에 없다. 오죽하면 '보증 서지 마라. 주식 투자하지 마라.'가 과거 부모님들의 대표적인 유언이었으니 얼마나 투자 실패에 한이 맺혔으면 그랬을까 안타깝기도 하다. 하지만 투자 실패의 원인이 되는 인간의 본능적인 인식 체계의 오류에 대해 이해를 제대로 했으면 투자 실패를 하지 않을 수 있었을 텐데 하는 생각이 든다. 물론 지금도 대부분의 사람들이 인간의 본능적인 인식 체계의 오류 때문에 주식 투자에 실패한다. 요즘은 시대가 많이 좋아져서 정보의 양과 질이 넘쳐흐를 정도로 많지만 오류가 많은 인간 본능이 너무 강해서 이를 역행하기가 쉽지 않다.

또한 인간의 생존 본능이 너무 강해서 생긴 오류 중 부정적 편향과 손실 회피 성향도 현대의 투자에 맞지 않는 대표적인 오류들이다. 인간 본능의 오류 중 부정적 편향과 손실 회피 성향은 원시시대의 인간의 생존에 유리하도록 프로그램되어 긍정보다는 부정이, 모험보다는 안정을 최우선으로 생각하게 만들어졌다.

이것들은 우리가 투자에 참여하기 힘들도록 하는 대표적인 오류이고, 혹시 이러한 부정적 성향을 억누르고 투자에 힘들게 참여했어도 손실 회피 성향과 안정성을 최우선으로 생각하는 인간 본능의 오류 때문에 조금이라도 주식 가격이 떨어지고 불확실해지면 빨리 팔고 손실을 회피하고 심리적 안정을 찾기를 원한다.

이러한 인간의 표면의식적인 인식 체계의 오류와 주식시장의 변동성이 맞물리면서 대부분의 사람들이 투자에 실패할 수밖에 없었다.

그러나 여기서 우리가 생각해 봐야 할 매우 중요한 사실이 있다. 위에서 언급했지만 우리가 주식 투자에 실패하는 가장 큰 이유는 인간의 본능적인 인식 체계의 오류와 단기적인 주식시장의 변동성이라는 두 가지가 결합되어서 나타난 현상이다.

그럼 주식 투자에 실패하지 않기 위해서는 어떻게 해야 할까?

투자 실패의 원인이 되는 두 가지를 이해하고 수정하면 된다.
첫 번째는 인간 본능의 인식 체계의 오류를 이해하고 수정하면 된다.
두 번째는 주식시장의 단기 변동성을 극복하면 되는 것이다.

첫 번째인 인간 본능의 오류를 이해하고 수정하기 위해서는 인간의 의식 체계를 이해해야 한다. 앞서 이야기한 것처럼 인간의 의식 구조가 1차적인 표면의식(빠른 사고)과 2차적인 심층의식(느린 사고)으로 나누어져 있는데 대부분의 오류는 1차적인 표면의식(빠른 사고)에 있다. 그런데 문제는 대부분의 우리들은 1차적인 표면의식 상태에 있다는 것이다. 오류의 대부분을 차지하는 1차적인 표면의식 상태에서 판단하고 생각하기 때문에 성공하기 힘들고 실패하고 갈등하는 삶을 살게 되는 것이다.

그렇기 때문에 빠른 사고를 하는 표면의식의 작용을 멈추고 느린 사고를 하는 심층의식으로 의식을 집중해야 한다.

물론 처음에는 결심하는 것도 표면의식 상태에서 하기 때문에 꾸준히

창조하는 삶 & 반응하는 삶

표면의식을 멈추고 심층의식에 집중하는 것이 쉽지 않지만 인내하면서 꾸준히 연습을 한다면 점점 의식이 깊어지며 처음에 모호한 심층의식으로 집중하게 될 것이다. 이렇게 심층의식에 집중하게 되면 분리된 개체성의 의식 상태가 사라지고 통합된 전체성의 의식 상태가 되면서 무한한 가능성의 에너지의 선순환이 이루어지고, 모든 것이 명확하게 이해되는 지혜로움으로 가득 차며 충만감과 행복감을 느끼는 성공적인 삶을 살게 될 것이다.

주식 투자에 성공하기 위해서는 오류가 많은 1차적인 빠른 사고를 하는 표면의식의 작용을 멈추고 지혜로운 2차적인 느린 사고를 하는 심층의식에 의식을 집중해야 한다. 그리고 더 나아가 이렇게 의식이 깊어지게 되면 삶의 본질을 깨닫게 되는 올바른 삶을 살게 된다.

두 번째인 주식시장의 변동성을 극복하기 위해서는 와튼스쿨의 제러미 시겔 교수의 《주식에 장기투자하라》에 있는 다음의 그래프를 보면 도움이 될 것 같다. 이 그래프는 제러미 시겔 교수가 200년이 넘는 시간 동안의 주식과 채권, 금 등의 실질수익률을 그래프로 나타낸 것이다.
여기서 실질수익률이란 인플레이션을 고려한 수익률이기에 우리가 일반적으로 생각하는 명목수익률은 더 높다.

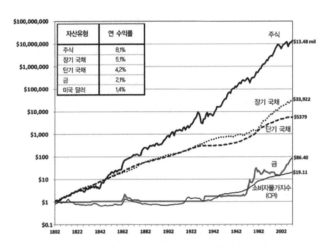

자산유형	연 수익률
주식	8.1%
장기 국채	5.1%
단기 국채	4.2%
금	2.1%
미국 달러	1.4%

1802~2012년 미국 주식, 장단기 국채, 금, 달러의 실질수익률
제러미 시겔, 《주식에 장기투자하라》, 이레미디어, 48p

나는 처음 이 그래프를 보고 정말 많이 놀랐고 내가 너무 주식 투자에 대해 무지했구나 하는 생각이 들었다. 여태까지 주식의 부정적인 뉴스와 주식 실패에 대해서만 너무 많이 접해 보았지 제대로 공부해 보지도 않고 주식 투자에 대해 부정적으로 생각했다.

그러나 실제로 주식 투자에 대해 공부하면서 객관적인 주식의 과거 지표들을 장기적으로 보았을 때 주식의 수익률이 다른 투자 상품에 비해 월등히 높고 놀라울 정도로 안정적이라는 게 놀라웠다.

그리고 19세기의 실질수익률과 20세기의 실질수익률이 크게 다르지 않고 수익률이 추세선 위아래로 출렁이긴 하지만 결국 장기적으로는 추세선으로 평균회귀 한다는 것을 알게 되었다.

물론 단기적으로 보면 주식수익률은 변동성이 높다. 변동성 요인으로

　　　　　　　　　　　　　　　　　　　창조하는 삶 & 반응하는 삶

는 공포와 탐욕 같은 인간의 심리적 요인, 기업의 실적, 금리, 불확실성 등 너무도 다양한 요인이 있다. 그렇기 때문에 단기 변동성은 지금의 슈퍼컴퓨터로도 예측하지 못한다. 하물며 오류가 많은 인간의 표면의식으로는 당연히 단기 변동성을 맞출 수 없다. 신도 하기 힘든 단기 변동성을 우리들이 맞추기 위해 투자가 아닌 투기를 하게 되고 이러한 투기와 같은 투자 때문에 대부분의 사람들이 주식 투자에서 실패하는 것이다.

주식 투자를 제대로 하고 싶은 분들은 반드시 위의 그래프를 자주 보면 실제로 많은 도움이 될 것이고 투자 과정 중에서 심리적으로 힘들 때마다 그래프를 보게 되면 도움이 많이 될 것이다.

위의 그래프에서 보듯이 주식의 장기 그래프는 놀라울 정도로 안정적인 우상향하는 모습을 보이고 있다.

단기적으로 투자하게 되면 변동성이 너무 커서 '신'조차도 변동성을 맞추기 힘들기 때문에 주식 투자의 변동성을 극복하기 위해서는 위의 그래프에서 보듯이 장기 투자를 해야 성공적인 투자를 할 수 있다.

위 그래프를 보니까 장기 투자 해야 하는 것은 알겠는데 장기 투자는 얼마나 길게 투자해야 하는지 그리고 어디에 투자해야 하는지 궁금해할 수 있다.

또 하나의 궁금증은 위의 자료는 미국의 경우이고 한국의 경우는 다르지 않느냐 반문할 수 있다.

이러한 대부분의 의문에 대해 하나씩 풀어가 보겠다.

미국이 아닌 우리나라의 주식시장을 1975년 말에서 2006년 말까지 분석한 연구에 의하면 다음과 같은 연구 결과를 볼 수 있다.

'1. 1년 단위로 투자시 수익률: -48% ~ +95%,
   손실 확률: 23%

2. 5년 단위로 투자시 수익률: -10% ~ +53%,
   손실 확률: 15%

3. 10년 단위로 투자시 수익률: -3% ~ +31%,
   손실 확률: 거의 0%

4. 15년 단위로 투자시 수익률: 1% ~ +24%,
   손실 확률: 0%

5. 20년 단위로 투자시 수익률: 10% ~ +20%,
   손실 확률: 0%'

'여기서 볼 수 있는 것은 미국의 경우가 아닌 우리나라의 경우도 장기 투자 하면 손실 없이 안정적으로 수익을 낼 수 있다는 것이다.

그리고 더 놀라운 것은 15년 이상 장기 투자하면 언제 투자를 시작하든 손실 확률이 0%가 된다는 것이다. 그리고 20년 이상 투자하면 IMF 같은 끔찍한 폭락장이 오거나 조정장이 수시로 오더라도 최소 연 10% 이상의 수익을 낸다는 것이 정말 놀랍다.'

김진영, 《주식투자의 심리학》, 지식과감성, 2019, p.107.

그럼 위에서 제기한 두 가지 의문은 해결이 되었다. 장기 투자를 한다는

창조하는 삶 & 반응하는 삶

것은 최소 10년 이상 하면 손실 확률이 거의 없고 20년 이상 투자하게 되면 손실이 날 확률이 0%이고 수익은 최소 10% 이상 된다는 것이다. 그리고 대부분의 사람들이 투자하는 타이밍을 맞추기 위해 많은 노력을 하지만 장기 투자를 한다면 위의 자료에서 보듯이 언제 투자하든 상관없이 안정적으로 수익을 낼 수 있다. 그리고 선진국인 미국만이 아니고 우리나라 같은 항상 저평가 되고 변동성이 심한 시장의 경우도 장기 투자 하면 안정적으로 수익을 낼 수 있다는 것이 중요하다.

제러미 시겔 교수의 《주식에 장기투자하라》에 나오는 장기 투자에 관한 유명한 일화가 있다. 개인적으로 장기 투자에 관한 깊은 울림을 주는 일화라 여기서 소개하고 싶다.

'1929년 GM의 재무담당 임원 존 라스콥의 인터뷰에서 라스콥은 매달 15달러 정도만 우량주에 투자해도 누구든지 부자가 될 수 있다고 했다. 인터뷰하고 2달 뒤 세계 대공황이 터지면서 시가총액이 무려 89%나 감소했다. 물론 단기적으로는 라스콥의 인터뷰가 비난과 조롱의 대상이 되었지만 그의 조언대로 1929년 매달 15달러 투자했다면 30년 뒤에는 6만 달러가 넘어가면서 연 12.72%를 기록했다.
그리고 30년 수익률은 채권의 8배, 단기국채의 9배를 초과했다.'

제러미 시겔, 《주식에 장기투자하라》, 이레미디어, 45p

대공황을 들먹이며 주식을 멀리했던 사람들의 실적은 꾸준히 주식을 사 모은 사람들보다 뒤처질 수밖에 없었다. 결국 대공황 직전인 역사적

고점에 투자를 했어도 장기적으로 정액적립투자를 했다면 손실 없이 다른 어떠한 자산보다 더 안정적이며 높은 수익을 냈다.

그리고 우리나라의 경우도 IMF와 같은 국가적 위기 상황에도 장기 투자를 했다면 손실 없이 미국과 같이 다른 어떤 자산보다도 높은 수익을 안정적으로 냈다.

그럼 이제 마지막 의문이 어디에 장기 투자 해야 하는지에 관한 의문에 대해 이야기할 차례이다.

존 보글의 《모든 주식을 소유하라》라는 책은 이 의문을 해결하기 위해 꼭 읽어야 하는 필독서이다.

주식 투자를 하는 사람이라면 누구나 존경하고 닮고 싶어 하는 워렌 버핏은 만약 월스트리트에 개인 투자자를 위해 기여한 사람의 동상을 만들어야 한다면 그건 바로 '존 보글'이어야만 한다고 했다. 그만큼 존 보글의 업적이 주식 투자를 하는 일반인들에게 가장 큰 영향을 미쳤다는 것을 의미한다.

인덱스 펀드를 처음 만들어 보급시킨 '존 보글'은 주식 투자는 필승의 게임인데 대부분의 사람들은 필승의 게임을 필패의 게임으로 바꾼다고 했다.

존 보글에 따르면 인덱스 펀드를 장기 투자하면 누구나 수익을 얻을 수 있다고 한다. 여기서 존 보글이 이야기한 인덱스 펀드는 전통적인 인덱스 펀드를 의미하는데 폭넓게 분산 투자 하고 주식시장의 거의 모든 주식을 보유하며 운영비가 극히 적고 자문 수수료는 없고 포트폴리오 회전율이 아주 낮으며 세금을 적게 내는 인덱스 펀드를 말한다.

창조하는 삶 & 반응하는 삶

이러한 인덱스 펀드의 힘을 잘 보여 주는 사례가 있는데 2008년도 워렌 버핏이 제안해 성사된 헤지 펀드와 인덱스 펀드 간의 세기의 대결이 있다.

내가 보기에는 워렌 버핏이 일반인들의 올바른 주식 투자를 위해 벌인 쇼라고 본다. 왜냐하면 워렌 버핏이 본인을 위해 이런 내기를 할 이유가 전혀 없기 때문이다.

판돈은 100만 달러이고 기간은 10년이다. 워렌 버핏은 대표적인 인덱스 펀드인 S&P 500 인덱스 펀드(VOO)에 투자하고 자신의 본업에 충실했고, 반면에 상대는 헤지 펀드를 운영하는 테드 사이즈라는 주식 전문가였다. 10년이 지나고 2018년 초 테드 사이즈는 공식적으로 자신의 패배를 인정했다.

이렇게 워렌 버핏이 인덱스 펀드와 전문가 중의 전문가인 헤지 펀드의 대결을 제안하게 된 것은 일반 개인들이 주식 투자를 하는데 인덱스 펀드를 선택해 장기 투자를 해야 한다는 것을 알려 주기 위해 성사된 것이다. 그리고 워렌 버핏의 유언장도 공개되었는데 자신이 갑자기 사망하고 나서 유산을 받은 아내에게 자신의 재산 중 90%는 인덱스 펀드에 투자하고 10%는 단기국채에 투자하라는 유언을 남겼다고 한다.

그만큼 일반 개인 투자자들은 반드시 인덱스 펀드를 장기 투자 해야 성공할 수 있다고 워렌 버핏이 우리들에게 직접 알려 준 것이다.

결론적으로 주식 투자에서 성공하기 위해서는 오류가 많은 1차적인 표면의식(빠른 사고)의 작용을 이해하고 멈추어야 하고, 지혜로운 2차

적인 심층의식(느린 사고)에 의식을 집중해야 한다. 그리고 주식 투자의 변동성을 극복하기 위해서 인덱스 펀드를 선택해 10년 이상 장기 투자해야 한다.

이번 파트는 여러 책들의 도움을 많이 받았고 특히 김진영 교수님의 《주식투자의 심리학》에서 많은 도움을 받았다.
다음의 참고 도서는 주식 투자를 하는 개인 투자자들에게 많은 도움이 될 거라고 생각한다.

이 글을 쓰면서 참고한 도서
김진영 교수님의 《주식투자의 심리학》
제러미 시겔 교수님의 《주식에 장기투자하라》
존 보글 님의 《모든 주식을 소유하라》

창조하는 삶 & 반응하는 삶

경제적 풍요로움 & 불완전한 인식 체계

지금 우리들의 삶에 나타나고 있는 현상들은 결과에 해당하기 때문에 여러 모습으로 나타날 수 있다. 허나 이는 표면적인 현상에 불과하기 때문에 삶의 본질과는 아무런 상관이 없다는 것을 완전히 이해하는 것이 중요하다. 왜냐하면 대부분의 사람들이 현재 나타난 삶의 문제에 힘들어하고 괴로워하지만 어떻게 살아야 하는지 많은 의문을 가지고 방황하며 올바른 해답을 찾기 위해 고군분투한다.

그러나 결국은 올바른 해답을 찾지 못하고 방황하고 표류하며 인생을 낭비하는 삶을 살게 된다.

여기서 우리가 진지하게 생각해 봐야 할 것이 있다.

많은 사람들이 올바른 삶을 살기 위해 많은 노력을 하지만 결국 해답을 찾지 못하고 엉뚱한 곳에서 헤매며 올바른 해답을 찾기 힘든 것은 결국은 우리의 인식 체계 때문이다.

인생의 올바른 해답은 대부분 표면에 해당하는 결과에 있지 않고 뿌리에 해당하는 내면 깊숙이 숨어 있는 원인에 있기 때문이다. 우리의 인식 체계로는 결과에 해당하는 표면적인 현상만 인식이 되지 원인에 해당하는 심층적인 뿌리는 인식이 되지 않는다.

해답은 내면의 심층의식에서 찾아야 하는데 우리의 인식 체계로는 심층의식은 전혀 인지되지 않고 단순히 현상적 결과에 해당하는 표면의식만이 인지되기 때문에 삶이 힘들다고 생각하는 것이다. 그렇기 때문에 올바른 삶을 살기 위해서는 원인에 해당하는 심층의식에 초점을 집중해야한다. 물론 처음에는 인지조차 되지 않는 심층의식에 집중하는 것이 말처럼 쉽지 않다.

여기서도 두 부류의 사람이 나타나게 된다.

실패하고 가난해지는 사람은 인지되지 않는 심층의식에 집중하는 것을 포기하고 현재의 표면의식으로 살고 있다. 그리고 이 길은 대부분의 사람들이 가는 넓은 길이다. 이것이 90% 이상의 사람들이 경제적으로 궁핍하고 무의미하게 사는 근본적인 이유이다.

반면에 성공하고 풍요로움을 누리는 사람은 인지되지는 않지만 심층의식의 중요함을 믿고 인내심 있게 심층의식에 집중하여 의식이 점점 깊어지며 결국 삶의 근본 원리를 이해하여 올바른 성장의 삶을 살게 되는 소수의 사람들이 가는 좁은 길이다.

이것이 소수의 사람들만이 부유하고 행복하게 사는 근본적인 이유이다. 이렇게 표면적인 현상에 흔들리지 않고 주체성을 가지고 내가 원하는 삶을 창조하기 위해 원인에 해당하는 심층의식에 집중하는 삶을 살아야한다. 그러면 결국은 내면의 원인이 바뀌면서 표면적인 현상도 같이 변하게 되어 결국 내가 원하는 삶을 세상에 실현시키는 창조하는 삶을 살게된다.

창조하는 삶 & 반응하는 삶

이와 같이 세상에는 두 가지 방향의 삶이 존재하는데 우선 한 방향의 사람은 자기가 원하는 삶을 실현시키기 위해 노력하며 결국은 그것을 이루는 사람이 있는가 하면, 다른 방향의 어떤 이는 주변 상황을 탓하면서 불평, 불만을 하며 삶을 낭비하며 표류하고 방황하는 삶을 사는 사람이 있다.

이렇게 삶의 방향이 나뉘는 가장 큰 핵심은 자기 주체성을 가지고 집중하는 삶을 사느냐 주체성 없이 표류하는 삶을 사느냐에 있다.

자기 삶에 대한 주체성을 가진다는 것은 나타났다 사라지는 현상에 불과한 결과에 좌우되지 않고 뿌리에 해당하는 근원적인 심층의식에 초점을 집중시키는 삶의 자세를 가지고 있다는 것을 의미한다.

반면 삶에 대한 주체성이 없이 표류하는 삶을 산다는 것은 원인보다는 현상적 결과에 좌우되는 삶을 살기 때문에 이리저리 휩쓸리는 삶을 살게 되어 자기 삶을 창조하지 못하고 반응하는 삶을 살게 된다.

어떻게 사는 게 올바르고 현명한 삶일까 하는 의문은 과거부터 지금까지 아니 미래에까지 영원한 수수께끼같이 어려운 문제이다. 누구나 다 현명하고 지혜롭게 인생을 행복하게 살고 싶어 한다. 누가 불행하고 궁핍한 삶을 살고 싶어 할까?

그런데 왜 가난하고 궁핍한 삶을 사는 이가 훨씬 더 많을까?
어떻게 보면 정말 아이러니하지 않은가?

누구나 다 부유하고 행복한 삶을 바라지만 대부분 원하는 삶을 살지 못하고 궁핍하고 불행한 삶을 산다.

통계적으로 보아도 부유한 이와 가난한 이의 비율이 2:8 정도이다. 소득분포에 대한 통계적 법칙으로도 유명한 파레토 법칙에도 부합한다.

만약 현재의 소득분포를 다시 제로로 세팅되어도 결국 시간이 지나면서 다시 2:8 정도의 비율로 다시 똑같이 재조정이 된다는 것이 실제 실험으로도 입증이 되었다.

이 책을 읽고 있는 여러분도 많이 궁금해하고 깊이 생각해 보아야 한다. 정말 중요하다고 강조하고 강조해도 전혀 지나치지 않은 문제이다.

왜 이렇게 말이 안 되는 일이 발생할까?

대부분의 사람들은 부유하고 행복한 삶을 원하는데 이와 반대로 대부분의 사람들이 원하지 않는 궁핍하고 불행한 삶을 살고 있다. 이것은 시대와 환경이 변해도 역시 똑같은 결과로 나타난다는 게 참으로 아이러니하다. **이런 일이 발생하는 가장 근본적인 문제는 근원적인 심층의식은 인식이 안 되고, 현상적인 결과물에 불과한 표층의식은 인식이 되는 이러한 우리들의 불완전한 인식 체계 때문이다.**

대부분의 사람들은 자기가 알고 인식하는 것만큼 믿고 보게 되어 있다. 예를 들면 과거에 천동설과 지동설이 있을 때 대부분의 사람들은 천동설을 믿게 되었다. 왜냐하면 우리의 인식 체계로는 지구가 돈다는 것이 인식되지 않았기 때문이다. 그러나 인식이 되지 않는다고 없는 것은 아니다.

창조하는 삶 & 반응하는 삶

이러한 우리의 불완전하고 결함이 있는 인식 체계를 인정하고 좀 더 깊이 숙고하는 심층적 사고와 겸허한 삶의 태도가 필요한 이유이다.

경제적 풍요로움을 이루기 위해 성공적인 투자를 하는 것이 중요한데 인간의 불완전한 인식 체계로 인해 대부분의 사람들이 투자에 있어서도 실패하게 된다.

노벨경제학상을 받은 대니엘 카너먼에 따르면 인간에게는 손실 공포 본능이 있는데 손실에 대한 공포가 성취에 대한 기쁨보다 약 2.5배 정도 크다는 것이다.

이러한 손실과 성취에 대해 느끼는 정도가 똑같다면 합리적으로 결정할 수 있는데 인간의 불완전한 인식 체계 때문에 합리적인 투자를 할 수 없다는 것이다. 그렇기 때문에 불균형적인 인간 본능에 충실한 대부분의 사람들은 합리적으로 투자를 하지 못하기 때문에 올바른 투자를 할 수 없게 되고 당연히 대부분의 투자에 있어서 실패하게 되는 것이다.

이에 반해 소수의 성공하는 투자자들은 불완전한 인간 본능을 극복하는 역행자의 길을 가는 지혜로운 사람들이다. 어떻게 보면 투자에 있어 가장 중요한 것은 오류가 많은 자신의 본능을 극복하는 극기의 자세와 자신을 낮추는 겸허함이 무엇보다 필요하다.

이 책을 읽고 있는 여러분들도 아마 투자에 있어서 성공하기 위해서는 경제지식, 종잣돈, 은밀한 정보 등이 반드시 필요하다고 생각할 것이다. 그러나 조금만이라도 깊게 생각해 본다면 위에 언급한 것들로 성공적인 투자가 가능하지 않다는 게 너무도 명확하게 유추된다.

우선 경제지식이 많으면 투자에 성공한다면 경제학자들은 대부분 투자에 성공해야 하는데 실제로는 오히려 경제학자들의 투자 성적은 평균에도 못 미친다고 한다. 단적인 예로 노벨경제학상을 받은 3명이 공동창업한 투자회사도 성공하지 못하고 파산한 것을 보면 경제지식이 많다고 투자에 성공하는 것은 아니라는 게 명확하게 이해될 것이다.

그리고 종잣돈이 많다고 성공한다면 아마 돈을 빌릴 수 있는 사람은 모두 부자가 되어야 하지만 실제로는 그렇지 못하다.

마지막으로 정보가 많다면 투자에 성공한다는 것도 만약 그런 정보가 유의미하고 투자에 있어 절대적인 요인이라면 아마 옵션, 선물 거래나 2배, 3배 인버스나 레버리지 같은 것들로 단숨에 세계 최고의 부자가 될 수 있을 것이다. 그러나 그런 일은 절대 일어나지 않는다.

조금만 깊게 생각해도 말도 안 된다는 것을 유추할 수 있다. 계속해서 언급했지만 대부분의 사람들은 제대로 깊이 있게 생각을 하지 않고 자신의 인식 체계의 오류를 겸허히 받아들이지 않는다.

결국 이 책의 핵심 주제인 의식 성장과 경제적 풍요로움을 이루기 위해서는 인간의 불완전한 인식 체계를 인지하여 겸허한 삶의 태도를 유지하고, 본질에 해당하는 심층의식에 집중하여 완전한 전체의식으로 거듭 태어나야 한다.

어떻게 하면 우리가 원하는 부유하고 행복한 삶을 살 수 있을까라는 질문에 대한 답은 어느 정도 위에서 나왔다. 결국 우리의 결함 있는 인식 체계 때문에 원인에 해당하는 근원적인 심층의식으로 살지 못하고, 현상적 결과에 불과한 표층의식만으로 살게 되기 때문에 원하지 않는 삶을 살게 되는 것이다.

원하는 삶을 살기 위해서는 주체적으로 자기 삶을 계획하고 만들어 가야 하는데 그러기 위해서는 원인에 해당하는 내적 심층의식을 깊이 이해하고 근원적인 내면의식과 우리의 현재의식을 일치시켜야 한다. 좀 더 깊이 들어가면 원하는 삶을 살기 위해서는 주체성을 가지고 의식을 표면의식 상태에서 내면의 심층의식으로 전환을 해야 한다.

온전히 심층의식의 상태에 있게 되었을 때 분리가 사라지고 온전히 하나로 통합되는 참자아의 상태로 현존하게 되어 모든 것이 하나의 상태로 있게 된다. 그리고 원하는 것을 얻기 위해서는 원하는 것과 온전히 하나가 되는 진동수를 가져야 끌어당김의 법칙이 제대로 이루어질 수 있다.

정석적인 기하평균 & 편법적인 산술평균

우리들은 본능적으로 정석적인 올바른 길을 가면 느리고 답답해한다. 왜냐하면 우리의 표면의식 상태에서는 근본 원리에 대한 개념 자체가 인식이 되지 않기 때문이다. 그래서 인식이 가능하고 빨리 갈 수 있는 편법적인 방법이나 로또 같은 갑작스러운 일의 성취를 줄 것 같은 길로 가고 싶어 한다.

인생을 살면서 크게 두 가지 길이 있는데 하나는 느린 것처럼 보이는 정석적인 올바른 길이 있고, 나머지 하나는 빠른 것처럼 보이는 편법적인 올바르지 않은 길이 있다.

정석적인 올바른 길은 표면의식적인 개체성의 의식과 감정을 배제하고 심층의식적인 전체성에 기반하여 원리에 맞게 자연스럽게 성장을 하는 방법이다.

반면 편법적인 방법은 자신의 판단과 감정을 중시해 내가 무엇이든 미래를 판단하고 예측하려고 하고 자신의 감정에 휩쓸려 맞추려고 노력한다.

전자인 정석적인 올바른 길은 애쓰지 않아도 일이 저절로 되는 타입이고 후자인 편법적인 올바르지 않는 길은 애는 많이 쓰는데 오히려 일이 어긋나고 엉망이 되어 간다.

창조하는 삶 & 반응하는 삶

투자의 예를 들면 올바른 길을 가는 사람은 자신의 판단과 감정을 최대한 배제하려고 노력하고 대신 본질에 해당하는 시간과 기업에 집중하는 자세를 지니고 투자하려고 한다. 여기서 시간에 투자한다는 것은 자본주의 속성을 이해하고 자본주의 성장을 믿기에 좋은 기업은 시간이 지나면서 당연히 우상향할 수밖에 없다는 것을 이해하는 것이고, 또한 시간이 지나면서 자본의 속성인 복리의 마법을 이해하고 있기 때문에 시간이 많이 흐르면 결국 기하급수적으로 성장이 이루어진다는 것을 이해하는 것이다.

단기적으로 내가 시장의 변동성을 맞추려고 하는 나의 판단을 배제하고 자본주의가 성장하며 장기적으로 복리의 법칙이 발휘될 수 있도록 시간에 투자하는 지혜를 익히는 것이 올바른 길을 가는 현명한 투자자이다.

여기서 중요한 것은 나라는 개체성을 많이 내려놓을수록 내가 상상할 수도 없는 무한한 힘과 지혜가 생기며 올바른 성장을 하게 된다는 것을 알아야 한다.

《써드 씽킹》이라는 책에 보면 여러 유형의 실험을 하는데, 하나의 과제만 주었을 때와 똑같은 과제와 함께 약간의 가벼운 문제를 같이 주었을 때에 과제의 완성률을 비교하는 실험을 하는데 결과는 역설적이게도 후자가 훨씬 좋은 실험 결과가 나왔다.

보통 하나의 과제에만 집중하는 타입이 더 좋은 결과를 낼 것이라 예상하는데 실제 결과를 보면 도중에 그것을 잊도록 가벼운 문제를 같이 주는 타입이 더 결과가 좋았다는 실험 결과는 시사하는 바가 매우 크다.

결국 개체성의 내가 무엇인가를 하려고 하는 의지를 내려놓을 때 비로소 기존에 인지하지 못하고 있던 내면에 잠들어 있는 제3의 생각이 발휘될 수 있다는 실험 결과가 매우 인상적이었다. 이렇게 내면의 제3의 생각이 발휘되면서 역사상 위대한 발견이 많이 이루어졌고, 특히 연구하고 있을 때보다 잠깐 쉬면서 산책이나 목욕을 할 때 많은 영감이 일어나 위대한 업적이 이루어진 예는 너무도 많다.

이것도 결국 나라는 개체성의 생각을 내려놓을 때 내면의 제3의 생각이 발휘될 수 있다는 좋은 예 중의 하나이다. 결국 개체성의 방식으로 무엇인가를 하려고 하는 것을 내려놓는 겸허함이 전제되어야 내면의 참자아가 깨어나며 원리에 맞는 올바른 길을 갈 수 있다.

반면에 개체성을 중시하는 편법성의 길을 가는 방법이 있다. 나라는 개체성의 판단과 감정이 무엇보다 중요한 길이다.

내가 미래를 예측하고 판단하고 결정하기에 단기적인 반응을 할 수 밖에 없고 인간의 본성상 많은 오류와 결점이 있기에 잘못된 판단을 할 수밖에 없다. 더군다나 표면의식적인 사고를 하는 내가 미래를 판단하려면 단기적으로 판단할 수밖에 없고 단기적인 반응을 해야 하기에 내가 열심히 애써서 무엇인가를 하려고 하지만 성과가 기대만큼 나지 않는 경우가 많고 오히려 투자에 있어서는 대부분 실패하게 된다.

여기서 성공적인 투자를 하기 위해서는 내가 무엇인가를 하지 않아야 오히려 투자 수익률이 더 높다는 유용한 통계 조사가 있다. NH투자증권에서 2022-2023년 국내주식거래 고객의 성별, 나이 그리고 투자수익률의

창조하는 삶 & 반응하는 삶

상관관계를 조사한 통계자료이다.

'투자수익률이 가장 저조한 세대는 20대 남성이었고, 가장 좋은 경우는 10대 아이들 그리고 70대 여성이라는 결과가 나왔다.

위 통계에 따르면 가장 좋은 수익률을 낸 건 10대 아이들이었다. 그리고 비교적 나이가 많고 여성일수록 수익률이 높았다. 즉, 10대의 수익률이 40대 혹은 50대인 그들의 부모보다 낫다는 뜻이다.

그렇다면 도대체 어떤 차이가 위와 같은 결과로 이어졌을까?

정답은 바로 회전율이다. 수익률이 가장 낮은 20대 남성은 회전율이 가장 높았다. 회전율이란 쉽게 말해서 얼마나 자주 주식을 사고팔았는지 나타내는 지표다. 즉, 20대 남성이 가장 열심히 주식을 사고팔았다는 의미다. 반면 투자수익률이 가장 좋은 10대의 수익률의 경우 회전률이 가장 낮다. 10대가 보유한 주식 대부분은 부모가 자식을 위해 선물한 주식이기에 가급적 매매를 하지 않은 것이다.'

즉, 위 통계를 놓고 보면 결국 적극적으로 무언가를 하려고 노력한 투자자보다 그냥 느긋하게 기다리는 투자자가 더 좋은 결과를 냈다는 것을 알수 있다.

인덱스 펀드를 처음 만든 존 보글의 유명한 명언이 있다.

'아무것도 하지 말고 그냥 거기 있기만 하면 됩니다.'

유럽의 워렌 버핏이라고 알려진 앙드레 코스톨라니의 유명한 명언도 있다.

'주식을 사라. 그리고 수면제를 먹고 자라. 그러면 10년 뒤에 깨어나 보면 부자가 되어 있을 것이다.'

존 보글과 앙드레 코스톨라니의 말처럼 아무것도 하지 말고 그냥 거기 있기만 하면 되는데 20대 남성처럼 자신이 무엇인가를 하려고 하기 때문에 오히려 투자수익률을 망치게 된다. 이와 같이 자신이 무엇인가를 하려고 하는 행위 즉, 회전률이 높을수록 수익률에 악영향을 주게 되는 너무 좋은 조사 결과가 있다.

토니 로빈슨의 《흔들리지 않는 돈의 법칙》이라는 책에 있는 내용이다.

'1996-2015년(20년) 동안 S&P500 지수는 연평균 8.2% 수익률을 기록했다. 그러나 이 20년 동안 최고 거래일 10일을 놓쳤다면 수익률은 겨우 4.5%에 불과했을 것이다. 20년 중 고작 열흘을 빠트렸다고 수익이 절반으로 줄다니!
심지어 20일을 놓쳤다면 수익은 8.2%에서 무려 2.1%로 급락한다. 그리고 30일을 놓쳤다면 수익이 0%가 된다.'
토니 로빈슨, 《흔들리지 않는 돈의 법칙》, (주)알에이치코리아, 122p

창조하는 삶 & 반응하는 삶

이것이 의미하는 것은 20대 남성처럼 자신이 무엇인가를 하려고 할수록 오히려 수익률이 나빠지는 것처럼 가만히 있지 못하고 단기적으로 무엇인가를 하려고 한다든지 저가매수 하기 위해 매매 타이밍을 맞추기 위해 노력한다는 것이 얼마나 무의미한지 보여 주는 통계 자료이다.

오히려 자신의 오류를 겸허히 받아들이고 가만히 있는 게 주식 투자에 성공하기 위한 좋은 방법이다.

인간의 지능이 아무리 높아도 본능적인 인식 체계의 오류가 너무 강력하기 때문에 자신이 무엇인가를 하려고 할수록 투자수익률이 좋지 않게 된다.

예를 들면, 인류 역사상 최고의 천재라고 평가받는 뉴턴의 경우 주식 투자를 했다가 실패해 모든 재산을 날리고, 또 다른 천재인 아인슈타인도 노벨상 상금으로 주식 투자 하다가 다 날렸다. 또, 현대에 노벨경제학상을 수상한 3명이 공동 창업한 투자 회사도 결국 파산했다.

우리들은 인간이 합리적으로 판단하고 의사결정을 한다고 생각하지만 우리의 의식 상태가 오류가 많은 표면의식 상태에 있기 때문에 무엇인가를 하려고 하는 것보다 오히려 무엇인가를 하지 않을 때 실수를 줄일 수 있고 현명한 결과가 나오게 된다.

여기까지 보고도 여전히 내가 무엇인가를 하려고 하면 더 좋은 투자 성과를 올릴 수 있다고 생각할 것 같아 동물과 인간의 투자 성과를 비교하는 여러 나라에서 실시한 실험 결과를 소개하면 동물과 펀드매니저의 대결, 어린이와 전문가의 대결 등에서 당연히 펀드매니저의 승리를 예상했는데 놀랍게도 동물과 어린이의 수익률이 더 높았다. 솔직히 믿기 힘들겠지만 이러한 실험은 널리 알려져 있어 의심의 여지가 없다.

결국 인간의 예측으로 주식시장에서 무엇인가를 하려고 하는 것만큼 위험한 것도 없다.

우리 생각에는 매일 증권 분석을 하고 데이터를 모아 회의하고 차트를 그려 주가를 예견하는 전문가들이 훨씬 더 좋은 수익률을 낼 거라 생각하지만 결과는 반대였다. 아직도 결과가 우연의 일치라고 생각하시는 분들이 있을 것 같아 마지막으로 한 테스트는 한국에서 이루어졌다. 2002년 한국일보의 주관으로 같은 테스트가 이루어졌다. 두 가지 주식 종목을 에버랜드 침팬지가 골라 펀드 매니저와 대결을 했다. 이 또한 침팬지가 펀드 매니저들을 이기는 결과가 나왔다.

결국 주식은 어느 누구도 예측하거나 분석을 하여 좋은 성과를 낼 수 있는 곳이 아니라는 것을 알게 되었을 것이다.

버턴 말킬의 《랜덤워크 투자수업》이라는 명저가 있다. 이 책은 45년간 12번을 개정하며 과거부터 현재까지 철저히 검증된 투자 이론서이다.

특히 저자인 버턴 말킬은 세계 최대 투자 기업인 뱅가드와 거대 보험회사인 프루덴셜에서 이사로 근무했으며 현재 프린스턴 대학교 명예교수로 재직 중인 투자의 이론과 실무를 모두 섭렵한 금융 전문가이자 성공한 투자자이기도 한다.

랜덤워크는 말 그대로 무작위 걸음이라는 뜻으로 과거 데이터, 기술적 분석, 기본적 분석 등 우리의 의식적 작용의 분석으로는 미래를 전혀 예측할 수 없다는 것이다. 위에서 여러 예를 들어 보였지만 버턴 말킬의 명저인 《랜덤워크 투자수업》에서 지난 45년의 세월 동안 축적된 여러 데이터를 통해 우리의 인식 체계의 오류에 대한 객관적인 통계 자료를 같이 살펴보면 많은 도움이 될 거 같다.

과거부터 현재까지 무수히 많은 통계자료를 살펴보면 결국 전문가들로 구성된 액티브한 펀드들의 수익률이 광범위한 인덱스 주가지수를 매수해서 보유하는 전략에 비해 좋은 실적을 올리지 못했다. 물론 액티브펀드의 수익률이 일시적으로 시장지수를 이긴 적도 있지만 결국 장기적으로는 시장지수를 이긴 펀드는 극소수에 불과했다. 결국 액티브 펀드 수수료를 고려한다면 시장지수를 이긴 펀드는 거의 없다고 보아도 무방하다.

여기서 핵심은 시장을 이기기가 대단히 힘들다는 사실이다.

시장을 이기는 펀드를 발견하는 것은 건초더미에서 바늘 찾기만큼 힘들다. 그보다 가능성이 좀 더 높은 전략은 건초더미를 몽땅 사들이는 것이다.

다시 말해, 광범위한 주식 지수에 포함된 모든 종목을 매수해서 보유하는 펀드인 인덱스 펀드에 투자하는 것이다. 전설적인 펀드매니저 피터린치, 투자의 전설인 워렌 버핏도 대부분의 투자자들은 인덱스 펀드에 투자하라고 조언한다.

결국 위에서 열거한 여러 실험과 실제 통계 자료를 통해 나는 다음과 같은 결론을 얻었다.

이것들이 시사하는 바는 결국 아무리 머리가 좋아도 인간의 표면의식 상태에서의 분리된 개체성은 한계와 오류가 너무도 많기에 결국 올바르지 못한 길을 가게 되면서 실패의 길로 들어서게 된다는 것이다.

개체성의 입장에서는 올바른 정석적인 길은 명확하게 잘 이해도 되지 않고 직관적으로 명확하게 인식되지 않기 때문에 이론적으로는 알 수도 있지만 지속적으로 실행하기는 힘들다. 그래서 대부분의 사람들은 올바른 길을 잘 가지 못하고 직관적으로 잘 인식되는 편법적인 빠른 길을 가게 된다.

예를 들면, 사람들은 본능적으로 인지적인 오류가 유전적으로 내재되어 있기 때문에 직관적으로 산술평균적인 성장은 이해되지만 기하급수적인 성장은 이해가 되지 않는다. 그런데 문제는 투자의 세계는 기하급수적인 방식으로 진행이 되기 때문에 직관적으로 이해가 되지 않는 기하급수적인 방식의 투자를 지속적으로 하기 힘들다는 게 올바른 투자를 하기 힘든 이유이다.

여기서 투자의 세계는 기하급수적인 방식(복리의 마법)이 작동되는 곳이라는 것을 명심해야 한다. 그리고 중요한 것은 우리의 표면의식적인 인

창조하는 삶 & 반응하는 삶

식에서는 직관적으로 기하급수적인 방식이 인지되지 않는 게 투자 실패의 가장 큰 원인이 된다.

기하급수적인 성장(복리의 마법)을 이해하는 데 좋은 사례가 있다. 존 리 대표가 자주 이야기하는 것인데 복리의 마법을 이해하는데 도움이 되는 것 같아 인용해 본다.

당신에게 일시불로 10억 원을 주는 것과 처음 1일째는 100원을 주고 2일째는 200원, 3일째는 400원, 4일째는 800원, 5일째는 1600원 이렇게 진행이 되면서 30일 동안 돈을 지급한다고 할 때 제안1과 제안2 중 어떤 것을 선택할 것인가? 당연히 대부분의 사람들은 제안1을 선택한다. 왜냐하면 당장의 10억 원은 인식이 가능하지만 제안2의 30일 뒤에 받게 될 돈은 인식이 안 되기 때문이다. 그리고 100원, 200원, 400원, 800원 하면서 무슨 큰돈이 되겠나 싶은 생각이 당연히 들 것이다. 그러나 답은 제안2가 훨씬 큰돈이 된다. 바로 복리의 마법이 발휘되는 승의 개념이 작용되면서 처음에는 비록 제안1에 비해 터무니없이 작은 돈으로 진행이 되지만 뒤로 갈수록 점점 눈덩이가 쌓이는 것처럼 기하급수적으로 커지게 된다. 결국 제안2의 30일 뒤에 받는 돈의 액수는 무려 530억 원이다.
〈이슈 Pick 쌤과 함께〉 돈이 불어나는 마법! 복리 KBS20200830 방송

상상도 못할 금액인 530억 원이라는 답을 보고 많이 놀랐을 것이다. 이것이 바로 기하급수적인 복리의 마법이 발휘되는 것이다.

이와 같이 기하급수적인 성장이 이루어지기 위해서는 임계치까지 견디는 인내의 시간을 넘어서야 비로소 복리의 법칙이 발휘되는 것이 올바른 성장인 우주의 보편적인 원리이다.

임계치를 넘어서서 기하급수적인 성장이 이뤄지는 자연의 법칙이 잘 드러나는 것이 대나무의 성장을 생각하면 이해가 잘될 것 같다. 중국 극동지방에서만 자라는 희귀종인 모소대나무는 4년 동안 정성껏 키워도 3센티 정도 자랄 정도로 거의 꿈적도 하지 않다가 5년이 지나면 하루에 30센티 이상 자랄 정도로 성장속도가 매우 빠르다. 대나무의 성장 비밀은 처음의 4년에 있다. 겉으로는 아무런 변화가 없는 것처럼 느껴지는 그 시간 동안 땅속에서는 성장에 쓸 자양분을 모으며 수백 미터까지 뿌리를 내리고 있는 것이다. 즉, 대나무의 초기 4년은 겉으로는 아무 변화가 없어 보였지만 오히려 비약적인 성장을 이루기 위한 준비 기간이었던 것이다.

우리들 대부분은 표면의식적인 사고를 하기 때문에 더하기의 산술평균적인 성장만 인식이 가능하다. 즉, 물을 주고 영양분을 주며 가꾸면 눈에 보이는 성장이 바로 나타나야 인식이 가능하다. 그러나 우주의 성장법칙은 더하기의 산술평균적인 성장이 아니라 곱하기의 기하급수적인 성장으로 이뤄진다. 즉, 물을 주고 영양분을 주어도 뿌리에서 충분히 성장할 정도로 성숙되기까지는 눈에 띄는 성장을 하지 않는다. 일정시간 동안 계속해서 물과 영양분을 주며 겉으로 보기에는 죽은 것이 아닌가 의심이 들 정도로 눈에 띄는 성장이 없다가 드디어 뿌리에서 충분히 성숙하여 임계치를 넘게 되면 승수의 법칙이 적용되는 기하급수적인 성장이 이뤄지며

창조하는 삶 & 반응하는 삶

하루에 30센티 이상 자라나는 모소대나무처럼 성장속도가 매우 빠르게 나타난다.

결국 자연의 모든 성장 원리는 임계치를 넘어서기까지 에너지를 비축하고 임계치를 넘어서면 비축된 에너지의 분출에 힘입어 기하급수적인 성장이 이루어지게 되는 것이다. 결국 올바른 성장을 하기 위해서는 우주의 성장법칙인 기하급수적인 성장을 인지하지 못하는 오류가 많은 표면적인 개체성의 나를 내려놓고, 내면에 잠들어 있는 무한한 가능성의 참자아가 활동하도록 멈춤과 집중의 지혜가 있어야 기하급수적인 성장이 이뤄지는 삶이 펼쳐지게 된다.

개체성의 내가 의식적으로 무엇인가를 하려고 하는 것을 멈추고 내려놓게 되면 내면의 심층의식(느린 사고, 2차적 사고)이 작동하며 불확실성을 이해하는 지혜로움이 생기게 되고 기하급수적인 복리의 마법이 펼쳐지며 올바른 성장을 하게 된다. 아이러니하지만 오히려 내가 무엇인가를 하려는 개체성을 내려놓으면 놓을수록 불확실성에 의한 무한한 기하급수적인 성장과 함께 하며 복리의 마법과 조화를 이루게 되어 자연스럽게 내가 원하는 것보다 훨씬 큰 성장을 하게 된다.

여기서의 불확실성은 표면의식적인 개체성의 관점에서 볼 때 불확실하다는 것이다.

개체 상태로서 입자성의 에너지 상태는 저에너지 상태이고 파동성의 전체성의 에너지 상태는 고에너지 상태라는 것을 잘 생각해 보아야 한다.

그리고 우리의 현재 의식 상태는 입자성의 개체성 상태에 있기 때문에 고에너지 상태의 전체성이 인식이 안 될 수밖에 없고 이런 상태를 불확실하다고 한다는 것을 잘 인지해야 한다. 역설적이게도 개체성의 나를 내려놓게 되면 전체성의 참된 나의 의식 상태가 되면서 기존에 불확실해 보이는 것이 오히려 질서 정연하고 우주의 원리에 맞는 상태라는 것을 이해하게 될 것이다.

느리게 돌아가는 것 같은 길이 가장 빠른 길이다.

'빨리 부자가 되려면 천천히 가야 한다.'라는 말이 있듯이 올바른 정석적인 방법이 시간이 지나면서 우주의 원리대로 복리의 법칙이 적용되면서 개체성의 입장에서는 예측할 수도 없는 기하급수적인 큰 성장을 하게 된다

인간 본능의 오류 중 '근시안적 오류'라는 것이 있다. 인간의 개체성의 입장에서는 단기적으로 판단할 수밖에 없기 때문에 장기적인 시간에 투자할 수 없고 단기간의 변동성을 맞추려고 하는 게임을 할 수 밖에 없다. 올바른 투자를 하기 위해서는 올바른 성장이 원리대로 이루어지는 과정에 대한 깊은 이해를 전체적으로 해야 한다. 그러나 대부분의 사람들은 유전적으로 1차원적인 사고(빠른 사고)를 하기 때문에 현대 문명사회와 맞지 않는 오류가 너무 많아서 2차원적인 사고(느린 사고)를 이해할 수 없다.
그리고 인간은 대부분 1차원적인 사고(빠른 사고)를 하기 때문에 당장에 원하는 것이 이루어지기를 바라는 일확천금의 심리를 가질 수밖에 없

고 자연적으로 도박성의 단기 투기를 하게 된다.

올바른 길을 가는 현명한 투자자는 나라는 개체성을 버리고 시간의 흐름과 함께 해야 한다. 그리고 올바른 투자를 하기 위해서는 원리에 대한 깊은 이해를 바탕으로 해야 하고, 원리에 따라 시간이 지나면서 나타날 수밖에 없는 무한한 성장과 부유함 이라는 당연한 결과를 보상받게 된다.

반면에 편법적인 길을 가는 투자자는 나라는 개체적인 특성이 너무도 강해 단기간에 확정적인 결과를 원하게 된다. 그리고 인간의 근시안적 오류로 인해 시간이 지나면서 기하급수적으로 성장하는 투자의 특성을 직관적으로 이해하지 못하고 단기간에 무엇인가를 이루려는 오류에 빠지기 쉽다.

게다가 인간은 본능적으로 단기적인 투기에 가까운 투자를 하게 되는데 문제는 투자의 특성중의 하나인 단기 변동성이 매우 크다는 것이다. 이러한 특성 때문에 어떠한 슈퍼컴퓨터도 단기 변동성을 정확히 예측하지 못한다. 하물며 인지 체계의 오류투성이인 개체성의 내가 단기 변동성을 맞추는 투기를 하니 당연히 실패할 수밖에 없게 된다.

그리고 개체성의 입장에서는 단기 변동성의 불확실성에 대한 불안과 공포 때문에 장기적인 올바른 투자를 할 수가 없게 된다.

이러한 오류에 빠지지 않고 올바른 장기 투자를 하기 위해서는 오류투성이인 표면적인 개체성의 나라는 의식을 버리고, 완전하고 무한(無限)한 가능성을 지닌 내면의 참자아의 심층의식으로 의식이 전환되어야 한다.

이렇게 의식의 전환이 있어야 단기 변동성이라는 표면적인 현상에 휩쓸리지 않고 시간에 투자하여 기하급수적인 성장을 하는 복리의 마법을 맛볼 수 있다.

지루한 좋은 투자 & 정액정기매입방식

경제적 풍요로움을 누리기 위해서는 순자산이 증가해야 하고 순자산을 증가시키기 위해서는 다음의 네 가지 요소가 선순환 고리를 형성해야 한다.

- 수입 증가
- 생활 방식을 단순화하여 생활비 절감 등 소비 감소
- 저축 증가
- 투자 수익 증가

이 네 가지를 지루하게 반복하여 선순환의 고리가 형성되어 결국 투자 수익 증가만으로도 생활이 유지되도록 해야 진정한 부가 축적되었다고 할 수 있다.

경제적 풍요로움을 누리기 위해서는 투자의 진정한 의미를 깊이 이해해야 하고 이 선순환의 전체 과정을 지루하게 반복하는 게 중요하다.

좋은 투자란 지루하기 때문에 좋은 투자를 시작하기 쉽지 않고 또한 꾸준히 지속하기는 더욱 쉽지 않다.

지루하지만 꾸준히 투자한다면 부의 선순환 고리가 형성되어 누구나 바라는 풍요로운 삶을 살 수 있지만 대부분의 사람들은 지루한 좋은 투자를 하지 못한다.

왜냐하면 사람들의 인식 체계가 단기적인 시각을 가지고 있기 때문에 장기적이고 지루한 좋은 투자보다는 단기적인 특성의 자극적이고 도박적인 위험한 투자에 쉽게 매혹당하게 된다. 항상 역사적으로 단기 투자와 장기 투자의 수익률 비교를 해 보아도 통계적으로 지루하지만 장기적으로 꾸준히 좋은 자산에 투자한 장기 투자자의 수익률이 자극적이고 도박적인 단기 투자자의 수익률보다 항상 우위에 있음에도 여전히 압도적으로 많은 사람들은 자극적인 단기 투자를 한다.

앞에서 언급한 20대 남성의 경우 사고파는 회전율이 가장 높지만 수익률이 가장 낮고, 반면에 사고파는 회전율이 가장 낮은 70대 여성, 10대 아이들의 경우 수익률이 가장 높다는 통계 자료만 보아도 단기 투자보다는 지루한 장기 투자를 해야 성공적인 투자를 할 수 있다.

참 세상은 아이러니하다. 지루하지만 장기적으로 투자하면 부의 선순환 고리가 자연히 형성되어 누구나 바라는 풍요로운 삶을 살 수 있는데, 대부분의 사람들은 이와 반대로 수익률도 낮고 위험한 단기 투자를 한다. 이렇게 이상한 일이 발생하는 가장 큰 이유는 인간의 인식 체계의 결함 때문이다.

이와 같은 결함 있는 인식 체계로 인해 인식이 가능한 에너지 파장이 낮은 1차적인 표면의식적인 삶을 살게 된다. 인식 가능한 표면의식적인 삶은 입자성의 분리된 개체성의 특성을 가지고 있기 때문에 단기적이고 자

창조하는 삶 & 반응하는 삶

극적이며 소모적인 삶을 살게 된다.

원하든 원하지 않든 결국 대부분의 사람들은 개체성의 표면의식적인 삶을 살고 있기 때문에 투자에 있어서도 단기적이고 자극적인 단기 투자와 즉각적인 만족감을 주는 사고파는 방식의 트레이딩적인 투자를 하게 될 수밖에 없다.

여기서 워렌 버핏의 스승인 벤저민 그레미엄의 명언이 있는데 현명한 투자자가 되기 위해 가슴에 새기면 좋을 것 같다.

'투자자의 가장 큰 문제이자 최대의 적은 바로 투자자 자신이다.'

올바른 투자를 하기 위해서는 어떻게 해야 할까?

현재 나라고 인식하고 있는 결함이 있는 표면의식적인 나를 내려놓는 겸손함이 우선 필요하다.

진정으로 겸손하게 되면 개체로서의 나를 내려놓고 좀 더 깊이 있게 심층적 사고(2차적 사고)를 하게 되고 점차적으로 내면에 잠들어 있는 통합적인 심층의식으로서의 참된 나를 만나게 된다. 이렇게 심층의식의 참된 나를 만나게 되면 기존에 형성되어 있는 표층의식으로서의 삶을 내려놓고 통합된 심층의식의 참된 나로서의 삶을 살게 되어 삶을 전체적으로 통찰할 수 있게 된다. 심층의식의 참된 나로 거듭 태어나게 되면 단기적이고 즉각적인 만족감에 도취되지 않고 지루하지만 장기적으로 원리에 맞는 삶을 살게 된다.

투자에 있어서 흥미롭고 우리의 오감을 만족시켜 주는 투자 방식은 표면의식적인 개체로서의 나를 만족시켜 주는 것이기 때문에 결국 어떠한 수익도 낼 수 없다. 오히려 지루한 투자를 한다는 것은 다른 관점에서 해석해 보면 표면의식적인 나의 관점에는 인식이 안 되기 때문에 지루하다는 것을 의미한다. 따라서 지루한 투자를 한다는 것은 심층의식적인 참된 나의 관점에 맞는 올바른 방향의 투자를 한다는 것을 의미한다.

그럼 투자에 있어 좋은 투자란 어떻게 하면 될까 하는 의문이 들고 그렇게 투자를 하고 싶어 할 것이다.

가장 중요한 건 자기가 좋은 주식을 고를 수 있고 좋은 시점도 맞출 수 있을 만큼 자기가 영리하다는 자만심을 버리고 오히려 좋은 것을 고를 만큼 영리하지 않다는 겸손함을 가지는 자세가 우선 필요하다.

왜냐하면 영리하다고 생각하는 나는 에너지가 낮은 수준의 표면의식적인 개체로서의 나라는 것을 의미하기 때문에 개체로서의 나를 오히려 내려놓는 겸손함이 에너지가 높은 심층의식의 참된 나로서 거듭남을 의미하게 된다. 이러한 심층의식(2차적 사고, 느린 사고)을 하는 전체성의 나는 우주의 작동하는 원리를 전체적으로 통찰하기에 결국 원리에 맞게 투자를 하게 된다.

원리에 맞는 올바른 투자란 전체 시장을 나타내는 인덱스 펀드를 정액정기매입 방식으로 꾸준히 투자하는 것이다. 이렇게 인덱스 펀드와 정액정기매입 방식의 투자를 하기 위해서는 전제 조건이 필요한데 우선 개체로서의 나를 내려놓는 겸손함과 결국은 장기적으로 꾸준히 투자하

창조하는 삶 & 반응하는 삶

면 복리의 마법이 작동하여 상상 이상의 수익을 얻을 수 있다는 원리를
이해해야 하는 지혜로움이 같이 있어야 한다.

그리고 우주의 팽창 이론과 같이 자본주의는 결국 성장한다는 믿음이
전제가 되어야 한다.

결국 장기 투자를 해야 한다는 것은 알겠는데 잘되지 않는 이유는 우리
의 인식 체계가 1차적인 사고(표층의식)를 하기 때문에 장기적으로 투자
할 경우 복리의 마법이 발휘되는 기하급수적인 결과가 직관적으로 이해
되지 않기 때문이다.

복리는 시간이 흐름에 따라 적은 돈도 기하급수적으로 커지며 방대하
게 커지는 것을 의미한다. 문제는 대부분의 사람들이 본능적인 인식 체계
의 오류를 가지고 있고 복리의 효과를 제대로 인지하지 못하기 때문에 장
기 투자를 하지 못한다는 것이다.

다음의 예를 보면 복리의 마법이 좀 더 쉽게 와닿을 것 같아 소개한다.

토니 로빈슨의 《흔들리지 않는 돈의 법칙》에서 인용했다.

'조와 밥이라는 두 친구가 있다. 그들은 각각 한 달에 300달러를 투자하기
로 결심했는데 조는 19세에 저축을 시작해 8년 동안 지속하다 27세에 중
단했다. 한편 그의 친구 밥은 조와 똑같이 300달러를 납입했지만 조금 늦
게 27세에 시작해 65세까지 무려 39년 동안 매달 300달러를 납입했다.
둘 다 미국의 인덱스 펀드의 수익률인 10%로 가정했다.'

토니 로빈스, 《흔들리지 않는 돈의 법칙》, (주)알에이치코리아, 78p

여기서 우리들의 1차적인 사고 체계로 보면 당연히 7년을 납입한 조라는 친구보다 39년을 납입한 밥이라는 친구가 훨씬 많은 금액을 받을 것이라고 생각할 것이다. 그러나 놀라운 것은 조라는 친구의 금액이 더 많다는 것이다.

우리가 간과한 것이 우리에게 인지되지 않는 마법 같은 복리의 놀라운 효과이다.

납입한 금액은 39년을 넣은 밥이라는 친구가 훨씬 많지만 그의 불행은 7년을 납입한 조라는 친구가 조금 더 일찍 투자를 시작했다는 것이다. 단지 조금 일찍 시작했을 뿐인데 납입 금액은 조라는 친구가 훨씬 적지만 마법 같은 복리 효과로 인해 훨씬 많이 납입한 밥이라는 친구보다 더 많은 금액을 가지게 되었다.

조의 총 납입액은 28,800달러에 불과했지만 65세에 복리의 마법이 발휘되며 그가 받은 금액은 186만 3,287달러이다. 반면에 조의 총 납입액은 14만 달러이고 65세에 받는 금액은 159만8,733달러이다.

어떻게 보면 진리와 원리는 어이없을 만큼 간단하고 단순하다. 그런데 이렇게 단순한 원리를 이해하고 실행하기 위해서는 표면의식적인 나를 버리는 겸손함과 기존의 나를 버리는 과감한 결단성이 필요하다.

결국 좋은 투자를 하기 위해서는 종목과 시점을 맞출 수 있다는 개체로서의 나를 내려놓는 겸손함을 가지고 우주의 작동 원리를 이해하고 자본주의의 성장과 같이하는 인덱스 펀드를 장기적으로 정액정기매입 방식으로 지루하고 꾸준하게 장기적으로 투자하게 되면 복리의 마법이 발휘되어 결국은 경제적 풍요로움을 누릴 수 있게 된다.

그리고 또 하나 중요한 것은 하루라도 빨리 시작해야 한다. 하루라도 빨리 시작하기 위해서는 지금 바로 시작해야 한다.

왜냐하면 가장 빠른 시간은 바로 지금이기 때문이다.

분리된 개체로서의 나를 내려놓게 되면 소모적인 갈등을 일으키는 개체로서의 욕심과 욕망도 자연히 내려놓게 되기 때문에 분란과 혼란이 사라지고 장기적인 여유로움과 자연스러움이 그 자리를 채우기에 삶이 여유롭고 편안하게 된다.

이렇게 의식의 성장과 경제적 풍요로움은 마치 실체와 그림자처럼 같이 작용하게 된다.

올바른 투자 & 공포와 탐욕

공포와 탐욕이라는 현상적 결과의 출렁거림 속에서 휩쓸리지 않고 이면의 본질을 직시하고 지루하지만 단조로운 평균적인 성장을 꾸준히 지속하는 것이 경제적 풍요로움의 제1의 전제 조건이다.

공포와 탐욕은 인간의 생존에 필수적인 본능적인 감각이다. 공포와 탐욕이라는 인간의 표면적인 감정에 휩쓸리지 않고 심층의식으로 의식을 집중하여 현상적 결과에서 벗어나 지루하지만 장기적인 평균을 유지하는 것이 올바른 성장을 위한 원리에 맞는 좋은 방법이다.

탐욕과 공포에 대해 워렌 버핏의 유명한 격언이 있다.

'남들이 공포를 느낄 때 난 탐욕을 부려 거꾸로 사고, 남들이 탐욕을 부릴 때 난 공포를 느끼며 판다.'

주식투자를 하는 데 있어 공포탐욕지수는 꼭 확인해야 할 중요한 지표이다. 공포탐욕지수는 0부터 100까지 숫자로 투자자들의 심리 상태를 알아보는 지표이다. 예를 들면 0에 가까울수록 공포지수가 높아 투자자들이 과도한 매도 상태이기 때문에 주식 가격이 떨어져 싸게 형성되고, 반대로 100에 가까울수록 탐욕지수가 높아 과도한 매수 상태이기 때문에 주식 가격이 과열되어 높게 형성된다. 대부분의 사람들이 워렌 버핏처럼 역발상 투자를 하기 힘들기 때문에 공포탐욕지수를 참고해 공포지수가 높을 때 반대로 매수를 고려하고, 탐욕지수가 높을 때 반대로 매도를 고려하는 것도 좋은 방법 중에 하나이다. 그러나 이러한 공포탐욕지수도 현재의 내가 공포나 탐욕에 휩쓸리지 않도록 참고하는 정도로 생각해야 한다. 만약 이 지수가 절대적으로 맞다면 누구나 다 이 지수를 이용해 투자 수익을 얻겠지만 현실은 그렇지 않다는 것을 명심해야 한다.

계속해서 강조하지만 우리의 의식 상태는 표면의식적 상태에 있기 때문에 불완전한 인지 작용을 한다. 아무리 좋은 지표와 방법이 있더라도 내가 무언가를 할려고 하는 개체성의 의지를 절제할 수 있어야 한다. 그리고 무지성의 방법인 정액정기매입방식으로 일정하고 꾸준하게 매입하는 것이 가장 좋은 방법이다. 정액정기매입방식으로 투자를 해야 하는 이유에 대해 구체적인 사례를 통해 알아보면 좋을 거 같아 《저스트 킵 바잉》이라는 책을 참조하면 좋을 거 같아 소개해 본다.

'1. 평균단가분할매입법(DCA): 일정한 날에 꾸준히 주식을 매수한다.(정액정기매입방식)
2. 바이더딥(Buy the dip): 최저점 매수 전략을 의미한다.
(최저점을 맞출 수 있는 신과 같은 능력이 있다고 전제함.)

논리적으로 생각하면 바이더딥이 손실을 볼 가능성이 없어 보인다. 주식

시장이 바닥을 칠 때를 안다면 언제나 더 싼 가격으로 주식을 매수할 수 있을 것이다.

정답은 평균단가분할매입법의 수익이 바이더딥의 수익보다 좋았다. 언제 시장이 바닥을 칠지 정확하게 알고 있더라도 이 사실은 변함이 없다.

아무리 모든 것을 알고 있는 신이라 해도 평균단가분할매입법을 이길 수 없다. 왜 그럴까?

바이더딥은 심각한 하락장이 멀지 않았다는 사실을 알고 그 타이밍을 완벽하게 맞출 수 있을 때만 효과가 있는 전략인데 문제는 심각한 하락장이 자주 일어나지 않는다는 점이다.'

닉 매기울리, 《저스트 킵 바잉》, 서삼독, 404p

여기서 중요한 건 누구나 최저점 매수전략이 가능하면 그 전략을 쓰고 싶을 것이다. 불가능하지만 만약 신과 같은 능력이 있어 가능하다고 할지라도 하락장이 매우 드물게 일어나기 때문에 결함 있는 표면의식 상태의 나를 내려놓고 정액정기매입방식으로 매수를 하는 게 더 높은 수익을 올린다는 것이다. 더군다나 우리는 신이 아니기 때문에 저점을 맞출 수도 없고 당연히 수익률이 더 좋지 않을 것이다.

그럼 만약 목돈이 있다면 어떻게 투자해야 할지 궁금할 것이다. 똑같이 정액정기매입방식으로 일정한 시간을 정해 투자를 해야 할지 의문이 드는 건 당연하다. 여기부터는 약간 개인적 투자 성향과 심리에 따라 달라지긴 하지만 정석적인 방법을 알면 선택하는 데 도움이 될 거 같다.

　　　　　　　　　　　　　창조하는 삶 & 반응하는 삶

애버리지인방식(정액정기매입방식)과 바이나우방식(목돈을 한번에 투자하는 방식) 2가지 중 결론적으로는 바이나우방식이 수익률이 더 좋다. 왜냐하면 하락장의 비율이 상승장보다는 훨씬 적기 때문이다. 그러나 바이나우방식의 변동성이 애버리지인방식보다 훨씬 크다는 게 단점이다. 결국 변동성을 이겨낼 수 있다면 바이나우방식이 좋고, 변동성을 이겨 내기 힘들다면 애버리지인방식이 좋다.

솔직히 변동성과 수익률에 대해서는 많은 고민을 해야 하고, 지금도 주식과 채권(장기채권, 단기채권) 그리고 금의 비율조정을 통해 변동성과 수익률을 조정한 다양한 포트폴리오에 대한 실험도 이뤄지고 있고 결과도 나와 있다.

결론적으로 수익률을 고려했을 때 정석적인 방법은 월급이 들어오는 매달 일정한 날에 일정 금액을 정액정기매입방식으로 투자하고, 목돈이 생기면 바이나우방식으로 투자하는 것이 가장 좋은 방법이라고 생각한다.

자주 언급했지만 우리의 몸은 현대 문명사회에 있지만 인간의 뇌는 아직 진화 속도가 느려서 과거 수렵채취시대인 원시시대에 머물러 있어 생존 본능이 무엇보다 중요하다. 그런데 문제는 생존에 필요한 본능들이 현대 문명사회에는 오히려 오류를 일으키며 올바른 투자를 못하게 한다.

원시시대에는 인간은 매우 약한 종족이었기 때문에 무리 지어 다녀야 생존에 유리했다. 그래서 우리들은 무리 짓기 본능인 군집 본능이 있어 남들이 탐욕을 부리면 같이 우르르 몰려가고, 반대로 남들이 공포에 휩싸여 도망치면 같이 도망치는 게 본능적으로 내재되어 있다.

그리고 이러한 생존 본능 때문에 손실 회피 본능이 생긴다. 주식 가격이 폭락하면 공포에 휩싸여 손실을 회피하는 본능으로 인해 바로 매도하고 비로소 안정감을 느낀다. 특히, 주식시장은 단기적으로 변동성이 매우 크기 때문에 인간의 공포와 탐욕이 더해져 폭락과 폭등이 빈번하게 생기고 진폭도 더욱더 크게 발생한다.

이러한 인간 본능의 오류에 대해 이해하는 것이 우선 필요하고, 이해한 것을 체득하기 위해 꾸준한 연습과 자기성찰이 무엇보다 중요하다.

인간 본능의 오류는 1차적인 표면의식(빠른 사고)에서 작용하기 때문에 우리의 표면의식으로 무엇인가를 하려는 것을 멈추고, 지혜로운 2차적인 심층의식(느린 사고)에 의식을 집중해 투자가 진행되는 원리를 체득하는 것이 중요하다. 이와 같이 오류가 많은 인간 본능을 역행해 남들과 다르게 보고 이해하고 행동하는 삶의 태도가 성공적인 투자를 하는데 무엇보다 필요하다.

그럼 투자에 있어서 성공적인 투자를 하기 위해서는 어떻게 투자해야 할까?

단기적인 인간 본능에 역행해 느리고 꾸준하게 투자하는 것이 장기적인 평균을 지속하는 유일한 비법이다.

즉, 투자는 단거리 스프린트가 아니라 마라톤과 같다. 그렇기 때문에 올바른 투자는 마라톤처럼 지루하지만 꾸준히 지속하면 목표에 이를 수 있는 것이고, 반면에 올바르지 않은 투기는 단거리 스프린트와 같아서 흥미

창조하는 삶 & 반응하는 삶

와 재미가 있지만 금방 지치고 목표를 이루지 못하고 실패하게 된다.

이러한 느리지만 꾸준하게 투자하는 것이 올바른 투자라는 것에 대해 워렌 버핏의 스승으로 유명한 벤저민 그레미엄은 다음과 같이 조언했다.

'한 해, 한 해의 결과를 지나치게 심각히 여기지 마라. 대신 장기간의 평균
에 초점을 맞춰라.'

장기적으로 꾸준히 투자하기 위해서는 수익을 극대화하는 것보다 위험의 최소화가 꼭 전제되어야 한다. 이에 대해 월가의 구루인 피터 번스타인은 '수익률을 극대화 하는 것보다 위험의 최소화가 경제적 풍요의 중요한 전제 조건이다.'라고 했다.

올바른 투자는 리스크가 적은 투자를 오랜 시간 유지하면서 수익률을 복리로 쌓아 가는 것이다.

장기투자와 복리의 마법이 결합되면 어떤 효과가 있는지에 대해 개인적으로 매우 좋아하는 실제 사례가 《돈의 심리학》에 소개되어 있는데 일반인들이 투자를 하는 데 있어 가슴에 새기면 좋을 거 같다.

'로널드 제임스 리드라는 미국의 실존했던 인물이고 버몬트주 시골에서
태어나 평생 주유소 직원, 잡역부로 지내다 죽었다. 어떻게 보면 평범한
사람인데 죽고 나서 유명해졌다. 지역 병원과 도서관에 600만 달러 이상

을 기부했기 때문이다. 그를 알고 있는 모든 사람들이 의아해했다. 비밀은 자신이 번 얼마 안 되는 돈을 저축했고 그 돈을 우량 주식에 투자했다. 그리고 수십 년간 팔지 않고 기다렸다. 그러는 동안 얼마 안 되는 돈이 복리로 불어나 800만 달러가 넘는 돈이 됐다.'

모건 하우절,《돈의 심리학》, (주)인플루엔셜, 16p

로널드 제임스 리드의 일화를 워렌 버핏의 다음의 명언과 함께 기억하면 투자하는 데 많은 도움이 될 거라고 생각한다.

'주식 시장은 인내심 없는 사람의 돈을 인내심 있는 사람에게 이동시키는 도구이다.'

주식투자를 하는데 있어 중요한 것은 수익보다는 손실을 보지 않는 것이고 어리석은 실수를 피하는 게 투자의 제1요건이다.

그래서 워렌 버핏도 자신의 투자 원칙을 다음과 같이 말했다.

'제1의 원칙이 절대 돈을 잃지 않는다. 그리고 제2의 원칙이 제1의 원칙을 절대 잊지 않는다.'라고 할 만큼 위험의 최소화는 장기적인 평균을 유지하여 복리의 마법을 일으키는 가장 중요한 요소이다. 이것에 대해 워렌 버핏의 동료인 찰리 멍거도 '대부분의 사람들은 수익률을 높이기 위해 영리해지려 하지만 나는 영리해지는 것보다 바보가 되지 않으려 한다. 이는 대부분의 사람들이 생각하는 것보다 훨씬 어렵다.'고 했다.

창조하는 삶 & 반응하는 삶

그리고 빌 게이츠도 이와 비슷한 얘기를 했는데 '대부분의 사람들은 1년 동안 하는 것에 대해 과대평가를 하지만 10년 동안 할 것에 대해서는 과소평가를 한다.'고 했다.

즉, 대부분의 사람들은 개체성의 의식 상태에 있기 때문에 단기적인 시각을 가지게 되어 있고, 자신의 영리함을 과신하기 때문에 단기적(1년 동안)으로 할 수 있는 것에 대해 과신하는 경향이 있다. 그러나 장기적(10년 동안)으로 할 수 있는 것에 대해서는 표면적인 의식으로는 복리의 마법과 같은 장기적인 특성이 인식이 안 되기 때문에 장기간 할 수 있는 것에 대해서는 과소평가한다는 것이다.

그래서 대부분의 사람들이 투기적인 단기 트레이딩을 하고 꾸준히 장기 투자를 하지 못하는 것이다.

표면의식의 인식 체계로는 산술평균의 그래프는 인식이 되지만 기하급수적인 그래프는 인식이 안 되기 때문이다. 바로 이러한 인간의 인식 체계의 결함 때문에 탐욕과 공포에 쉽게 휩쓸리고 장기적인 평균 성장에는 관심이 없게 된다.

돈이 불어나는 간단한 원리 & 의식 성장

우리가 부유해지기 위해서는 현실적으로 돈이 불어나는 원리를 이해해야 하는데 가장 먼저 해야 할 것은 우선 수입의 10% 이상을 저축해야 한다는 것이다.

누구나 알고 있는 너무도 평범한 이 말에 창조하는 삶에 대한 깊은 성찰과 의식 성장의 깊은 의미가 숨어 있다.

대부분 사람들의 삶은 주어진 주위 상황과 환경에 따라 단순히 반응하며 자신의 표면의식을 만족시켜주는 소비를 하고 자신을 꾸미고 자신의 욕구를 만족시키는 형식적인 삶에 길들여져 있다.

그에 반해 미래를 위해 저축을 한다는 것은 현재 자신의 욕구에 종속되지 않고 자신만의 삶을 만들기 위해 현재의 소비 욕구를 자제하고 미래를 위해 인내하며 삶의 주인으로서 살기 위해 노력하는 명확한 방향성을 가지고 사는 것을 의미한다.

즉, 종속적이고 수동적인 삶이 아닌 절제를 통해 미래의 자신만의 삶을 만들어 나가는 주체적이고 창조하는 삶으로 삶의 방향이 전환되는 것을 의미하는 것이다. 이러한 관점에서 보면 저축하는 것은 내가 원하는 삶을 명확히 하고 그 목표를 이루기 위해 현재를 절제하고 미래를 준비하여 내

창조하는 삶 & 반응하는 삶

미래를 창조하는 창조자의 삶을 살게 되는 것을 뜻한다.

현재의 자신의 욕구에 종속되는 사람은 현재의 삶에 반응만 하기에 소비를 내가 버는 금액이나 그 이상으로 소비하는 데 맞추어지게 된다. 그래서 저축은 힘들다는 부정적인 이유만 찾고 그것을 정당화한다.

반면에 미래를 창조하는 사람은 긍정적이고 능동적이기 때문에 저축하기 위한 이유를 찾고 먼저 창조를 위한 저축을 하고 나머지 금액으로 현재의 소비에 반응하며 산다.

오히려 저축과 투자의 부를 창출하는 선순환 사이클을 맛보며 더 신나게 저축과 투자를 하게 된다. 이러한 부창출 사이클이 시간에 따른 복리의 마법으로 더욱더 거대하게 커진다. 나중에는 그 복리의 소득이 내 노동 소득을 앞지르게 되면 경제적 자유를 이루게 되고, 그때에 비로소 내 삶의 진정한 주인으로서 나만의 삶을 창조하게 된다.

이렇게 자신만의 삶을 주체적으로 창조하기 위해서는 다음과 같은 현실적인 과정이 필요하다.

1. 현재의 소비 욕구를 절제하고 소득의 10%를 저축한다.
2. 꾸준히 저축하며 리스크 관리를 하며 올바른 투자를 한다.
3. 꾸준한 저축과 올바른 투자의 선순환 고리를 만든다.
4. 선순환 고리에 시간이 더해지며 복리의 마법이 펼쳐지게 한다.
5. 복리의 마법으로 저축이라는 미약한 시작이 시간을 내 편으로 만들

면서 나중엔 풍요로움이라는 결실로 창대해지게 된다.

결국 처음 10%의 저축이라는 미약한 시작이 시간을 내 편으로 만들며 복리의 마법이 펼쳐지며 나중엔 풍요로워지게 되는 것이다.

우리들의 삶을 객관적으로 보면 다음과 같은 과정이 반복된다. 데이비드 바크의 '자동 부자 습관' 이라는 책에 보면 현실의 우리의 삶의 모습은 **일한다 - 돈을 번다 - 돈을 쓴다 - 일한다 - 돈을 번다 - 돈을 쓴다 - 일한다…**

결국은 '일한다'에서 벗어날 수 없기 때문에 다람쥐 쳇바퀴 돌듯이 무의미하게 삶을 소비하며 산다.'

이렇게 반복되는 무의미한 삶의 사슬을 끊어 내기 위해서 우리가 가장 먼저 해야 할 것은 지금 당신의 머릿속에 떠오른 생각은 잘못일 가능성이 크다는 것을 인지해야 한다. 왜냐하면 대부분의 사람들은 최대한 빨리 수입을 늘릴 새로운 방법을 찾는 것에만 관심을 갖기 때문이다. 그러나 중요한 것은 얼마나 버느냐는 부자 되는 것과 거의 상관이 없다는 것이 대부분 백만장자 부자들의 공통된 의견이다. 중요한 것은 우리들이 사소하다고 인지하는 라떼 같은 사소한 소비를 멈추고 저축과 투자로 전환해야 한다. '사소한 지출'이 '사소한 저축'으로 전환되는 '사소한 시작'에 시간이 더해지면 복리의 마법이 펼쳐지며 기하급수적으로 성장하는 기적이 우리의 삶에 펼쳐지며 우리를 묶고 있는 단단한 쇠사슬이 저절로 풀려지는 마법 같은 현실을 마주하게 될 것이다.

창조하는 삶 & 반응하는 삶

결국 어마어마한 결과를 내기 위해서 필요한 건 어마어마한 힘과 완벽한 시작이 아니라 사소한 시작과 꾸준히 사소한 시작을 지속하는 것이다.

대부분의 사람들이 '일한다'에서 벗어나지 못하고 무의미한 삶을 사는 이유는 우리의 주요 인식 체계가 1차적인 사고를 하는 표면의식으로 구성되어 있기 때문에 기하급수적인 복리의 마법이 펼쳐지는 것에 대해 인지가 안 되기 때문이다.

위에서 해법으로 제시한 수입의 10%만이라도 꾸준히 우상향 하는 우량 자산(인덱스 펀드)에 투자한다면 시간이 지나면서 복리의 마법이 펼쳐지며 자기도 모르게 경제적 자유를 이루게 될 것이다. 그런데 문제는 이러한 적은 투자로 경제적 자유를 누린다는 게 전혀 와닿지 않을 것이다. 우리의 표면의식적인 인지 체계의 오류 때문이다.

우리들은 표면의식적인 사고를 하기 때문에 큰 지출이나 큰 수입은 인지 가능하기 때문에 항상 큰 수익을 바라고 큰 지출만 신경을 쓴다. 그러나 경제적 풍요로움을 누리기 위해서는 수익보다는 작은 지출을 관리해야 한다. 이런 관리를 통해 남은 금액(적은 금액도 괜찮다.)을 장기적으로 우상향하는 좋은 자산에 투자를 꾸준히 하는 게 중요하다.

적은 금액이라도 꾸준히 좋은 자산에 투자하면 어느 순간 기하급수적인 복리의 법칙이 작용하며 내가 상상도 못 할 금액이 되어 있을 것이다.

이런 과정을 통해 경제적 풍요로움과 자유로움을 누리게 되는 것이다.

여기서 중요한 것은 우리의 인지 구조가 작은 지출과 꾸준한 투자, 기하급수적 복리의 법칙 등을 인지하지 못하는 게 문제다. 이러한 불완전하고 오류가 많은 우리의 인지 구조를 겸허히 받아들이고 우주의 원리에 맞게 따르게 되면 우리가 원하는 결과를 얻게 된다.

'라떼 요인'이란 전 세계적으로 사용되는 은유적 표현인데 별생각 없이 사소한 데 낭비해 버리는 돈을 의미한다. 커피의 라떼를 생각해 보면 쉽게 알 수 있을 것이다. **이 라떼 요인을 잘 인식하고 기하급수적인 복리의 원리를 이해하고 체득하게 되면 당신이 얼마를 벌든 상관없이 지금 벌고 있는 돈으로도 충분히 부자가 될 수 있다.**

예를 들면, 우선 요즘 커피 한 잔에 5,000원 정도 하는 것으로 알고 있다. 당신이 얼마를 벌든 커피 1-2잔은 보통 마실 것이다. 그러므로 아주 사소하게 낭비해 버리는 돈을 최소한 하루에 5,000원~10,000원 이라고 생각할 수 있을 것이다. 물론 커피만 생각했을 때의 가정이고 아마 훨씬 더 많게 사소한 데 낭비하고 있을 것이다. 이렇게 아주 사소하다고 생각하고 낭비하는 것은 우리의 인지 구조상 잘 인식되지 않는다.

다음의 표를 보고 하루 정도는 깊게 생각해 보고 나의 라떼 요인을 찾고 하루라도 빨리 복리의 원리를 실천하길 바란다.

미국의 대표지수인 S&P 500의 지난 200년간의 수익률은 명목수익률로 약 10%이다. 따라서 아래의 표도 연수익률 10%로 가정하고 계산한 것이다.

즉, 소비되는 라떼 금액을 장기적으로 가장 안전한 인덱스 지수에 투자했을 때의 불어나는 투자금액이다.

	5천원/하루, 15만 원/달	1만원/하루, 30만 원/달	2만원/하루, 60만 원/달
1년	1,885,000원	3,770,000원	7,539,000원
2년	3,967,000원	7,934,000원	15,868,000원
5년	11,616,000원	23,231,000원	46,462,000원
10년	30,727,000원	61,453,000원	122,907,000원
15년	62,171,000원	124,341,000원	248,682,000원
30년	339,073,000원	678,146,000원	1.356,293,000원
40년	948,611,000원	1,897,224,000원	3,794,448,000원

데이비드 바크, 《자동부자습관》, 마인드빌딩, 92p

이 표를 보면 하루에 라떼 1~2잔 아끼는 5,000원~10,000원 그리고 좀 더 아껴서 하루에 2만 원을 장기적으로 우상향하는 우량자산에 연수익률 10%로 장기적으로 꾸준히 투자하기만 한다면 당신이 은퇴할 시점이 되면 당신의 상상 이상으로 큰 금액을 갖게 될 것이다. 하루에 라떼 1잔 아끼면 당신이 20대라고 가정하고 40년 뒤 당신이 은퇴 시점이 되면 거의 10억 가까운 큰 금액이 되어 있을 것이다.

믿어지지 않을 것이다. 당신이 정말 너무 사소하게 낭비하는 커피 1잔이 당신이 은퇴할 때에 약 10억 원의 큰돈이 되어 있다는 게 믿어지지 않을 것이다.

만약 당신이 좀 더 아껴서 하루에 2만 원을 아껴 40년 동안 꾸준히 투자한다면 약 38억 원의 당신이 상상도 못 할 큰 금액이 되어 있을 것이다.

바로 이것이 스노우볼 효과라고 하는 복리의 마법이 펼쳐지는 기적 같은 효과이다. 그러나 불행히도 인간의 오류투성이 인지 구조상 이러한 복리의 원리가 인지되지 않아 꾸준히 실행하기가 힘든 것이다.

무엇이든 이해와 연습이 필요한 것이다. 위의 표를 자주 보며 인지되지 않아도 실제로 일어나는 일이니 꾸준히 믿고 실행하게 되면 경제적 풍요로움과 누구나 바라는 경제적 자유를 누리게 될 것이다.

다음으로 데이비드 바크의 《자동부자습관》에 나오는 중요한 내용인데 하루라도 빨리 보면 많은 도움이 될 거라고 생각한다. 데이비드 바크가 말하길 '만약 주변에 아끼는 젊은이가 있다면 꼭 보여 주기 바랍니다. 그 사람의 인생을 바꿀 수도 있을 테니까요'라고 할 만큼 중요하게 생각하는 내용이다.

나도 처음 이 책에서 아래의 내용을 보고 사회초년생일 때 누군가 내게 이걸 보여 줬더라면 얼마나 좋았을까 하고 생각했다.

아래의 내용을 보게 되면 누구나 하루라도 빨리 소비를 줄이고 투자를 시작해 복리의 효과를 보고 싶을 것이다. 그만큼 저축하게 하는데 강력한 효과가 있다고 생각한다.

창조하는 삶 & 반응하는 삶

3명의 친구가 있는데 투자금액은 매달 25만 원을 투자했고, 미국 대표지수 S&P500과 같은 연수익률 10%로 가정했다. 투자를 시작한 나이와 투자를 한 기간은 다르다.

1. A(연수익률 10%)

– 15살부터 투자 시작

– 투자 기간: 15세~19세(총 5년)

– 총 투자 금액: 1,500만 원

2. B(연수익률 10%)

– 19살부터 투자 시작

– 투자 기간: 19세~26세(총 8년)

– 총 투자 금액: 2,400만 원

3. C(연수익률 10%)

– 27살부터 투자 시작

– 투자 기간: 27세~65세(총 39년)

– 총 투자 금액: 1억 1,700만 원

드디어 3명의 친구들이 65세가 되어 투자 금액을 받게 되었다. 처음에 이 결과를 보고 정말 놀란 기억이 난다. 일반적인 우리의 인지 작용으로 인식되는 것과 너무도 다른 결과에 다시 한번 우리의 불완전하고 결함 있는 인지 작용을 돌아보는 계기가 되었다.

65세에 받게 되는 금액은 다음과 같다.

1. A: 16억 36만 3,402만원(총 투자 금액: 1,500만 원)
2. B: 15억 2,873만 9,347원(총 투자 금액: 2,400만 원)
3. C: 12억 777만 7,000원(총 투자 금액: 1억 1,700만)

데이비드 바크, 《자동부자습관》, 마이드빌딩, 100p

위의 내용을 보면 누구나 3명 중에 당연히 65세에 C가 가장 많은 돈을 받는다고 생각한다. 왜냐하면 C는 비록 3명 중에 가장 늦게 투자를 시작했지만 무려 39년 동안 꾸준히 투자를 했고 당연히 투자 원금도 다른 2명보다 압도적으로 많다.

이렇게 생각하는 가장 큰 이유는 복리의 마법을 전혀 인지하지 못하고 실감하지 못하기 때문이다.

결론적으로 15살에 투자를 맨 처음 시작했지만 5년만 투자를 하고 19살에 투자를 중단한 A가 65세에 가장 많은 돈을 받았다. 투자 원금은 C에 비해 터무니없이 적지만 A는 가장 먼저 투자를 시작해서 복리의 효과를 가장 많이 누리게 되었기 때문에 65세에 가장 많은 돈을 받게 되었다. 게다가 C는 B보다도 적은 금액을 받게 되었다.

우리의 표면적인 인식 구조로는 전혀 이해가 되지 않은 결과이다.

이제부터라도 우리의 인식 구조의 결함을 인정하고 겸허히 받아들이는 게 중요하다. 그리고 기존의 나를 내려놓고 우주의 작동 원리에 부합되는 복리의 법칙에 따르는 삶을 산다면 아무리 월급이 적고 적은 금액을 투자

창조하는 삶 & 반응하는 삶

하여도 시간을 내 편으로만 만든다면 누구나 경제적 풍요로움과 자유로움을 누리게 될 것이다.

그럼 앞으로도 우리들은 오류가 많은 표면의식을 가지고 살아가야 하는데 어떠한 자세와 태도를 가지고 살아야 할까?

무의미하게 흘러가는 시간 속에서 우리들은 반드시 멈춤이라는 브레이크가 필요하다. 이 멈춤이라는 브레이크는 우리의 표면의식적인 단순한 반응을 하는 것을 멈추게 하는 것으로 우리들이 올바른 삶을 사는데 가장 필요한 것이다. 처음에는 당연히 이러한 멈춤이라는 행위가 잘되지 않는 게 당연하다.

그러나 꾸준히 지금의 무의미한 삶을 멈추는 것이 정신적 수양의 시작이다.

표면의식적으로 단순히 반응하는 삶에서 멈춤이라는 브레이크가 잘 작동이 되면 고요함이 찾아오고 고요함 속에서 내면의 심층의식에 집중해 자신만의 삶을 찾아 주체적으로 창조하는 삶을 사는 것이 자연의 원리에 맞는 행복하고 성공적인 삶이다.

처음 10%의 저축이 의미하는 것은 단순히 반응하는 삶에서 멈춤이라는 브레이크가 처음 작동하는 것을 의미하며 꾸준히 멈춤이라는 정신적 수양을 지속하게 되면 복리의 마법이 작동되며 내면의 무한한 힘이 작동되게 된다.

표면의식적으로 단순히 반응한다는 것은 라떼같이 사소한 소비를 인지하지 못하고 계속 소비를 하는 것을 의미한다. 그리고 멈춤이라는 브레이크가 작동되는 것은 인식되지 않은 라떼 같은 사소한 소비를 멈추고 우주의 원리인 복리의 원리를 믿고 우량자산에 꾸준히 투자하는 것을 의미한다. 이러한 과정을 통해 결국 풍요로움이라는 결실을 맺고 자연히 경제적 자유를 누리며 진정한 자유로움이 있는 자신만의 삶을 창조하게 된다.

창조하는 삶 & 반응하는 삶

인간의 본능적 오류 & 기하급수적인 성장

올바른 방향의 삶을 살기 위해서는 우선 반응하는 삶이 아닌 창조하는 삶을 살겠다는 삶의 주인으로서 의식의 자각이 있어야 한다. 이러한 인지 과정이 있어야 미래의 자신만의 삶을 창조하기 위해 현재의 소비하고 반응하는 삶의 욕구를 절제하고 저축할 수 있을 것이다.

소비를 할 수밖에 없는 사회구조 속에서 현재의 소비 욕구를 절제하는 것이 무엇보다 가장 중요한데 우선 자신의 소비하는 삶을 사는 근본적인 원인을 파악하는 인지 과정이 가장 중요하다.

이렇게 현재 자신의 삶에 대한 근본적인 문제점을 인지하고 성찰하는 과정을 거치고 나서 자신만의 삶을 살기 위해 가장 먼저 할 수 있는 현실적인 것은 미래를 창조하기 위해 수익의 일정 부분을 저축하는 것이다.

이런 작은 행동의 시작이 무엇보다 중요하다.

옛말에 '시작이 반이다.'라는 격언이 있는데 시작의 중요함을 얘기하는 것이다. 대부분의 사람들은 걱정과 의심과 같은 부정적인 성향 때문에 시작 자체를 못 한다. 무언가 시작을 거창하게 하고 완벽하게 준비해서 하려고 하는데 바로 이렇게 실패에 대한 두려움 때문에 시작 자체를 못하는 것이다. 그렇기 때문에 실패에 대한 두려움에 대해 근본적인 이해를 하는 게 무엇보다 중요하다.

실패에 대한 두려움도 결국 인간의 생존 본능에 대한 인지 오류 때문에 생기는 것이다. 인간의 생존 본능은 원시시대에는 무엇보다 중요한 것이라 유전적으로 각인되어 있는데 현대사회는 원시시대와 완전히 달라져 있기 때문에 원시시대에 알맞게 프로그래밍되어 있는 유전적 본능이 지금의 시대와 맞지 않는 것이다.

우선 원시시대에는 실패가 바로 목숨을 잃을 수도 있기 때문에 실패를 생존 본능에 강력히 프로그래밍되게 하여 절대로 실패하지 않게끔 조심하는 부정적인 성향이 무엇보다 중요하게 되었다.

그러나 지금은 원시시대가 아닌 현대 문명사회이지 않은가?

결론적으로 우리는 실패에 대한 두려움 때문에 시작 자체를 못하는 것이고, 이렇게 시작 자체를 못 하기 때문에 성공하지 못하는 것이다. 정말 중요한 결론을 도출했다. 이것은 너무도 중요한 것인데 대부분이 인지하지 못하는 것이다. 이것을 인지하고 수정하는 사람은 성공하는 사람이 되는 것이고, 반면에 수정하지 못하고 유전적인 본능대로 그대로 행동하는 사람은 성공하지 못한다.

성공하기 위해서는 현대문명 사회와는 전혀 맞지 않는 우리의 원시 생존 본능을 극복해야 한다.

그 첫걸음은 이러한 잘못된 우리의 유전적인 생존 본능을 인지하고 극

창조하는 삶 & 반응하는 삶

복하기 위해 소비를 절제하고 수익의 일정 부분을 저축하는 것이다.

　너무도 간단해서 믿지 못하고 이런 쉬운 방법으로 될까 하는 의문이 들 것이다.

　'바빌론 부자들의 돈 버는 지혜' 라는 책에 보면 바빌론의 대부호 아카드 에게 부자가 되기 위한 방법을 묻는데 그의 첫 번째 대답은 수입의 10% 를 저축하라는 것이었다. 그의 대답을 들은 사람들은 그런 단순한 방법으로 부자가 될 수 있을까 하고 의심하자 아카드가 첫 번째 문을 열지 못한 사람은 두 번째 문을 열 수 없는 법이라고 대답한다.'

　　　　조지 S. 클래이슨 원작,《만화로 보는 바빌론 부자들의 돈 버는 지혜》,

　　　　　　　　　　　　　　　　　　　　　　　　한빛비즈, 67p

　개인적으로 아이가 경제적으로 독립해 자신만의 삶을 창조하며 살기를 바라며 아들이 초등학생일 때 선물한 책인데 얼마나 이해했는지는 잘 모르겠다.

　성경에 보면 '시작은 미약하나 나중엔 창대해지리라.'는 말을 새겨들었으면 한다. 처음 시작이 미약하지만 이런 미약하다고 생각하는 것도 우리의 인지 오류의 함정의 하나라는 것을 이해했으면 한다. 왜냐하면 우리의 1차적인 표면의식으로는 복리의 마법이 펼쳐지는 기하급수적인 마법이 전혀 인지되지 못하기 때문이다.

　우리의 표면의식적인 에고는 너무도 영리해서 자신에게 불리한 것이 있으면 그것을 못 하게 하기 위해 교묘하게 방해한다. 이러한 방해는 마치 악마의 속삭임과 같다. 거의 대부분의 사람들은 이러한 악마의 속삭임에 넘어가게 되어 있다.

이러한 방해를 극복하기 위해서는 자신만의 삶을 창조해 나가겠다는 굳건한 믿음이 중요한데 이러한 굳건한 믿음도 처음부터 잘 생기지 않는다.

성공을 한 사람치고 실패를 겪지 않는 사람은 없다는 것을 꼭 명심하기 바란다.

페이스북의 저커버그의 인터뷰를 보면 다음과 같은 말을 했다.

'처음에 아이디어는 절대 완벽하지 않고 매우 엉성하고 불완전하다.'

이 엉성한 아이디어를 가지고 시작해 보고 실패하고 수정하며 완성을 해 가는 사람이 성공하는 것이다.

이러한 완성을 향한 여정을 하기 위해서는 우리의 의식도 '성장형 마인드'로 진화되어야 한다.

결국 처음 시작은 미약하나 우선 시작하는 실행이 무엇보다 중요한 것이고, 꾸준히 수정해 가며 인내하고 점점 완성해 가는 것이다.

여기서 우리가 또 하나 알아야 하는 것은 적은 금액의 저축을 하는 것을 미약하다고 인지하는 우리의 본능적인 오류 때문에 적은 금액의 저축을 하찮게 여기며 시작 자체를 하지 않는다. 그리고 적은 금액의 저축을 시

창조하는 삶 & 반응하는 삶

작하는 것이 무엇보다 중요하지만 저축을 꾸준히 하기 위해서 우리가 꼭 알아야 하는 것은 우리의 인지적 오류 때문에 직관적으로 산술평균적으로만 인지가능하고 기하급수적인 것은 인지가 안 된다는 것이다.

산술평균적인 것만 인지 가능하기 때문에 이렇게 작게 시작해서 언제 부자가 되나 하는 의심이 생겨 단기간에 부자가 되기 위해 도박적인 투기를 하는 함정에 빠지게 된다. 결국 인간이 올바른 투자를 하지 못하고 실패 확률이 높은 도박적인 투기를 하는 것도 유전적인 본능적 인지 오류 때문이다.

자신이 유전적으로 타고나기를 오류가 많다는 것을 인지하고 자신을 내려놓는 겸허함이 성공을 하기 위해 무엇보다 필요하다는 것을 잘 이해해야 한다.

성공적인 삶을 이루기 위해 처음에는 저축이라는 행위가 필요한데 이렇게 작은 행위를 하기 위해서는 우선 자신의 현재의 삶을 성찰하고 잘못된 행위에 대해 인지하고 본능적인 욕구를 절제하고 꾸준히 인내하는 행위가 중요하다. 그리고 올바른 행위를 하기 위한 작은 시작이 있어야 하고, 이러한 작은 시작이 시간이라는 변수가 더해지면 기하급수적인 성장을 한다는 것에 대한 통찰과 지혜로움이 있어야 한다.

아직까지 기하급수적인 성장에 대해 잘 와닿지 않을 것이다. 실망할 필요는 전혀 없는 게 어떻게 보면 와닿지 않는 게 정상적인 인간이다.

이것을 좀 쉽게 설명해 보겠다.

누구나 알고 있는 중력의 법칙을 생각해 보면 좋을 것 같다. 중력의 법칙이 알고 보면 끌어당김의 법칙이라고 할 수 있다.

중력의 법칙에서 하나의 물체가 있고 그 물체에 다른 비슷한 크기의 물체가 끌어당겨지면 처음보다는 더 커진 물체가 되고 이렇게 더 커진 물체는 처음의 작은 물체가 아니라 비슷한 크기의 물체를 끌어당겨 2배 이상 커지게 되는 이 과정을 거쳐 지금의 지구가 된 것이다.

여기서 주의해서 볼 것은 끌어당겨지며 커지는데 더하기로 커지는 것이 아니라 곱하기로 커지는 승수의 법칙이 적용되는 것이다.

이것이 기하급수적인 성장이고 복리의 마법이다.

앞에서 언급한 시작은 미약하나 나중엔 창대해지리라는 것을 이해하기 위해서는 바로 기하급수적인 성장인 복리의 마법을 이해하면 될 것이다. 오죽하면 아인슈타인도 복리의 법칙을 세계 8대 불가사의 중의 하나라고 얘기했겠는가?

그리고 원하는 무엇인가를 성취하기 위해서는 그것에 맞게 생각의 수준을 높여야 한다. 생각의 수준이 높아질수록 올바른 것에 대한 이해가 높아지고 자연히 그것을 성취하기 위해 필수적인 덕목인 자제력과 인내심이 생겨나게 된다. 생각의 수준이 낮을수록 동물적 본능에 충실하게 되고 단순히 반응하는 삶을 살게 된다.

그리고 생각이 표면의식의 상태에서 형성되어졌다면 단기적이고 충동적인 생활을 하게 되고 거기에는 동물적 본능을 억제하고 자신이 계확한 목표를 이루기 위해 희생할 수 있는 높은 수준의 생각이 형성될 수 없다. 당연히 생각의 수준이 낮을수록 동물적 본능에 충실하게 되고 명석하게 사고하지 못하고 단기적인 본능에 충실하기 때문에 체계적인 계획을 세울 수도 없다.

그런 사람은 자신의 잠재력을 계발할 수도 없으며 독립적으로 책임감 있고 인내심 있게 일을 이루어 나가지 못한다.

결국 생각의 수준이 높아질수록 개체의식의 상태에서 전체의식의 상태로 진화하게 되고 우주의 절대 법칙과 일치하게 되기 때문에 모든 에너지가 조화 있게 이루어지고 물질적 풍요와 의식의 성장, 육체적 건강 등 모든 것이 조화 있게 이루어지게 된다.

단기적인 생각을 하게 되면 이해의 폭이 좁고 전체적인 이해에 기반하지 못하기 때문에 단기적이고 즉각적인 반응을 하게 된다. 따라서 자기의 욕망이 충족되면 좋아하고, 자기의 욕망이 충족되지 못하면 화를 내는 등의 감정적인 상태에 빠져 있어 체계적으로 문제를 해결해 나가지 못한다.

일이 진행되는 원리를 깊이 이해하게 되면 단기적이고 즉각적인 반응을 하지 않게 되고 원리에 맞게 과정이 순차적으로 나아가게 되는 것을 이해하게 된다. 자연히 조급하지 않고 과정 중에 나타날 것이 나타나는 것을 알고 있기 때문에 담담하고 편안하게 된다.

전체의식 상태에서는 단기적으로 일희일비하지 않고 장기적인 비전에 집중하기 때문에 단기적으로 나타나는 힘든 과정들에 포기하지 않고 목표에만 집중하고 이루기 위해 인내하고 노력하여 결국 원하는 목표를 이루게 된다. 물론 단기적으로 실패할 수도 있지만 이때도 단기적인 현상을 결과로 인지하지 않기 때문에 포기하지 않고 실패도 하나의 과정으로 인식하고, 장기비전에 대한 믿음을 더욱 확고히 하는 계기로 삼고 더욱 더 큰 목표를 이루는 계기가 될 것이다.

이와 같이 똑같이 시작하였는데 누구는 쇠퇴하고, 누구는 번성을 하는지를 구분하는 가장 중요한 키포인트는 바로 개인의 의식 상태에 있다는 것을 알게 될 것이다.

분리된 개체의식 상태에서는 장기적으로 일관성 있는 비전이 없이 단기적이고 즉흥적인 감정 상태에 있기 때문에 잉태의 법칙이 실현되지 못하고 정체되거나 쇠퇴하는 삶을 살게 된다. 반면에 통합된 전체의식 상태에 있게 되면 일이 이루어지는 자연의 성장 원리를 깊이 이해하고 있기 때문에 장기적으로 꾸준히 생각을 목표에 집중하여 결국 잉태의 법칙이 실현되어 내면에 있는 비전이 현실로 창조되는 삶을 살게 된다. 물론 가는 과정에 여러 힘든 과정이 나타날 수밖에 없지만 그런 힘든 과정들도 하나의 현상적 과정으로 인지하고 장기 목표에 집중하고 있기 때문에 인내할 수 있게 된다.

결국 원리대로 일이 진행되기에 목표하는 것을 이루게 된다.

창조하는 삶 & 반응하는 삶

본능에 따른 투자 &
본능에 역행하는 역발상 투자

인간의 대표적인 본능에는 탐욕과 공포라는 감정이 있다. 인간의 욕망, 욕심, 탐욕과 의심, 두려움, 공포 등은 결국 인간의 개체의식에 의한 분리감에 기인하는 인간의 감정을 나타내는 표현들이다.

이러한 인간의 본능적 감정을 없애고 평정심을 유지하기 위해서는 결국 개체의식의 분리된 표면의식에서 전체의식의 통합된 조화로운 의식으로 진화해야 한다.

분리된 개체성의 표면의식 상태에서는 우리는 전체와 떨어져서 불완전하게 있는 불안한 존재이기 때문에 항상 불안하고 두려워할 수밖에 없다. 이러한 두려움과 불완전함을 채우기 위해 우리는 부족하다고 생각하는 것을 채울 수 있는 무엇인가를 구하게 되고 이것이 욕망의 본연의 모습이다.

결국 탐욕과 두려움의 근본적인 원인은 우리가 불완전하다고 생각하는 잠재적인 나의 잘못된 생각에 있다.

우리가 분리되어 있다는 이 잘못된 생각을 버리고 우리의 잘못된 본능을 바로잡아야 진정한 우리의 올바른 길이 보일 것이고 거기에 우리의 참된 본질이 나타날 것이다. 그리고 참된 본질에 집중할수록 자신이 분리되어 있다는 착각에서 벗어나 자신의 참자아를 알아보고 깨닫는 힘이 커지게 된다.

　대부분의 사람들은 두려움을 없애기 위해 불완전함을 채울 수 있는 어떤 것을 욕망하게 되고 이 욕망을 채우게 되면 순간적인 만족감을 느끼게 된다. 그러나 이러한 욕망을 채우는 행위는 올바른 길이 아니기 때문에 또다시 더 큰 욕망을 바라게 되고 또 우리는 그 새로운 욕망을 채우기 위해 더 큰 애씀을 해야 한다.

　이러한 애씀을 우리는 올바른 것이라 생각하고 죽기 살기로 열심히 애쓰며 삶을 살아왔고, 채워지지 않은 우리의 불완전함을 채우기 위한 욕망을 만족시키기 위해 끊임없이 애쓰며 지금도 살고 있다.
　어떻게 보면 끊임없이 계속되는 악순환의 연속이라는 것을 자각하고 이해해야 한다.

　그리고 우리들은 아무 생각 없이 노력한다고 하지만 실제로 노력과 애씀에 대해 깊이 생각해 봐야 한다.
　노력은 올바른 방향에 대한 추진력이고, 애씀은 올바르지 않은 방향에 대한 추진력이다.
　결국 우리들은 노력하며 산다고 생각했지만 알고 보면 애쓰며 살아왔다는 것을 인식해야 새로운 방향성의 삶을 살 수 있게 된다.

　올바른 방향이란 통합된 전체성에 기인한 심층의식을 향하는 것이고, 올바르지 않은 방향이란 분리된 개체성에 기인한 표면의식을 향하는 것

　　　　　　　　창조하는 삶 & 반응하는 삶

이다.

여기서 우리가 생각해 봐야할 것은 결국 속도보다는 방향이 중요하다는 것이다. 잘못된 방향으로 속도만을 중요시하고 더욱 빨리 갈려고 평생을 보내지만 결국 잘못된 방향이었다는 것을 죽기 전에야 겨우 알 수 있을 것이다. 오죽하면 인류사에서 가장 부유하고 지혜롭다는 솔로몬왕도 죽기 전에 '헛되고 헛되고 또 헛되도다.'라며 삶을 마감했겠는가?

이제부터라도 인생의 방향에 대한 자각과 역발상적인 사고의 전환이 중요하다. 욕망을 채우려고 노력하는 대신에 애초에 우리 자신이 분리되었다는 분리의식이 착각이었다는 것을 알아차리고 이러한 소란스러운 잘못된 생각을 가라앉히고 오히려 없애기 위해 역발상의 방향으로 생각해 봐야 한다.

이러한 욕망이 현재의 세상을 만들었지만 거기에는 참된 방향의 본질은 없다.

오히려 욕망의 표면적인 생각을 침묵시키면 우리의 본질인 참된 자아가 나타나게 되고 이 상태에 이르러서야 비로소 참된 전체감과 평온함 그리고 행복감이 나타나게 된다. 이러한 생각의 역발상이 전체적으로 이해되면 모든 면에 적용이 가능하다. 왜냐하면 모든 삶의 진리는 결국 하나이기 때문이다.

모든 투자에서도 역발상 투자를 하는 것이 무엇보다 중요하다. 워렌 버핏의 명언 중에 역발상 투자에 대한 다음의 얘기는 누구나 투자를 함에 있어 가슴에 새기고 또 새겨야 한다.

'다른 사람들이 탐욕스러워할 때 반대로 나는 조심하고, 다른 사람들이 공포에 사로잡혀 있을 때 반대로 나는 탐욕스러워진다.'

인간의 본능은 아직까지 원시시대에서 진화되지 못했기에 원시본능의 하나인 무리 짓기 본능이 있어 대중이 탐욕스러우면 대부분 분위기에 휩쓸려 같이 탐욕스러워지고, 반대로 대중이 공포에 사로잡혀 있으면 대부분 다 같이 공포에 사로잡히게 된다.

위인들은 이러한 인간의 원시 본능을 이해하고 극복하는 지혜로움과 극기를 가지고 있었기에 욕망과 탐욕이라는 인간의 본능을 역행할 수 있었던 것이다. 여기서 더 나아가 하워드 막스의 《투자에 대한 생각》이라는 책에 역발상 투자에 대한 좋은 내용이 있다. 아마 워렌 버핏은 대부분 알지만 하워드 막스는 잘 모를 수 있다. 워렌 버핏은 메일함에서 하워드 막스의 메일이 보이면 맨 먼저 읽는다고 할 정도로 하워드 막스를 높이 평가했다.

하워드 막스의 《투자에 대한 생각》 이란 책에서 역발상 투자에 대한 생각을 알아보자.

'역발상 투자란 모두가 1차적 사고(빠른 사고, 표면적 사고)를 할 때 대중

창조하는 삶 & 반응하는 삶

과 역행해 2차적 사고(느린 사고, 심층적 사고)를 하는 것이다.

1차적 사고: 좋은 회사니까 그 회사의 주식을 사자.

2차적 사고: 좋은 회사이긴 한데 모두가 그 회사를 과대평가해서 주가가

고평가돼서 너무 비싸군. 반대로 그 회사의 주식을 팔자.'

하워드 막스, 《투자에 대한 생각》, (사)한국물가정보, 19p

1차적 사고는 단순하고 피상적이어서 누구나 할 수 있다. 누구나 할 수 있기에 항상 지나치게 낙관적이거나 지나치게 비관적이다.

전자의 지나치게 낙관적인 경우를 탐욕이라고 할 수 있고, 지나치게 비관적인 경우를 공포라고 할 수 있다.

이러한 공포와 탐욕이 지배하는 1차적 사고에서 벗어나 심오하고 복합적인 2차적 사고(심층적 사고)를 해야 진정한 역발상 투자가 가능하다.

대부분의 사람들은 1차적 사고를 하기 때문에 투자에 실패하고, 소수의 사람들만이 2차적 사고를 하기 때문에 투자에 성공할 수 있다.

우리들의 본능에는 유전적으로 군집 본능이 깊이 자리 잡고 있다. 원시시대에는 무리와 떨어져 있다는 것은 생존과 밀접하게 연관되어 있기 때문에 다른 본능보다도 더 중요하게 여겨진다. 그래서 다른 사람들과 다른 길을 선택한다는 것은 생존 본능에 역행하는 것이기 때문에 역발상으로 무리와 떨어져 다른 길을 가는 것은 정말 힘들다. 그리고 실제로 원시시대는 무리와 떨어져 있게 되면 주위 환경이나 맹수들에 의해 목숨을 잃게 되었을 것이다.

아이러니하게도 현재 우리의 유전적 조상들은 역발상의 생각을 갖고 있는 사람들보다 무리 짓기 본능에 충실한 사람들이 우리의 DNA를 대부분 차지하고 있을 것이다. 그래서 투자를 할 때도 다른 사람들이 사면 따라서 사게 되고 팔면 따라서 팔게 된다. 이러한 군집 본능과 생존 본능 때문에 공포와 탐욕이라는 인간의 감정이 생기게 되었다. 이러한 잘못된 감정은 인간 본능상 당연히 생길 수밖에 없다. 이러한 인간의 본능 때문에 대부분의 사람들이 투자를 실패할 수밖에 없는 운명에 놓이게 된 것이다.

어떻게 보면 아무 생각 없이 본능에 충실하게 되면 투자에 실패해 가난한 삶을 살게 되는 것이고, 본능을 역행하는 지혜와 극기를 가지고 있는 소수의 사람들은 투자에 성공해 풍요로운 삶을 살게 되는 것이다. 이러한 인간의 본능적인 오류를 겸허히 받아들이고 이해하게 되면 공포와 탐욕에서 벗어날 수 있게 되고 비로소 역발상 투자도 할 수 있게 되어 누구나 바라는 인생의 행복과 성공을 얻을 수 있다.

역발상 투자를 하기 위해서는 인간의 감정상의 양끝에 있는 공포와 탐욕에서 벗어나 평정심에 기반한 조화로움이 자리 잡아야 한다. 그리고 역발상 투자가 가능하다는 것은 결국 표면의식적인 분리된 개체성의 반응하는 삶을 버리고 심층의식적인 통합된 전체성의 창조하는 삶을 살게 되었다는 것을 의미한다.

오죽하면 역사상 위대한 천재인 뉴턴도 영국의 남해회사라는 역사상 가장 큰 투기에서 인간의 본능을 역행하지 못해 투자에 실패해 빚까지 지며 노년에 가난한 삶을 살게 되었는지 곰곰이 생각해 봐야 할 것이다.

뉴턴의 유명한 격언이 있다.

'천체의 움직임까지 계산할 수 있는데 인간의 광기는 계산할 수 없다.'

아무리 지능적으로 천재적인 머리를 가졌어도 인간의 생존 본능을 이겨 낼 수는 없었을 것이다. 역발상 투자를 해야 한다는 것을 알고 있는 사람도 있겠지만 실제로 역발상 투자를 하는 이가 드문 것도 무리 짓는 인간의 생존 본능이 너무도 강력해서 비록 머리로 알고 있어도 실행하지 못하는 것이다.

투자의 대가인 워렌 버핏도 이러한 인간의 잘못된 본능인 탐욕과 공포를 이겨 낼 수 있다면 성공적인 투자를 할 수 있다고 했다. 내가 워렌 버핏을 존중하는 것도 이러한 인간의 생존 본능을 역행하는 삶을 실제로 실천하며 평생 동안 살고 있기 때문이다.

이러한 인간의 본능인 탐욕과 공포를 이겨 내기 위해서는 표면의식적인 개체성의 본능을 절제하고, 이면의 전체의식에 집중하는 올바른 길로 들어서야 한다.

자신의 진정한 자아인 전체의식을 깨닫게 되면 자연히 불완전함의 대표적인 감정인 탐욕과 공포는 자연히 사라지게 되고 자연스럽게 평온함으로 평정심이 이루어지게 된다.

대부분의 사람들은 억지로 감정을 가라앉히려고 노력하지만 결국 이러한 노력도 표면의식적인 형태만 틀린 또 다른 에고의 작용일 뿐이기 때문에 형태만 틀린 인간 본능의 현상들일 뿐이다. 나타난 현상만 틀려질 뿐이지 결국 본질적으로는 표면의식적인 작용으로 같다고 볼 수 있다.

인간의 불완전한 감정인 분리된 의식을 극복하고 완전한 전체의식인 참된 자아로 거듭 태어나는 것이 역발상의 방향이고 올바른 성장의 길이다.

창조하는 삶 & 반응하는 삶

4부

의식 성장과 경제적 성장을 위한
필수 덕목 10가지

믿음
생각의 실현 & 생각의 일관성

간절히 생각하고 원하면 현실로 이루어진다고 한다.

여기서 중요한 것은 완전한 믿음에 기반할 때 생각이 현실로 구현된다는 것이다.

의심과 갈등상태에서 생각이 이루어지면 한편으로는 반대의 생각이 또 일어나 (+)와 (-)가 만나 상쇄되는 것과 같이 생각의 일관성이 없으면 생각의 구현은 일어나기 힘들다. 생각에 일관성이 있으려면 생각의 작용과 원리에 대한 깊은 이해와 믿음이 있어야 하고 그러한 원리에 대한 이해와 믿음이 있어야 목적이 이루어지는데 꼭 필요한 덕목인 인내심과 절제력이 자연히 생기게 된다.

기본적으로 표면의식적인 개체의식 상태는 부정과 의심, 분열의 상태가 주를 이루기 때문에 에너지의 소모가 많고 일관되게 행해지지 않기 때문에 성장이 없이 쇠퇴가 일어나게 된다.

반면에 심층의식의 전체의식 상태에서는 일관된 믿음과 원리에 대한 이해가 있기 때문에 에너지가 일관되게 모이게 되고, 우주의 원리에 따라 일이 진행되는 것을 믿고, 원리에 맞는 결과가 나올 것을 굳건히 믿기 때문에 자연히 인내심이 생기게 되어 생각이 현실에서 원리에 맞게 실제로

창조하는 삶 & 반응하는 삶

구현되게 된다.

얼마나 믿느냐에 따라 구현되는 시기가 결정될 뿐이다.

믿음이 강하면 강할수록 현실로 구현되는 시기가 빨라질 것이다. 믿음이 강해지기 위해서는 부정성과 의심 등이 계속해서 올라오는 개체의식이 사라져야 가능하다. 개체의식을 구성하는 나라는 개체의 에고가 여전히 존재하면 생각이 깊어질 수 없고 집중력 있게 잠재의식이 활동하게 되지 못한다.

점차적으로 표면의식의 개체성이 사라지고 심층의식 상태에서 나타나는 '나 없음'의 잠재의식 상태가 활성화되면 깊은 잠재의식에 내재되어 있는 무한한 가능성의 높은 에너지의 세계와 현실이 연결되면서 비로소 내면의 현실 창조가 이루어진다. 이 연결 지점에서 에너지의 소통을 막고 있는 큰 방해 요소가 표면의식적인 '나 있음'의 개체의식의 상태이다.

개체로서의 나가 없어지면 전체의식의 통합된 참나가 드러나기 시작하며 에너지가 소통되어 서로 질서정연하게 어우러지는 이러한 상태를 조화의 상태라고 하고 이러한 조화의 상태가 에너지가 끊임없이 흐르는 동적평형 상태이다.

'상상이 현실을 창조한다.'라는 말이 있는데 여기서 우리가 알아야 할 것은 상상과 몽상은 다르다는 것이다. 상상과 몽상의 차이는 믿음이 있느냐 없느냐이다.

상상은 믿음을 전제로 하기 때문에 현실로 창조될 수 있는 것이고, 몽상은 믿음이 없기 때문에 현실로 창조되지 못하는 것이다.

성경에도 '너의 믿음이 너를 구원하니라.'라고 했듯이 믿음을 전제로 하는 상상이 우리들이 바라는 세상을 창조한다는 것을 이해하는 것이 무엇보다 중요하다.

이러한 믿음이 있기 위해서는 의식 성장이 전제가 되어야 한다. 의식 성장 없이 진정한 믿음이 생길 수 없기 때문이다.

의식 성장 없이 올바른 믿음이 형성이 될 수 없고, 올바른 믿음 없이는 우리가 바라는 진정한 풍요로움이 생길 수 없다. 의식 성장과 경제적 풍요로움이 연결되기 위해서는 믿음의 다리가 놓여야 한다.

조셉 머피의 《조셉 머피 잠재의식의 힘》이라는 책에 보면 믿음의 도약에 관한 좋은 내용이 있다.

> 종교, 종파, 신앙과 관계없이 믿는 이 모두가 기도의 응답을 받는 이유는 자신이 기도하는 것에 대한 믿음을 가지고 있고, 기도한 것을 마음속으로 굳게 받아들이기 때문이다.
> 생명의 법칙은 곧 믿음의 법칙이다.
> 조셉 머피, 《조셉 머피 잠재의식의 힘》, 다산북스, 16p

성경에 보면 여리고에서 구걸하는 맹인이 예수님에게 눈을 뜨게 해 달

창조하는 삶 & 반응하는 삶

라고 하자 예수님이 '너의 믿음이 너를 구원하니라.'라고 하셨는데 여기서 맹인의 눈을 뜨게 하는 것이 우리들의 영적인 눈을 뜨게 하는 비유적인 성경의 가르침이라고 개인적으로 생각한다.

　대부분의 사람들은 영적인 면에서 맹인과 같다. 영적으로 성장해 영적인 눈을 뜨게 되면 올바른 믿음이 생기게 되고 당신의 올바른 믿음이 잠재의식에 각인되어 잠재의식과 현재의식이 믿음의 다리를 통해 연결되어 당신이 원하는 세상을 창조하게 되는 것이다.

사랑
내려놓음 & 거듭 태어남

사랑이란 나를 온전히 내려놓는 것을 말하는 것이다. 나를 온전히 내려놓는다는 것은 오랜 세월동안 형성되어 고착화된 개체성의 나라는 관념을 내려놓는 것을 의미하며 표면적으로 나타난 현상들에 더 이상 휩쓸리지 않는다는 것을 의미한다.

'나 있음'의 상태에서는 표면적인 상태에서 나타나는 집착, 슬픔, 분노 등의 개념이 자연적으로 생기게 되고, 반면에 '나 없음'의 상태에서는 사랑, 용서, 봉사 등의 본질적인 면에 맞는 개념들이 자연적으로 생기게 된다.

내가 온전히 없어져야 진정한 사랑이 나올 수 있고 그것은 다른 말로 자신을 희생한다는 뜻이다. 결국 자기를 버리는 희생이 있어야 진정한 사랑도 있게 된다. 여기서 대부분의 사람들이 머뭇거리며 나를 없애야 한다는 것에 대한 두려움이 생기게 된다. 나를 없앤다는 개념이 육체로서의 나를 죽이는 것으로 생각하기 쉽지만 그렇지 않다. 나라는 개념에 대해 아직 무지하기 때문에 이러한 오해가 생기는 것이다.

여기서 말하는 나는 개체로서의 표면적인 의식 상태의 에고를 지칭하는 것이다. 이러한 에고로서의 표면적인 나를 없애고 우주의 원리 그 자

창조하는 삶 & 반응하는 삶

체인 내면의 참자아로 거듭 태어나게 될 때 비로소 온전한 포용을 할 수 있는 참된 사랑이 생기게 된다.

전체로서의 참자아는 현상적으로는 나눠져 보일 수 있지만 본질적으로는 하나이기 때문에 완전한 포용과 사랑이라는 개념이 자연스럽게 생기게 된다.

개체로서의 자기를 버리는 희생이 있어야 갈등과 투쟁 등 소모적이고 비생산적인 행위들이 비로소 없어질 수 있게 된다. 이러한 희생과 사랑의 정신이 있어야 진정한 봉사도 있을 수 있다. 개체성 상태의 에고가 클수록 자기를 높이기 위해 거만해지고 다른 사람들을 억압하게 되고 자기를 높이기 위한 권위의식도 생기게 된다. 그리고 우주의 원리에 어긋나는 삶을 살게 되기 때문에 갈등과 소모적인 분쟁에 휘둘리는 삶을 살게 된다.

반면에 자기를 내려놓을수록 자기희생, 절제, 사랑, 봉사 등이 자연스럽게 나타나게 되고, 나를 온전히 내려놓을수록 거기에 비례하여 '나 없음'의 참된 자기가 나타나게 되어 내면의 신성이 나타나게 된다. 그리고 우주의 원리와 조화되는 삶을 살기 때문에 행복과 평화로움이 가득한 안정적인 삶을 살게 된다.

즉, 신이 역사하는 천국이 나타나게 된다. 나를 온전히 내려놓고 신이 역사하게 하는 것이 참된 자기로 거듭 태어나는 유일한 바른 길이지만 이것이 어려운 것은 에고의 습관이 오랜 세월 동안에 깊이 각인되어 거짓이 참이 되어 매우 강력하게 형성되었기 때문이다. 올바른 길로 가기 위해서는 오랜 세월 굳어진 자신의 에고를 놓아 보내는 게 최우선적으로 할 일이다.

성경에 보면 니고데모가 예수님에게 '천국에 가기 위해서는 어떻게 해야 합니까?'라고 질문하니 예수님이 다음과 같이 말씀하셨다.

'진실로 진실로 말하노니 거듭 태어나지 않으면 하나님의 나라인 천국에 들어갈 수 없느니라.'

이러한 진리의 말을 듣고 있는 니고데모의 의식 상태에서는 다시 태어나라고 하니 이 나이에 어떻게 엄마 뱃속에 다시 들어갈 수 있는지 생각한다. 왜냐하면 일반적인 표면의식 상태에서는 나라는 개념이 육체로서의 나만을 의미하기 때문이다. 예수님이 말씀하신 거듭 태어난다는 것은 기존에 개체성의 에고 상태에서 전체성의 참된 나로 거듭 태어나는 것을 의미한다.

개체성의 에고가 사라질수록 행위자에서 주시자로 바뀌게 될 것이고 이 과정이 익숙해질수록 참된 자아가 자연스럽게 나타나게 되어 일이 스스로 일어나게 된다.
여기서 우리가 주목해야 할 것은 올바른 길로 가기 위해서는 행위자에서 주시자로 의식의 전환이 꼭 있어야 한다는 것이다.

의식이 전환되지 않고 단순히 행위자로서 있게 되면 표면적인 의식 상태에 있게 되기 때문에 단순히 반응하는 행위를 하게 되고, 개체성의 표

창조하는 삶 & 반응하는 삶

면의식적인 자아인 에고로서의 삶을 살게 된다. 그리고 원리에 어긋나는 삶을 살게 되어 올바르게 성장하지 못하고 갈등하며 에너지가 소모되는 쇠퇴하는 삶을 살게 된다.

행위자는 행위를 하고 있는 나와 참된 나를 동일시하여 행위를 하고 있을 때의 반응과 감정들에 사로잡혀 슬픔과 기쁨 등이 실재한다고 착각하며 살게 된다.

반면에 주시자는 행위를 하고 있는 나와 참된 나를 동일시하지 않아 행위 중에 나타나는 여러 감정 등에 사로잡히지 않고 평온함을 유지하고 원리에 조화되는 올바른 삶을 살게 된다.

행위자일 때 나타나는 대표적인 감정적 작용들로서는 조급함, 분노, 슬픔, 시기 등의 우리의 삶을 불행하게 하고 실패하게 하는 중요 요인들이 있다. 이와 같이 행위자일 때 나타나는 감정들에 사로잡혀 반응하는 삶을 살게 되면 갈등과 혼란이 넘치는 무질서한 삶을 살기 때문에 내부적으로도 무질서하고 불안정하게 된다. 그리고 외부의 무질서한 삶도 깊이 살펴보면 당연히 내부의 무질서한 상태가 투영되어 현상적으로도 무질서하고 불안정한 현상적 결과가 나타난 것이다.

어둠이 어둠을 몰아내지 못하듯이 외부적으로 혼란스럽고 불행한 삶을 살고 있다면 단순히 결과물에 불과한 외부에서 해결하기 보다는 외부의 현상적 결과의 원인이 되는 내부에 집중하는 삶의 태도를 가져야 한다. 그리고 마음을 차분히 가라앉히고 내면의 본질에 집중하는 삶의 자세가 무엇보다 중요하다.

이렇게 생각해 보면 이해가 쉬울 거 같다. 물이 혼탁해져 있는 상태에서 우리가 해야 할 것은 더 흔드는 것이 아니라 가만히 놔두어야 한다. 가만히 놔두게 되면 자연히 모래가 가라앉고 물은 투명해지게 되는 원리와 같다.

어떻게 보면 행위자로서 살게 되면 혼탁한 물컵을 더 흔들어 더욱 물을 혼탁하게 하는 것과 같고, 주시자로서 살게 되면 혼탁한 물을 흔들지 않고 가만히 놔두어 자연히 층이 분리되며 물이 맑아지는 것과 같다.

우리도 혼란스러운 상태에서 마음을 가라앉히기 위해서는 혼탁한 물을 흔들어 대는 행위자로서의 행위를 멈추고 가만히 지켜보는 주시자로서 본질에 집중하게 되면 혼탁한 물이 가라앉으며 투명한 물이 되듯이 혼란스러운 마음이 가라앉으며 자연히 내면의 흐름이 질서 있게 되며 원리에 맞게 일이 진행이 된다.

여기서 행위자로서의 행위를 멈추고 개체로서의 나를 내려놓는 것이 주시자로서 '나 없음'의 참된 사랑이 나타나는 것을 의미하며 이러한 참된 사랑의 존재 위에 진정한 용서와 조화로움이 펼쳐지게 된다.

창조하는 삶 & 반응하는 삶

집중과 몰입
본질에 집중 & 존재에 몰입

보통 성공한 사람들은 자신이 원하는 목표를 확고히 하고 목표를 이룰 때까지 신념을 유지하는 삶을 산다.

여기서 목표에 집중한다는 것은 목표에 집중하고 몰입하기 때문에 다른 생각들이 자연히 없어지는 것을 의미한다. 대부분의 사람들은 표면의식 상태에 있기 때문에 생각이 방향성이 없고 나타났다 사라지는 과정이 반복되며 나타난 현상에 휩쓸리는 반응하는 삶을 살고 있다.

반면에 성공한 소수의 사람들은 현상에 휩쓸리지 않고 내가 원하는 목표에 집중하기 때문에 방향성 없이 생기고 사라지는 여러 생각들이 가라앉고 자연스럽게 표면적인 생각들이 없어지게 되어 내면에 잠들어 있는 내면의 참자아가 발현되는 올바른 성장의 삶을 살게 된다.

확고한 신념과 열망이 강할수록 표면적인 여러 생각들이 없어지고 생각이 없어질수록 참된 자아가 모습을 드러내게 된다.

참된 자아가 우주의 근본 원리인 전체적인 모습이기에 참자아의 의지대로 세상의 현상적인 모습은 나타나고 없어진다. 여기서 한 걸음 더 나아가 하나의 목표에 집중하는 나의 의지가 마지막으로 없어져야 하나의 전체적인 참자아가 되었다고 할 수 있다.

목표를 이루려는 개체적인 내가 남아 있는 한 여전히 분리된 표면적인 의식 상태에 있기 때문에 결국은 갈등과 분열의 상태가 더욱더 커지게 된다. 분열된 상태에서는 에너지의 소모가 생기기 때문에 큰 힘을 발휘하지 못하고 산만한 여러 생각들로 인해 갈피를 잡지 못하고 헤매게 만든다. 인생의 목적은 표면적인 개체성의 분열된 '거짓 나'가 사라지고 심층적인 전체성의 통합된 '참된 나'로 거듭 태어나 진정으로 의식 성장과 물질적 성장이 동시에 일어나 행복하고 성장하는 삶을 사는 것이다.

여기서 좀 더 깊이 생각해 봐야 할 것이 있는데 인생의 행복은 의식 성장과 물질적 성장이 동시에 일어나야 하는 것인데 현재 경제적으로 성공한 사람들이 의식 성장이 같이 일어나는 경우는 드물다.

지금의 성공한 사람들은 목표를 확고히 하고 목표를 이루려는 강한 열망이 있기 때문에 그 목표로 하는 생각을 제외한 나머지 생각들이 자연히 가라앉게 되어 삶의 본질에 가까워지며 어느 정도 성공은 했을 것이다. 그러나 결국 인생의 본질을 알지 못하기 때문에 제대로 된 성공을 할 수 없게 된다. 왜냐하면 삶의 올바른 의미와 우주의 전체적인 원리를 이해하지 못하면 올바른 길에 들어서지 못하기 때문이다.

실제로 경제적으로 부유한 사람들 중에 행복감을 느끼지 못하는 사람들도 많다고 한다. 왜냐하면 목표에 집중해 자신이 원하는 부를 얻을 수

창조하는 삶 & 반응하는 삶

는 있었지만 얻고 나서 공허함이 그 다음에 당연히 나타나기 때문에 행복감을 느끼지 못하는 것이다.

즉, 집중과 몰입을 통해 원하는 것을 얻는 근본적인 원리를 이해하지 못한다면 결국 일시적이고 불완전한 상태에 놓이게 되기 때문에 공허함이 생길 수밖에 없는 것이다. 따라서 집중과 몰입을 통해 표면의식적인 개체성이 사라지고 내면의 심층의식적인 참자아로 거듭 태어나는 근본 원리를 이해해야 영원한 인생의 행복과 성공이 유지되는 참된 삶을 살게 되는 것이다.

여기서 중요한 것은 목표에 집중하여 몰입을 하게 되면 표면적인 소음과 같은 현상들이 사라지며 자연히 내면에 잠들어 있는 잠재의식이 깨어나게 되고 어느 정도 성공은 할 수 있다. 그러나 집중과 몰입을 통해 표면의식적인 내가 사라지며 심층의식적인 나로 거듭 태어나는 이러한 올바른 의식성장 없이는 제대로 된 성공을 할 수 없기 때문에 결국 공허함이 생길 수 밖에 없다.

모두가 경제적 성공을 원하지만 의식 성장 없이는 진정한 경제적 성공도 힘들고 행복한 삶도 살지 못한다. 일시적인 경제적 성공으로 개체성의 욕망을 만족시켜 줄 수는 있지만 올바른 의식 성장이 없기 때문에 또다른 욕구가 생길 수밖에 없고 끝없이 이러한 과정을 의미 없이 반복하게 될 것이다.

솔로몬왕이 죽으면서 말한 '헛되고 또 헛되다.'는 말의 의미를 깊이 새거들어야 한다.

　명상을 하는 방법 중에 하나인 사마타식 수행 방법으로 하나에 집중하는 집중 명상을 하게 되면 처음에는 그 집중하는 것 이외에는 다른 생각들이 가라앉기에 명상이 잘됐다고 할 수 있지만 결국 본질에 대한 명확한 이해가 없는 상태에서 몰입만 된 상태이기 때문에 결국은 다시 분열된 의식 상태로 돌아가게 된다. 현상적으로 나타나는 형태와 형상만 다를 뿐 결국 또 다른 분열과 갈등의 상태에 있게 되기 때문에 본질적인 참자아로 존재하지 못하게 된다.

　삶의 본질을 명확히 이해하게 되면 심층의식의 전체적인 조화로움의 상태에 있게 되기 때문에 자연히 나라는 개체의식이 없어지게 되고, 억지로 현상적인 생각을 없애기 위한 인위적인 노력이 필요 없이 고요한 평화로움과 전체성의 존재함만이 있게 된다.

창조하는 삶 & 반응하는 삶

겸허함
내려놓는 겸허함 & 전체를 보는 통찰

올바른 삶을 살기 위해서 가장 필요한 것이 무엇일까 생각해 봤을 때 '겸허함'이야말로 처음이자 끝이라고 할 정도로 중요하다고 생각한다. 여기서 얘기하는 겸허함은 우리가 피상적으로 알고 있는 개념적인 용어가 아니라 겸허함이 지니고 있는 깊은 의미에 대해 얘기하는 것이다.

우리는 보통 겸허함에 대해 피상적으로 허리를 숙이며 남에게 양보하는 정도로 생각을 많이 하지만 여기서 얘기하는 겸허함이란 개체로서의 나를 복종시키고 내면의 심층의식에 집중해 내면의 신성의식으로 존재하게 되는 것을 의미한다.

우리가 어떤 일을 하고 어떤 분야에 종사하든지 누구도 예외 없이 겸손함이라는 미덕이 전제되지 않고는 올바른 성공적인 삶을 살 수 없다. 왜냐하면 성공적인 삶을 살기 위해서는 의식의 전환이 꼭 필요한데 겸손하기 위해서는 개체로서의 표면적인 의식을 버리고 전체로서의 심층의식으로 전환해야 참된 겸손함이 나타나게 된다. 누구나 바라는 성공적인 삶을 살기 위해서는 의식의 전환이 꼭 필요한데 의식의 전환은 겸허함에서 시작된다고 할 수 있다.

겸허함을 이해하기 위해서는 개체로서의 나를 없애는 고통의 과정을 겪어야 한다. 개체로서의 내가 존재하는 한 진정한 겸손함은 생길 수 없다. 단지 억지로 겸허함의 흉내를 낼 수 는 있다. 우리는 학교를 다니면서 겸손해야 한다고 교육을 받지만 겸허함이 무엇인지 제대로 알고 있지 않다. 겸허함의 반대는 거만함이라고 생각하고 거만해지지 말고 겸손해야 한다고 얘기는 듣지만 우리의 본능은 개체로서의 생존 본능 때문에 여전히 에고로서의 개체성이 여러 형태의 모습을 띠며 존재한다.

관점의 차이는 어디에나 존재한다. 개체로서의 나로서 나를 바라볼 때와 심층적으로 내면의 참자아의 관점에서 나를 바라볼 때는 나라는 개념이 완전히 다르게 된다.

겸허함은 나를 내려놓는 과정에서 자연스럽게 생기게 되는 삶의 태도이다. 이때 중요한 것은 개체로서의 관점에서 나를 내려놓으려는 행위는 겸허함의 형태만 띠고 있을 뿐이지 나를 내려놓는 참된 겸허함하고는 다르다는 것이다.

나라는 개체성이 여전히 있는 상태에서는 나를 없애는 것의 주체가 없애려고 하는 나이기에 결코 없앨 수가 없다. 생각해 보면 자기를 죽이려고 하는 주체가 자기라면 죽이는 흉내만 내지 정말로 죽이지는 못할 것이다.

바로 이게 에고의 교묘함이다. 처음에는 반발하고 결국 굴복하는 척하지만 교묘하게 형태만 바꾸고 여전히 에고의 상태로 존재하게 된다. 그러다 시간이 지나면서 긴장의 끈을 놓고 있다 보면 어느새 에고가 극대화되

창조하는 삶 & 반응하는 삶

어 나를 내려놓는 것이 아니라 오히려 나를 더욱더 높여 자아도취하게 한다. 개체로서의 나를 완전히 내려놓을 때 비로소 내면에 잠들어 있는 참된 자아가 활동하기 시작하며 내면의 속삭임이 일어난다. 이러한 내면의 속삭임은 처음에는 소리가 너무 적어 있는지도 모르지만 개체로서의 나를 내려놓으면서 내면의 목소리가 선명히 들리게 되어 내면의 참자아와 소통하게 된다.

내면의 참자아는 개체로서의 자아가 아니고 개체라는 틀이 없어졌을 때 나타나며 이러한 내면의 참자아의 활동으로 개체로서의 나가 없어지면 자연히 겸허함이 나타나게 된다. 즉, 참된 겸허함이란 개체로서의 나가 없어지고 내면의 참자아 상태의 나로서 행위할 때 나타나는 자연스러운 삶의 형태이다. 나를 내려놓는 과정이 우리가 생각하는 것처럼 쉽지 않다.

아니, 어떻게 보면 거의 불가능할지도 모른다. 인류 역사상 의식이 성인의 경지에 이른 이가 매우 극소수인 것을 보면 알 수 있다.

왜 그렇게 나를 없애는 것이 힘들까?

나를 없애는 주체가 나이기 때문이다. 형태만 바뀔 뿐 나를 없애는 과정이 또 다른 나를 만드는 과정이기 때문에 또 다른 형태의 나는 내면의 참자아가 아닌 표면적인 의식의 형상일 뿐이다.

참된 겸허함이 일어나기 위해서는 의식의 변화에 대한 전체적인 이해와 기존의 개체성의 나를 끊어 내는 결단성이 필요하고 계속해서 올라오는 관습적인 기존의 나를 계속해서 끊어 내는 지속적인 인내의 과정이 필요하다.

쉽지는 않지만 결국 모든 사람들이 가야 할 인생의 숙명이다.

극기
개체성의 나를 극복 & 본능에 역행

극기는 자기를 극복한다는 뜻이다. 여기서 자기란 개체의식 상태에서의 인간 본능과 쾌락에 따른 쉽고 넓은 길을 가는 개체성의 나를 뜻하는 것이다.

인간 본능에 거스르는 어려운 길은 자제력과 인내심이 필요하고 전체의식의 상태인 우주의 법칙에 따른 올바른 길에 대한 신념이 필요하다. 즉, 극기를 하기 위해서는 올바른 길에 대한 이해와 확신 그리고 자제력과 인내심이 중요하다.

개체성의 인간 본능을 이겨 내고 내면의 본질인 참자아에 집중하는 올바른 길을 가기 위해서는 절제와 극기가 꼭 있어야 한다. 여기서 인간 본능에 거스르는 길을 가는 이를 다른 말로 하면 '역행자'라고 얘기할 수도 있을 것이다. '역행자'의 길을 가기 위해서는 인간 본능을 이겨내야 하기 때문에 '극기'라는 덕목이 있어야 가능한 것이다.

우리들은 생각을 한다고 하지만 좀 더 깊이 보면 생각에도 두 가지 방향의 생각이 있다. 표면의식적인 생각과 심층의식적인 생각이 있다.
표면의식적인 생각은 인간 본능에 충실한 현상적으로 생겼다 사라지는 개체성의 생각이고, 심층의식적인 생각이란 유전적인 인간 본능을 자제하고 내면의 참자아에 집중하는 전체성의 생각이다.

여기서 문득 망상과 명상에 대해 생각해 보면 좋을 거 같다.

망상이란 표면의식적인 현상적으로 일어나는 생각에 휩쓸리는 인간 본능에 충실한 길이고, 명상이란 현상적으로 일어나고 사라지는 생각을 자제하고 내면의 신성에 집중하는 극기가 필요한 길이다.

망상에도 생각을 한다. 여기서 생각은 개체의식 상태에서의 인간 본능에 따른 쉬운 생각이고, 명상이란 전체의식에 바탕을 둔 극기가 수반된 생각이다.

올바른 성장을 하기 위해서는 자신의 표면적인 생각에 매몰되어 단순히 반응하는 속박된 삶을 버리고, 미래의 목표에 초점을 맞추어 집중하여 외부 상황과 자신의 감정에서 벗어나 독립된 사고를 해야 한다. 그리고 매일같이 일어나는 부정적 생각과 의심 등의 습관적 표면의식을 통제하는 절제와 극기에 본질적인 삶의 성장이 있게 된다.

단지 습관적으로 표면의식에 따라 반응하는 삶을 살게 되면 올바른 성장과 깊이 있는 사고에 의한 지혜와 통찰이 없기 때문에 일관되고 명확한 방향성이 없이 단순히 산만하게 반응하는 행위만 하게 된다. 따라서 현상적인 여러 소음들에 휘둘리며 반응하는 삶을 살게 되어 올바른 성장을 하

창조하는 삶 & 반응하는 삶

지 못하고 정체하거나 퇴보하는 삶을 살게 된다.

반면에 일관되고 명확한 관점이 수반된 통찰력 있는 삶은 현상적으로 단순히 나타나는 소음에 휘둘리지 않고 독립된 자유로운 사고를 하기 때문에 어떤 특정 시점의 좁은 관점에 사로잡혀 있지 않고 이면에 흐르고 있는 일관된 법칙을 이해하게 된다. 즉, 확실성의 표면의식적인 관점에서는 불확실한 현상만을 보기 때문에 확실하게 인식되지도 않고 산만하고 리스크 있어 보이지만, 불확실성의 심층의식적인 관점에서 보면 이면에 흐르고 있는 일관된 법칙을 보기 때문에 오히려 안정되고 전혀 리스크가 없게 된다. 결국 보는 관점에 따라 똑같은 현상이 다르게 해석되는 것이다. 확실성의 표면의식에서는 현상적으로 나타난 것만을 보기 때문에 산만하고 위험해 보이는 것이고, 반면에 불확실성의 심층의식에서는 이면에 흐르는 일관된 법칙을 보기 때문에 오히려 질서 있고 안정되게 보이는 것이다.

확실성의 표면의식적인 나를 극복하는 극기를 통해 불확실성의 심층의식적인 나로 거듭 태어나야 올바른 성장을 하는 창조하는 삶을 살 수 있다.

투자의 관점에서 보면 단기적인 변동성을 맞추는 게임으로 투자하면 투자가 아닌 변동성을 맞추는 도박성의 투기가 되는 것이고, 한 발 물러선 주시자의 관점에서 장기적으로 바라보면 표면적으로는 불확실한 것 같지만 이면에 흐르는 일관된 방향성을 인지할 수 있어 편안하고 안정적인 투자를 지속적으로 할 수 있는 것이다. 올바른 투자를 하기 위해서는 표면적인 단기 변동성에 휩쓸리지 않고, 겉으로는 불확실해 보이지만 이면의 장기 성장을 이해하면서 확고히 믿고 꾸준히 투자해 가는 것이 중요하다.

앞에서 보여 주었던 주식의 200년 동안의 그래프를 보면 단기적으로는 변동성이 심해 위험해 보이지만 장기적인 추세선을 보면 변동성이 없이 추세선에 평균회귀하며 일정하게 우상향하는 것을 볼 수 있다. 즉, 확실성의 표면의식적인 사고를 하게 되면 겉으로 보이는 단기적인 현상을 보기 때문에 위험해 보이는 것이고, 불확실성의 심층의식적인 사고를 하게 되면 이면에 흐르는 장기 추세선을 보기 때문에 안정되게 보이는 것이다.

지금 이 글은 주식투자를 하는데 있어 개인적으로 정말 중요하다고 생각한다. 왜냐하면 대부분 주식투자를 실패하는 가장 큰 이유가 심리와 변동성 때문이다. 그러므로 심리를 극복하기 위해서는 의식이 표면의식에서 심층의식으로 성장해야 하고, 변동성을 극복하기 위해서는 현상적인 변동성에 현혹되지 말고 이면에 흐르는 장기추세선에 집중해야 한다.

어떻게 보면 우리가 인식할 수 있는 현상적인 변동성은 허상이고, 인식할 수 없는 보이지 않는 이면의 장기추세선이 실상이다. 결국 우리의 결함 있는 인지구조로 인해 실상은 인식이 되지 않고 허상만 인식이 가능하다는 게 인생의 아이러니다. 그러므로 올바른 성장을 하는 삶을 살기 위해서는 극기를 통해 현상적으로 나타나는 허상만을 인식하는 결함 있는 표면의식적인 나를 극복하고, 겉으로는 보이지는 않지만 이면에서 흐르는 실상을 인식하는 완전한 심층의식의 나로 거듭 태어나야 한다.

창조하는 삶 & 반응하는 삶

이와 같이 올바른 투자를 꾸준히 하기 위해서는 단기적인 반응을 하는 표면의식적인 우리의 사고를 극복하고 원리에 맞는 심층의식적인 사고를 하는 습관을 꾸준히 익혀 올바른 습관을 일상화해야 한다. 누구나 바라는 인생의 행복과 성공을 이루기 위해서는 이와 같은 극기의 삶을 꾸준히 실천해야 한다.

인내
견디는 부정성 & 집중하는 긍정성

보도 섀퍼의《멘탈의 연금술》이라는 책에 보면 이런 문장이 있다.

'인내란 원하지 않는 것, 하기 싫은 것을 억지로 견디는 게 아니다. 그걸 오랜 시간 동안 억지로 견딜 수 있는 사람은 없다. 인내란 원하는 것, 하고 싶은 열망이 올바른 기회를 얻기까지를 기다리는 것이다.'

보도 섀퍼,《멘탈의 연금술》, (주)토네이도미디어그룹, 90p

여기서 우리가 눈여겨봐야 할 것은 억지로 견디는 부정성에 초점을 맞추지 말고 올바른 기회에 대한 긍정성에 초점을 맞추어야 올바른 인내가 형성될 수 있다는 것이다.

하기 싫은 것을 억지로 견디는 것은 표면의식에 속하는 부정성에 기반한 것이기에 올바른 성장의 길이 아니다. 억지로 견디는 것에서는 열정과 창조적인 생각이 일어나지 않는다. 그리고 표면의식에서의 인내는 잠재의식에 비해 너무도 약하기에 포기하지 않는 불굴의 인내와 끈기를 가질 수 없다.

그에 비해 후자의 경우는 긍정의 목표에 집중하기에 자연스럽게 지금을 견디는 인내가 생기게 되고, 지금 보다는 당장 눈에 보이지 않지만 내가 원하는 것을 만들어 나가는 주체성을 지니게 되고, 심층적 의식에 기반하기

창조하는 삶 & 반응하는 삶

때문에 억지로 견디는 것이 아니라 목표를 이루고자 하는 긍정에 기반하고 있다. 그리고 내가 원하는 것을 어떻게 하면 이룰 수 있는지에 대해 깊이 생각하기에 그것을 이루기 위한 창조적인 생각이 자연스럽게 생기게 된다.

우리들은 살면서 여러 어려움을 겪고 좌절하기도 한다. 극심한 어려움을 겪으며 좌절 이외에는 어떠한 해결도 없을 때 비로소 한정된 개체의식이 벗겨지며 기존의 표면의식이 온전히 사라질 때 내면의 지혜의 문이 열리며 숨겨져 있던 무한한 가능성의 잠재력이 활동하기 시작한다.

한정된 틀을 가진 개체의식의 상태에서는 수용하고 해결할 수 있는 역량이 한정되어 있기에 어려움을 겪을 때 해결할 수 있는 능력도 한정되어 있어 그 역량을 넘어서는 큰 어려움의 상태에서는 좌절 이외에는 다른 어떠한 해결의 빛도 보이지 않는다. 이 좌절의 상태에서 대부분의 사람들은 회피하거나 포기하게 된다. 왜냐하면 자신의 역량으로는 지금의 어려움을 극복하기가 불가능하다고 생각하기 때문이다.

반면에 소수의 성공하는 사람들은 멈춤의 지혜를 깊이 이해하고 기존의 자신의 한정된 역량으로 해결하는 것을 멈추고 자신에게 닥친 큰 어려움에 대해 깊이 생각하고 그 상태에만 초점을 맞춰 다른 표면적인 생각들이 점차 사라지고 오로지 내면의 진정한 자기 자신만이 존재하게 되는 신비한 상태를 경험하게 된다.

어느덧 완전히 고요함만이 존재하게 되고 이와 같은 깊은 고요함 속에서는 일체의 한정된 표면의식이 사라지고 숨겨져 있던 참자아의 잠재력이 활동하며 전체적인 자연의 작동 원리를 완전히 이해하게 되고 자연스럽게 표면적인 어려움이 해결되어지게 된다.

멈춤의 지혜를 숙고하여 기존의 소음들이 사라지고 충분히 고요해지는 상태에 이르게 되는 것이 무엇보다 중요하다. 이와 같은 고요함의 상태가 일정한 임계치를 넘어서게 되면 비로소 내면의 지혜의 문이 열리며 무한한 잠재력을 가진 참자아가 활동하기 시작한다.

그러나 이러한 고요함의 상태가 오래 지속되지는 않는다. 기존의 개체의식이 뿌리 깊이 형성되어 있기에 단숨에 뿌리까지 없어지지 않는다. 계속해서 기존의 습관들이 끊임없이 올라온다. 그렇게 때문에 고요함 속에 깨어 있는 의식으로 개체의식의 습관들을 꾸준히 없애 나가는 지루하고 험난한 과정이 계속해서 반복된다.

이러한 기존의 개체의 습관들을 없애 나가는 지루한 반복적인 과정을 꾸준히 지속해 나가다 보면 어느덧 복리의 마법이 펼쳐지며 완전히 무한한 잠재력의 참자아로 거듭 태어나게 되는 임계치를 넘어서게 된다.

이러한 인생의 대변혁의 순간에는 시간이 느려지며 어느덧 시간과 공간이 사라지고 완전한 침묵의 상태인 참된 존재 그 자체로 존재하게 된다. 이렇게 임계치를 넘어서기 위해서는 기존의 개체성의 자기를 극복하는 오랜 인내가 무엇보다 중요하다.

성공하는 삶을 살기 위해서는 다른 무엇보다 인내가 가장 중요하다.

창조하는 삶 & 반응하는 삶

노력
표면의식의 애씀 & 심층의식의 노력

노력이라는 매우 중요한 개념이 있는데 보통 우리는 노력이라는 개념에 대해 깊게 생각해 보지 않는 것 같다. 우리가 노력에 대해 생각할 때 **'애씀'과 '노력'**의 차이에 대해 깊이 있게 숙고해 보아야 한다. 매우 중요한 개념이기 때문에 강조하는 것이다.

애씀은 개체성의 의식 상태에서 일어나는 개념이고, 진정한 노력이란 심층의식의 상태에서 참자아의 힘들이지 않는 노력을 의미한다.

힘들이지 않는 노력이라는 개념을 이해하기 위해서는 의식적인 차원에서 이루어지는 애씀이라는 행위와 잠재의식에서 행해지는 우주의 작동원리와 조화되어 이루어지는 애쓰지 않고 이루어지는 행위의 차이를 명확히 이해해야 한다.

여기서 조셉 머피박사가 얘기한 **'힘들이지 않는 노력'과 '믿음의 도약'**이라는 개념을 이해하는 것이 중요하다.

즉, 우리가 일상적으로 인식하는 표면의식에는 여러 부정적인 감정과 에너지의 소모적인 갈등 등이 내재되어 있어 의식적으로 애는 많이 쓰지만 방향성이 없이 소모적인 애씀만이 존재하기 때문에 쓸데없이 힘만 들고 올바른 성장이 일어나지 않는 정체하거나 쇠퇴하는 삶을 살게 된다.

지금의 우리들이 노력하고 있다는 개념의 참뜻은 표면적이고 소모적인 애씀을 의미한다. 그리고 표면의식적인 개체성의 상태에서는 시간의 개념이 현재에 있지 않고 과거의 시간 개념에 묶여 있기 때문에 지금 이 순간에 몰입되어 있지 못하고 과거와 미래라는 시간 속에서 과거의 것을 답습만 하는 전혀 창조적이지 못한 삶을 살게 된다.

반면 내면의 참된 실재 속에서는 과거와 미래라는 허구의 시간 개념이 사라지고 오로지 실재하는 현재의 순간만이 존재하고 이 상태에서만이 진정한 몰입(flow)이 나타난다. 이러한 몰입(flow)의 상태에 이르러서야 개체성의 나라는 개념이 사라지고 실재하는 내면의 참자아만이 존재할 수 있게 된다.

몰입의 상태에 이르게 되면 개체성의 거짓 나가 사라지며 소모적인 애씀이 사라지게 되고, 전체성의 참된 나가 행위하는 '힘들이지 않는 노력'인 '무위'의 행위를 하게 되어 우리가 진정으로 원하는 창조하는 삶을 살게 된다. 전체성의 참자아의 상태에서는 참된 노력인 무위(無爲)의 행위만이 존재하게 되어 우리가 진정으로 바라는 것이 자연스럽게 이루어지는 경지에 이르게 된다.

창조하는 삶 & 반응하는 삶

성경에 보면 하나님이 이 세상을 창조하실 때 이 세상의 모습을 잠들어 있는 것처럼 묘사했다. 개인적으로 정말 중요하게 생각하는 부분인데 창조하는 삶을 살기 위해서는 마치 명상을 할 때 의식이 깊어져 표면의식(고정의식)에서 심층의식(창조의식)으로 변화하며 일종의 '깨어 있는 잠'의 상태일 때 비로소 창조하는 행위를 할 수 있다.

이와 같이 개체성의 자아가 사라지는 깨어 있는 잠의 상태가 마치 성경에서 잠들어 있는 모습으로 묘사되어 있다고 개인적으로 생각한다. 이와 같이 잠들어 있는 상태일 때 '힘들이지 않는 노력'의 상태인 '무위'의 행위가 이루어질 수 있고 비로소 창조하는 삶이 이루어질 수 있다.

이렇게 몰입의 상태에 있어야 분리된 개체성이 사라지고 통합된 전체성의 상태로 존재하게 되기 때문에 비로소 간청이 아닌 감사의 기도가 나올 수 있다. 왜냐하면 분리된 표면의식 상태에서는 분리된 개체성의 상태이기 때문에 간청하는 기도를 하게 된다. 왜냐하면 간청의 기도는 기도를 하는 나와 기도를 받는 대상으로 분리되어 있기 때문이다.

반면에 통합된 심층의식 상태에서는 전체성의 참자아만이 존재하게 되고, 동시성의 상태이기 때문에 원하는 것이 우주의 원리대로 이루어질 수밖에 없기에 감사의 기도를 하게 된다. 그리고 이 몰입의 상태에서만이 진정한 창조가 나타난다.

분별되고 나누어진 개체성의 상태를 버리고 심층의식적인 전체성의 참자아로 거듭 태어나는 '믿음의 도약'이 있게 되면 힘들이지 않는 노력의 상태가 자연스럽게 나타나게 되고, 이러한 상태만이 우주의 작동 원리와 조화되는 주파수에 있게 되어 창조하는 삶이 펼쳐지게 된다.

행동(작은 시작)
시작되는 표면의식 & 실행되는 잠재의식

우선 작은 시작(행동)이 중요한 이유는 작은 시작은 나라는 1차원적인 표면의식의 자유의지로 시작하지만, 이루어지는 것은 2차원적인 내면의 잠재의식에 의해 이루어지게 하는 것임을 아는 것이 정말 중요하다. 이러한 원리를 모르기 때문에 시작도 못하는 경우가 많고, 어렵게 시작을 해도 너무 쉽게 포기하는 경우도 많게 된다.

이렇게 시작도 못하고 쉽게 포기하는 이유는 '시작하는 나(개체성의 나)'와 '완성을 하게 하는 나(전체성의 나)'가 다르다는 개념을 모르기 때문이다.

이것을 이해하면 시작은 표면의식적인 개체성의 내가 자유의지로 하면 되는 것이기 때문에 시작이 결코 어렵지 않게 된다. 그리고 완성은 내면의 전체성의 또 다른 내가 하는 것이기에 일단 시작을 한 개체성의 나를 버리고, 무한한 가능성의 내면의 '또 다른 나'에게 일의 완성을 맡기면 되는 것이다.

시작과 완성은 이렇게 간단한 것이다. 원래 진리는 단순하고 간단한다. 물론 개체성의 나를 버리고 전체성의 나로 거듭 태어나는 것이 말처럼 쉽지는 않다. 오죽하면 예수님이 천국에 들어가기 위해서는 거듭 태어나야 가능하다고 했겠는가?

그렇지만 가야 하는 올바른 방향을 알고 포기하지 않고 가다 보면 결국은 목표하는 것을 이루게 되는 법이다.

내가 개인적으로 좋아하는 말이 있다.

'거거거중지(去去去中知), 행행행리각(行行行裏覺)'이라는 말이 있는데 '가고 가고 가다 보면 알게 될 것이고, 행하고 행하다 보면 깨닫게 된다.'는 말이다.

우리의 표면의식이 이 간단한 원리를 이해하지 못하고 복잡하게 만들기 때문에 시작도 못하고 쉽게 포기하고 실패하는 삶을 스스로 만든다. 물론 이 간단한 원리를 전체적으로 이해하고 믿는 것이 필요하다.

원리를 요약하면 의식의 상태가 다른 내가 있고, 현재의 나는 개체성의 나이기에 시작만 할 수 있는 자유의지를 가진 나이고, 시작하고 나면 무한한 가능성의 내면의 또 다른 나에게 일의 완성을 완전히 맡겨야 한다. 이때 개체성의 나를 버리는 과감한 결단이 필요한데 옛 선사들은 이러한 결단을 '백척간두 진일보'라고 얘기할 만큼 쉬운 것이 물론 아니다.

어쨌든 의식의 다름을 이해하고 기존의 나라고 생각한 나를 버리는 과

창조하는 삶 & 반응하는 삶

감한 결단이 필요하고, 다음으로는 기존의 나는 끊임없이 계속해서 나타나기 때문에 나를 버리는 결단을 끊임없이 지속하는 인내가 필요하다. 그리고 개체성의 상태에서는 이해가 안 되기 때문에 내면의 또 다른 나를 믿는 확고한 믿음이 필요하다.

마지막으로 기존의 내가 아닌 내면의 신성한 '또 다른 나'에 의해 일이 완성됨에 대해 경건한 태도로 감사하는 마음을 가져야 한다.

결국 전체적인 이해, 결단, 인내, 믿음, 감사라는 과정이 있어야 창조하는 삶을 살 수 있다.

이러한 전체적인 진행과정을 모르기에 1차적인 현재의 표면의식으로 생각하고, 그러한 의식 상태에서 이루어지게 하려고 하기에(이것을 애씀이라고 한다.) 시작도 못 하고 온전하게 이루지 못하고 도중에 포기하게 되는 것이다. 그러나 우주의 작동 원리를 알게 되면 온전히 2차원적인 내면의 심층의식에 내맡기고 이루어짐에 감사하면 무한한 가능성의 무한지성에 의해 내가 생각한 것보다 비교할 수 없이 목표를 훨씬 상회하는 것을 이루게 된다.

내가 좋아하는 성경의 구절이라 자주 얘기하지만 '시작은 미약하나 끝은 창대하리라.'는 말이 의미하는 진정한 뜻이다.

도미노 현상도 보면 처음에는 시작은 미미하나 점차적으로 큰 힘을 내게 되어 나중에는 지구도 움직일 수 있는 정도의 말도 안 되는 큰 힘을 내게 된다. 인생의 레버리지라는 말이 의미하는 진정한 뜻을 이해하기 위해서는 이러한 도미노 현상을 생각하면 이해하기 쉬울 것이다.

중요한 것은 현재의 나라는 표면의식에 한정되어 생각하지 말고 무한한 가능성의 심층의식을 믿고 그 믿음에 온전히 몰입되었을 때 잠재의식에 의해 이루어짐을 이해하고 감사해야 한다. 즉, 바람, 믿음, 감사, 몰입, 현존, 행복, 풍요로움, 건강 등 이 하나로 연결되는 원리다.
이러한 일련의 과정이 창조의 과정이다.

인생의 주체로 살기 위해서는 인생의 창조자로서 살아야한다.

인생의 소음 속에서 좌충우돌하면서 방향도 없이 인생을 낭비하며 피조물로서의 삶을 살 것인지, 인생의 소음에서 벗어나 내면의 참된 자아에 집중하며 창조자로서의 삶을 살 것인지 인생은 항상 선택의 과정이다.

여러 선택을 하지만 크게 보면 에고로서의 표면의식에 의한 삶을 선택할 것인지, 에고의 작용을 알아차리고 에고의 애씀을 멈추고 신성의 상태로서 존재하는 내면의 심층의식에 집중하는 삶을 살 것인지 그 방향을 알아차리며 사는 것이 중요하다.

그리고 아무런 생각 없이 인생을 낭비하지 말고 인생의 방향성을 알아차리고 자각하는 삶을 사는 것이 무엇보다 중요하다. 이러한 전체적인 과정을 이해해야 비로소 누구나 원하는 창조하는 삶을 살 수 있다.

창조하는 삶 & 반응하는 삶

절제
인간 본능을 절제 & 원하는 목표에 집중

　현실적으로 성공하기 위해 가장 먼저 우리가 신경 써야 할 덕목을 꼽으라면 개인적으로 자기 절제가 가장 우선순위가 되어야 한다고 생각한다.

　미주노 남보쿠는 일본의 관상가이며 수많은 사람들의 관상을 보면서 성공하는 사람과 실패하는 사람의 차이가 결국 자기 절제에서 나누어진다는 것을 알게 되었다. 그의 책인《절제의 성공학》에 보면 모든 성공은 스스로 인생을 절제함으로써 완성된다고 얘기하고 있다. 결국 자신을 다스리는 사소한 절제가 인생이라는 길을 만드는 것이다.

　인생이 변하기를 바란다면 자신을 다스리는 사소한 자기 절제가 우리의 인생의 방향을 이전과는 다르게 펼쳐지도록 한다는 것을 이해해야 한다.

　우리의 표면의식 작용은 온갖 여러 생각들이 무질서하게 생기고 없어지는 무의미한 현상들이 끊임없이 생겨나기 때문에 이러한 무질서한 현상들에 휩쓸리게 되면 인생이 의미가 없어지게 되고 인생을 낭비하게 된다.

　그래서 이러한 무의미한 삶을 끝내야겠다고 진정으로 생각한다면 본인이 원하는 목표를 설정하고 목표에 집중해야 하는데 이러한 인생의 방향

전환이 이루어지기 위해서는 표면의식적인 반응하는 삶을 절제해야 한다.

이때 여러 잡생각과 목표에 집중하지 못하게 하는 표면의식적인 작용들(두려움, 의심, 불안 등)이 별의별 이유를 대면서 우리가 목표하는 것을 방해할 것이다. 이러한 여러 방해들에 맞서 싸울 우리의 든든한 무기가 자기 절제이다.

자기 절제를 하기 시작하면 현재 자신의 무질서하게 낭비되고 있는 삶을 인지하고 가고자 하는 목표에 명확히 초점을 맞춰 집중을 하게 된다. 그리고 처음 올바른 방향성을 가지려고 하면 처음에는 기존의 형성된 습관 때문에 개체의 표면의식이 온갖 방해를 하며 집중하지 못하게 한다.
이때 개체의 표면의식을 억제해 없애 나가는 일련의 행위가 중요한데 이 행위가 바로 '절제'이다.

한 번으로 끝나는 것이 아니기에 계속해서 인내심 있게 올바른 방향으로 절제해야 비로소 표면의식이 가라앉고 심층의식의 참자아가 활동하기 시작한다. 잠재의식까지 뿌리를 둔 개체의식을 없애 나가면 계속해서 잠재의식에 숨어 있던 개체의식이 올라오는데 이 개체의식에 휘둘리지 말고 없애 나가는 자기 절제가 무엇보다 성공에 있어 가장 중요하다.

감사
개체성의 나가 사라짐 & 전체성의 나가 나타남

감사는 개체성의 내가 존재하는 한 온전한 감사가 나타날 수 없다.

개체성의 내가 있게 되면 분열과 갈등의 상태로서 존재하게 되고 온전히 충족되지 않은 상태이기 때문에 간청하고 갈구하게 된다. 오로지 개체성의 내가 사라지고 전체성의 참자아로 존재할 때만이 분열과 갈등이 사라지고 무한한 충족감과 평화로움만이 있기 때문에 자연히 감사의 상태가 된다.

감사는 나를 내려놓고 내면의 지고의 힘(우주의 무형의 원소)과 온전히 하나가 되는 상태를 의미한다. 그리고 감사의 상태에서 개인의 마음과 무형의 원소가 하나로 조화되어 그 사람의 생각(바람)이 무형의 원소에 전달되어 원하는 것이 창조된다.

오직 깊고 지속적으로 감사하여 무형의 존재와 하나가 되어야만 진정한 창조의 차원에 머물 수 있다. 따라서 부유해지려고 하는 이는 명상을 통해 개체성의 나를 내려놓고 자신의 간절한 비전을 묵상해야 하고, 간청하고 갈구하는 개체 상태의 나를 내려놓고 비전이 이미 이루어진 상태인 합일된 의식의 나로 거듭 태어나야 한다. 그때야 비로소 참된 자아로 거듭 태어나게 할 수 있는 내면의 근원의식에 감사의 기도를 올리게 된다.

네빌 고다드에 따르면 원하는 것을 이미 이루어진 것으로 상상하고 확고히 믿으면 현실로 반드시 나타난다고 한다. 여기서 이미 이루어진 것으로 상상하고 믿기 위해서는 상상하고 있는 것만이 존재하고 있다는 것을 강하게 믿어야 한다. 그리고 이러한 굳건한 믿음은 의심과 갈등의 속성을 지니고 있는 개체성의 표면의식을 내려놓고 믿음과 통합의 속성을 지니고 있는 전체성의 심층의식으로 의식의 상태가 거듭 태어나야 진정한 믿음이 생기게 된다.

이와 같이 의식의 상태가 변하게 되면 내면에 잠들어 있는 무한한 가능성의 참된 자아가 깨어나 원하는 것이 자연스럽게 이루어지는 우주의 법칙에 경건한 마음으로 온전히 감사하게 된다.

그때 모든 것은 신의 뜻대로 이루어질 것이고 신의 역사가 함께할 것이다.

만약 어떤 사람이 몸에 병이 있다면 신과 함께하지 못하는 분리된 개체의식의 나 있음으로써 진리와 함께 하지 못하고 괴리되어 몸의 병으로 나타난 것이다.

이때 완전한 치료는 신과 함께 하는 것에 감사함을 느끼고 진리의 완전함에 감사함을 느끼고 온전히 하나로 조화되어 있게 되면 자연히 몸의 병

창조하는 삶 & 반응하는 삶

은 사라지고 신과 하나 되어 몸이 온전하게 된다. 이것은 당연한 과정이다. 우주의 모든 원자와 에너지가 온전함에 함께 하기에 불완전한 것은 완벽히 온전해지는 것으로 변하기 때문이다.

조 디스펜자 박사의 《BREAKING 당신이라는 습관을 깨라》라는 책에 보면 실제로 조 디스펜자 박사는 20대에 자전거를 타던 중 교통사고를 크게 당해 척추 부상을 입었다. 모든 의사들은 수술을 해도 평생 걷지 못할 것이라고 했는데 그는 수술을 거부했다. 왜냐하면 생명을 만들어 낸 힘이 있다면 반드시 그것을 치유할 수 있는 힘도 스스로 가지고 있을 것이라고 믿었고, 실제로 척추가 회복되는 상상에 집중한 결과 2달 만에 걷는데 성공했다.

몸에 병이 있다면 일반적인 사람들이 하듯이 한탄하고 자책만 하지 말고 나의 개체의식의 불완전함 때문에 생긴 것임을 인지하는 기회로 생각하고, 의식의 상태를 표면의식의 개체성에서 심층의식의 전체성의 상태로 거듭 태어나 신과 함께하는 조화와 평화로움이 가득한 세계로 진화해야 한다.

삶은 진리의 완성을 위한 하나의 기간 긴 여정이다.

분리된 개체성의 자신을 놓아 보내고 신께서 역사하시게 하면 치유가 자연히 일어나고 온전함으로 있게 된다. 이렇게 온전히 감사의 상태일 때 비로소 창조하는 삶을 살게 된다.

결국 삶의 완성은 개체성의 나를 내려놓고 내면의 신성에 집중하여 참된 나로 거듭 태어나는 것이다.

개체성의 나를 내려놓기 위해서는 겸허함, 극기, 절제라는 덕목이 필요하다. 그리고 올바른 방향의 성장을 지속하기 위해서는 노력, 인내라는 덕목이 필요하고, 현재의 의식으로는 인식이 안 되는 내면의 신성에 집중하기 위해서는 믿음과 몰입이라는 덕목이 필요하다.

마지막으로 참된 나로 거듭 태어나기 위해서는 참된 나의 상태인 사랑과 무한한 평화로움에 감사라는 덕목이 자연히 생기게 된다.

이 10가지 덕목이 형태는 다를 수 있지만 결국은 하나의 상태로 조화되어 존재해야 내면의 신성으로 거듭 태어나 신과 함께할 수 있다.